ニュートン新書

リスク&チョイス
人の意思はいかにして決まるのか

ジョージ・G・スピーロ＝著
奥井 亮＝監訳 西村健太郎＝訳

本書をタマル、ロテム、ダニエル、そしてそれに続くすべての人達に捧ぐ。

目次

はじめに

紀元前1世紀には、二つのユダヤ教思想の学派が優勢で、それぞれラビ[*1]・ヒレルとラビ・シャンマイにより率いられていた。タルムード[*2]によれば、シャンマイは厳格でせっかちで短気である一方、ヒレルは穏やかで融和的であったという。ある日、シャンマイのもとに見知らぬ男がやってきて、ユダヤ教に改宗させてほしいと頼み、大急ぎでこう要求した。「私が片足で立っている間に律法のすべてを教えてくれるという条件で私をユダヤ教徒にしてください」と。何と、まだユダヤ教徒でもないのに、もうそのような厚かましさを見せるとは！　シャンマイは激怒し、その男を杖で殴り家から追い出してしまった。その見知らぬ男は平然として、今度はヒレルのところへ行って運試しをしてみることにした。ヒレルは冷静にその挑戦を受け止め、無礼なユダヤ教徒志願者が片足で立っている間にこう述べた。「自分にとって嫌なことは、他人にしてはならない。それが律法のすべてであり、残りはすべて注釈にすぎない。さあ、勉強してきなさい」。

なぜこのような話をしたかというと、経済学も同じようなものだからだ。人はより多くの財を好むものだが、すでに財をたくさんもっていればいるほど、追加される財の一つひとつを重視しなくなる。これが経済学のすべてであり、それ以外はすべて注釈である。さあ、本書を読んでみなさい。

ほぼどんなものであれ、人はより多くを所有することを好むが、その度合いは減少していくという事実を古代ギリシャ人はすでに知っていた。時代はさらに下って、18世紀、ロシアのサンクトペテルブルクで教鞭をとっていた数学者ダニエル・ベルヌーイは、この知識をもとに従兄弟《いとこ》のニコラウスが提唱したギャンブル問題に解決策を提示した。ベルヌーイと彼の同僚である数学者ガブリエル・クラメールが提示した独創的な解決策は、まさに、追加的な富のもたらすもの（すなわち、楽しみ）は、富が増加するに

＊1　ユダヤ教における宗教的指導者。姓の前にラビをつけて敬意を表す。
＊2　モーセが伝えたもう一つの律法とされる「口伝律法」を収めた文書群。

つれて減少するという事実に基づいていた。つまり、追加で1ドルを得た場合、大富豪よりもホームレスの方がそれは大きな意味をもつ。

数学者の彼らにとって、（後述する）サンクトペテルブルクのパラドックスは、運に大きく左右されるゲームに関する興味深い問題を表すにすぎなかった。数学的な難問と経済学との間に何の関係性も導かなかったのである。実際、18世紀の経済学は、ほとんどが表面的な観察によるものだった。たとえば、古典経済学の基礎を築いたアダム・スミスは、針工場での仕事を記述することで、分業や規模の経済の概念を導入した。初期の経済学者は、確かに経済モデルを提案してはいた。しかし、彼らの仕事は、算数的な図解や例を除けば、主に言葉で構成されていた。観察したことを記述したり、逸話を語ったり、自らの結論を説明したりしたのである。

そのため、たとえば物理学や医学、化学などに比べて、経済学は本格的な科学とは考えられていなかった――数学が登場するまでは。経済学が本格的な科学になったのは、富や利益、あるいは貨幣の効用など、何かを最適化する方法を提唱する数理モデルが開発されてからである。それが起こったのは、19世紀後半に新古典派の経済学者たちがようやく数学的な方法論とツールを使い始めてからである（1895年にアルフレッド・ノーベルがノーベル賞を創設したとき、経済学は賞の対象となる科学には含まれていなかった）。

ここで再び、ベルヌーイ家に登場してもらおう。サンクトペテルブルクのパラドックスに解決策を提示したことの他にも、ダニエル・ベルヌーイをはじめとするこの輝かしい科学者の一族は微積分学（星や動体の軌道などの物体の連続的な変化を研究するために、アイザック・ニュートンやゴットフリート・ヴィルヘルム・ライプニッツらが発展させた数学的手法）を応用した先駆者でもある。19世紀後半、イギリスのスタンレー・ジェヴォンズ、スイスのレオン・ワルラス、オーストリアのカール・メンガーという3人の経済学者が、それぞれ独立して、微積分学を経済学に応用し始めた。これにより、経済学の数学化がはじまり、経済学にとって非常に充実した時代が到来したのである。しかし、時が経つにつれ、使われる数学はどんどん高度になっていき、やがて経済学の学術論文は、数理科学の研究とほとんど区別がつかなくなってしまった。経済学はほとんど純粋数学の一分野になってしまっていたのだ。

それが20世紀後半、行動経済学[*3]の登場によって再び変化した。1970年代以降、経済学は実際に観察される行動をより重視したアプローチをとるようになった。つまり、この半世紀ほどの間に、その狙いは、人々が実際にどのように行動するのかを記述することに向けられるようになり、より心理学に頼り、数学に頼らない学問となったのだ。

本書は、人々がどのように意思決定を行うかについて記述したものである。そして、意思決定は経済学のすべてとはいわないまでも、ほとんどの部分の基礎となるものなので、本書は経済思想の歴史に新しいアプローチを提示する。

本書は三つのパートに分かれている。第1部では、18世紀から19世紀初頭の人物と、彼らが提唱した富の効用理論を紹介する。第2部では、主に19世紀後半から20世紀前半における後続の人々と彼らが発展させたモデルを紹介する。これらのモデルは、合理的な行為者を最良の意思決定(すなわち、規範的経済学[*4])に導くものであり、数学や公理系が必要であった。第3部では、20世紀後半から今日までの発展と人物を取り上げ、人間が実際にどのように行動するか(すなわち、記述的経済学[*5])を説明している。一般的に、人は合理的ではないことがわかっている。したがって、美しい数学的モデルの大部分は無視され、心理学が重要になる。

本書の視点は、経済学が数学的になりすぎたので反発が起こっている、ということではない。それどころか、数学は規範的経済学（つまり、どのように意思決定を行うべきかということ）の基礎であり、今後もそうあり続けなければならない。また、行動経済学モデルも、実際は数学に依存している。

しかし、人が実際にどのように意思決定を行うのかを説明する際に、数学が使われることは少なくなった。最近のノーベル経済学賞受賞者であるリチャード・セイラーらによれば、意思決定者の計算能力の限界と規範モデルへの無知こそが、人間を「非合理的」に見せているのだという。

＊3　人間は必ずしも合理的ではないという心理的側面をもとに分析する経済学。

＊4　「どうあるべきか」といった価値基準をもとに課題を解決しようとする処方的な経済学。

＊5　「どうなっているか」を前提とした論理的・演繹《えんえき》的方法によって命題を導く説明的な経済学。

読みにくいオスカー・モルゲンシュテルンの手書きの手紙を書き起こしてくれたアンナ＝マリア・シグムンドに感謝したい。また、私を励ましてくれたコロンビア大学出版（原書の出版元）のマイルス・トンプソン、同じくコロンビア大学出版のブライアン・スミス、センベオ社のベン・コルスタッドにも入念な編集をしていただいたことに感謝する。また、地中海沿岸のジェノバ近郊にある財団所有の美しい住宅に滞在したことで、考えをまとめ、原稿に取り組む時間を得ることができた。その場を提供していただいたニューヨークのボグリアスコ財団に感謝の意を表す。

私のすべての仕事にいえることだが、妻のフォーチュネには感謝している。彼女は数学ができないと言うが、大抵の場合は±10％の誤差範囲内で計算を正しく行うことができる。あなたがいなかったら、人生はつまらないものになるだろう。

この本が読者の皆様に情報を提供し、皆様を楽しませるだけでなく、認識やその他に関する偏りを意識するきっかけになることを願っている……結局はそれが私たちを人間たらしめてくれるのだから。

第1部

幸福と、富の効用

第1章
すべてはパラドックスから始まる

1713年9月9日、スイスの数学者ニコラウス・ベルヌーイは、机に向かってフランスの知人である貴族ピエール・レイモン・ド・モンモールに宛てた手紙を書いていた。そこに提示された無邪気な数学のパズルのようなものが、人間の意思決定における重要な(最も重要ではないにしろ)概念を生み出し、経済学が科学として発展していくこととなるのである。

スイス・バーゼルの名門ベルヌーイ家(3世代にわたって8人もの著名な科学者を輩出した家系)の御曹司であるニコラウスは、親族たちの跡を継ぐことを運命づけられていた。父の二人の兄弟であるヨハンとヤコブ、従兄弟《いとこ》のニコラウス2世、ヨハン2世、およびダニエル(図1・1)、そしてその子であるヤコブ2世、ダニエル2世、ヨハン3世は、17世紀から18世紀にかけての物理学と数学、特に微分学の分野の発展に貢献した。ケンブリッジのアイザック・ニュートン、ハノーバーのゴットフリート・ヴィルヘルム・ライプニッツ、そしてベルヌーイの親友であり弟子でもあるバーゼルのスイス人数学者レオンハルト・オイラーだけがベルヌーイ家に匹敵するほどの功績を残したといえるだろう。

図 1.1　ダニエル・ベルヌーイ（1700～1782）（出典：ウィキメディア・コモンズ）

ベルヌーイ家のすべての人々に大学のポストがあるわけではなかったので、彼らが自分の才能を発揮した知的活動の分野は多岐にわたった。たとえば、ニコラウス・ベルヌーイは、バーゼル大学で確率論を法律問題に応用することに関して論文にまとめ、法学博士となった。彼の『*De Usu Artis Conjectandi in Jure*（法律問題における推測の技術について）』は、年金、遺産、宝くじ、保険、証人の信頼性などの統計的な複雑さだけでなく、平均余命を考慮した場合、行方不明者はいつ死んだと考えられるのかといった問題も扱っている。この本の最後の言葉は特に注目に値する。「法律家はヤギの毛に関して議論することさえできる」。このような辛らつな洞察力をもちながらも（あるいはおそらくそのおかげで）、ニコラウスは1731年に法学教授に任命された。残念なことに、一族の歴史は争いなしには語れない。激しい競争や極度のライバル意識、些細《ささい》な優先権の争いなどにより、時には兄弟同士や父と息子が対立することもあった。

ニコラウスはモンモールに宛てた手紙の冒頭で、最近手紙を書いていなかったことを謝罪した。「非常に長い期間、偶然の問題について新たな研究をすることができなかったので、ご報告することがありません。しかし、あなたが私に提示してくれた問題（時間ができたらすぐにその解決策を模索します）の代わりといってはなんですが、注目に値する他の問題を提示したいと思います」。それから彼は、サイコロゲームで勝つ確率について五つの問いを示したが、最後の二つが本書に関連している。

第4問：AはBに対して、1投目を投げて6が出たらコインを1枚、2投目で6が出たらコインを2枚、3投目だったらコインを3枚与えるというように約束する。
「Bの期待値は何か？」というのが問題だ。
第5問：同じ問題であるが、今度は前のように1、2、3、4…のコインを与える代わりに、AはBに1、2、4、8、16…または1、3、9、27…または1、8、27、64…の量のコインを与えると約束する。

「これらの問題のほとんどは難しいものではありませんが、そのなかに非常に興味深いものを発見することができるでしょう」とニコラウスは書き、当時一般的だった美辞麗句を並べ立てる形式で手紙を締めくくっている。「名誉あることに、私は侵すことのできない愛着をもっています、ムッシュ、あなたの最も謙虚で従順なしもべ、N・ベルヌーイ[1]」。

第4問、第5問において、「Bの期待値は何か？」と問いかけることで、ニコラウスは、**数学的期待値**という当時としては斬新な概念に言及している。この概念は、その当時からさかのぼること約60年前の17世紀半ば頃に、パリの思想家ブレーズ・パスカルと南仏トゥールーズの判事ピエール・ド・フェルマーの二人のアマチュア数学者（といっても第一級のアマチュアだが）の文通のなかで生まれたばかりのものだった。この手紙のやり取りは、「シュヴァリエ・ド・メレ（メレの勲爵士《くんしゃくし》）」の異名をもつ悪名高いギャンブラーであるアントワーヌ・ゴンボーからの問い合わせがきっかけとなって行われた。この偽のシュヴァリエは、何ラウンドも続くはずの運任せのゲームが、誰も十分なポイントを獲得しないうちに中止になった場合、壺の中身を二人のプレイヤーにどのように分配すべきかを知りたがっていた。たとえば、ブレーズとピエールがトランプゲームを5ラウンド行い、3ラウンド勝った方が賭け金を獲得するとしよう。3ラウンド終了後、ブレーズが2点、ピエールが1点というスコアで、二人とも酔っ払ってゲームを続けることができなくなる。ゲームは強制終了するが、さあここで問題だ。賭け金はどのように分割すべきだろうか？　それぞれのプレイヤーがまだ勝つ可能性があるので、半分ずつにすべきか？　終了時点での勝負の結果から、3対2にすべきか？　必要な勝利数はブレーズ1勝に対し、ピエールは2勝なので、2対1にすべきなのか？

正解は、「右記のいずれでもない」である。しかし、これは全く自明ではなく、この問題が最初に提起された１６５０年代には特に理解しがたいものであった。パスカルとフェルマーは、その後、何度も何度も手紙のやり取りをし、非常に多くの知恵を出し合い、最終的に正解を導き出した。何といっても、未プレイのゲームの結果がどうなる可能性があるかを考慮して、未来の結果を予測することは、それまでにない試みだったのだ。

以下のような可能性が想定できるだろう。

➤ゲームが続行され、第４ラウンドがブレーズの勝利になった場合、ブレーズは必要な３ポイント目を得て、賭け金を獲得する（可能性Ａ）。

➤第４ラウンドがピエールの勝利の場合、スコアは同点となり、第５ラウンドを行わなければならないブレーズが第５ラウンドに勝った場合、彼は３点目を得て、賭け金を獲得する（可能性Ｂ）。

➤しかし、ブレーズが第５ラウンドに負ければ、必要な３点目を得るのはピエールとなり、彼が賭け金を獲得する（可能性Ｃ）。

つまり、3回のうち2回（AとB）はブレーズが勝つ可能性があり、1回（C）はピエールが勝つ可能性があるように思われる。賭け金はそれに応じて分けられるべきである。これで正しいだろうか？　いや、正しくない！　パスカルやフェルマーも最初は難解で理解できなかったのだが、三つの可能性（A、B、およびC）ではなく、四つの可能性があるというわかりにくい事実があるのだ。このゲームは5ラウンド続く予定となっていたので、厳密に言うと、たとえ4ラウンド目でブレーズが勝ったとしても、終了ではない。何があっても5ラウンド目は行われるべきなのだ。5ラウンド目は、ブレーズの勝利（可能性A1）、またはピエールの勝利（可能性A2）のどちらかになる。どちらの場合もブレーズの勝利となる。したがって、ブレーズには三つの勝利する可能性（A1、A2、およびB）があるのに対し、ピエールには一つ（C）しかない。つまり、賭け金の75％がブレーズに、25％がピエールに行くべきだということだ。ここでの留意点は、ブレーズとピエールの勝利の可能性を決定するためには、すべての起こりうる結果を考慮しなければならないということだ。ブレーズがすでに必要な3点目を獲得したことでプレイする必要がなくなったラウンドも考慮しなければならない。

これは革新的なアイデアだった。初めて、未来の起こりうる結果を考慮に入れ、その確率が計算されたのだ。これが確率論の夜明けであった。

パスカルとフェルマーが手紙のなかで考えたのは、ゲームがいつ止められても、その時点での二人のプレイヤーの期待値に応じて、賭け金を分けるべきだということだった。たとえば、壺に１００ダカット[*1]入っているとする。第３ラウンド終了後、第４ラウンドと第5ラウンドを行わないとき、ブレーズには75ダカット、ピエールには25ダカットが支払われるべきだということが先ほどわかった。この金額は、ブレーズとピエールが獲得を期待できる額を表している。それは、もしゲームが最後まで行われていたら、一人が１００ダカットを獲得し、もう一人は何も得られなかったとした場合であってもそうである。もしこのゲームが何度も何度も行われ、スコアが2対1になるたびにプレイヤーがゲームを中断して休憩し、その後もゲームを続けたとすると、２点をもつプレイヤーは平均して75ダカットを獲得し、もう一人は25ダカットを獲得することになる。

＊1　昔、ヨーロッパ大陸で使用されていたダカット金貨。

より一般的には、ゲームの各プレイごとの数学的期待値は、勝者の配当金（100ダカット）に勝利の確率（75％）を掛けたものになる。[2]

ニコラウスが手紙のなかで**期待値**と言ったのは、この考えのことである。たとえば、20％の確率で100ドルが当たり、それ以外は何も当たらない運のゲームに参加したとしよう。このゲームを何度も繰り返し行うと、80％の確率で何ももらえないことになる。残りの20％では、100ドルが支払われる。したがって、平均して20ドル（すなわち100ドルの20％）を受け取ることになる。これが期待値の意味するところ——ゲームが実際に始まる前に、毎回期待できる賞金——である。現実においても、10回に8回は何も得られないという結果になるのだ。

さて、ニコラウス・ベルヌーイの手紙の話へ戻ろう。手紙を送った相手であるレイモン・ド・モンモールもまた、ベルヌーイほどではないにせよ、名の知れた数学者であった。その5年前には、カードゲームやサイコロゲームに現れる組み合わせ問題を考察した『*Essay d'analyse sur les jeux de hazard*（偶然のゲームに関する分析試論）』（170

8年）を出版し、高い評価を得ていた。同時代の大多数が、まだ行われていないゲームの結果を予測することは馬鹿げたことであり、将来の出来事を予測することは魔術や占星術の領域であると考えていた時代においては、モンモールの本は先駆的なものだった。何かが起こる可能性というものが定義されてもいなかった。そのため、未来の出来事の確率という新しいと同時に論争を巻き起こした概念を、数学の道具を使って正確に計算できるという主張は、全くの冒涜《ぼうとく》ではないにせよ、正統派ではなかった。このような背景から、モンモールの分析は、確率論の初期の論文の一つとなった。

モンモールは、ニコラウスの期待値の意味を正確に理解しており、2ヵ月後の1713年11月15日に次のような回答をしている。「あなたが提示した五つの問題のうち、最後の二つは何てことはありません。分子が2乗や3乗などの数列で、分母が等比数列に従った数列の和を求めればよいだけです。このような数列の和を求める方法は、今は亡きあなたのおじが紹介しています」。

10枚に及ぶこの手紙は、ベルヌーイの手紙に劣らず華やかに締めくくられているが、冗談をつけ加えているのがこの皮肉好きな貴族の特徴だ。「本人は非常に役に立つと確信していているが、他の人にとってはどうでもいいようなことをいつまでもつらつらと書いている著者もいます。このような罠に陥る危険を冒さないためにも、私はあなたに最大の敬意を払い、心からあなたの非常に謙虚で従順なしもべであることをお約束して筆を置くことにします。R・D・M・」。

この謙虚で従順なしもべは、問題をぞんざいにしりぞけるのではなく、時間をかけて計算をするべきだった。1714年2月20日、ニコラウスは、「確かに、あなたが言うように、私の問題の最後の二つは難しくも何ともありません」と返信したが、「それでも、あなたは解答をうまく見つけることもできたでしょう。なぜなら、それはあなたに興味深い観察をする機会を与えたからです」と非難した。そして、彼は数学者にとっては実に驚くべきことを示した。私は、サイコロを投げるという問題を、コインを投げるというより単純な問題に置き換えて、ベルヌーイがそれほど好奇心をそそられたことが何であったかを示すことにする。

たとえば、ピーターがポールに、最初のトスでコインの表が上になったら1ドル支払うと申し出たとする。１回目が裏、２回目が表の場合、ポールは２ドルを得る。最初の２回のトスで裏が出て、３回目のトスで初めて表が出た場合、ポールは４ドルを手にする。もし、３回連続で裏が出て、それから初めてコインが表になった場合、支払いは８ドルとなり、以下同様に続く。つまり、コインを投げて連続して表が出なかった場合、その回数だけ支払金が２倍になっていくということである。では、このようなゲームで得られる金額の期待値はどのようなものであろうか？

パスカルやフェルマーが実証したように、獲得金額の期待値は次のように計算できる。１投目でコインの表が出る確率は２分の１。１投目でコインの裏が出て、２投目で初めて表が出る確率は４分の１、２回裏が出た後、３投目で初めて表が出る確率は８分の１、以下同様といった具合だ。たとえば、コインが10回連続して裏が出て、11投目に表が出た場合、支払われる金額は１０２４ドルにもなる。しかし、「10回裏が出て、11回目に表が出る」というようなことが連続して起こる確率は非常に低い。そのような事象は、平均して２０４８回に１回しか起こらないと期待される。

獲得金額の期待値は、個々の支払額（1、2、4、8、16…）に確率（$\frac{1}{2}$、$\frac{1}{4}$、$\frac{1}{8}$、

$\frac{1}{16}$、$\frac{1}{32}$…）を掛け合わせたものである。したがって、次のようになる。

$$獲得金額の期待値 = (1\times\frac{1}{2}) + (2\times\frac{1}{4}) + (4\times\frac{1}{8}) + (8\times\frac{1}{16}) + (16\times\frac{1}{32}) + \cdots + (1024\times\frac{1}{2048}) + \cdots$$
$$= \frac{1}{2} + \frac{1}{2} + \frac{1}{2} + \frac{1}{2} + \frac{1}{2} + \cdots + \frac{1}{2} + \cdots$$

おっと！　これには終わりがない（つまり、最初に表が現れる前に何度も何度も裏が投げられる可能性がわずかながらも実際にある）ので、無限に多くの$\frac{1}{2}$を合計しなければならず、獲得金額の期待値は何と無限になる。

これはとても面白く、本当に本当に興味深いことだ。ポールは、このゲームに参加することで、無限のお金を得ると期待できるのだろうか？　モンモールは、「ポールに1、2、4、8、16、32などのようにコインを渡した場合、ポールの利益が無限大になるとは信じられない」というような反応を示した。ここで疑問が生じる。ポールはこのようなゲームに参加するためにいくらまでなら払えるのだろうか？　常識的に考えて、ギャンブラーは獲得金額の期待値より少ない額ならゲームに参加するために支払ってもよいと思うだろう。獲得金額の期待値が20ドルならば、ギャンブラーはたとえば19・50ドルを支払ってもよいはずだ。しかし、期待値が無限の場合はどうだろうか？　ポールはこのゲームに参加するために、際限なく料金を支払ってもよいのだろうか？　10万ドル？それとも1万ドル？　読者の皆様は１００ドルでも出すだろうか？

　答えは、間違いなくノーだ。ゲームをするために数ドル以上のお金を出す人はいないだろう。しかし、ニコラウスが提示した証拠（つまり、獲得金額の期待値は無限大）は反論の余地がない。したがって、このゲームに参加するために莫大な料金を支払っても、誰もが一攫《いっかく》千金を期待できるはずなのだ。誰もがそうすべきである……しかし、誰もそうはならない。これはパラドックスである。

　とても興味をもったモンモールは、この問題について真剣に考えてみようと思った。しかし、彼はすぐに、その努力が報告に値するものに発展していないことに気づいた。「このような大きな仕事を始める力は私にはない。これはまた別の機会にしよう」。[2]

年経っても、ニコラウスに促されても、彼は依然としてその仕事を終わらせなかった。モンモールは、「私は心ここにあらずで、怠け者ですから、しばらくの時間をください」と答えた。「しばらくの時間」が「多くの時間」になり、数週間が数ヵ月に、数ヵ月が数年になった。この問題が再び脚光を浴びるのは10年以上のちのことで、しかも取り上げたのは別の人物であった。

その人物とは、24歳の数学者、ガブリエル・クラメールである（図1・2）。彼はジュネーブ出身でベルヌーイ家の同胞ともいえる存在だった。ただし、ジュネーブ共和国がスイスの一部になるのは、次の世紀になってからのことである。

モンモールは、1713年に『*Analyse, revue et augmenté de plusieurs lettres*（数通の手紙により改訂、増強された分析）』の第2版を出版し、そこにニコラウス・ベルヌーイとの往復書簡を添付した。確率論に関するあらゆる出版物を熱心に読んでいたクラメールは、ニコラウスが提示した疑問を熟知しており、その逆説的状況に対する独創的な説明を思いついた。1728年5月21日、彼はロンドンからニコラウスに次のような手紙を出した。「あなたがモンモール氏に提示した特異なケースの解決策を私は提示で

図1.2　ガブリエル・クラメール（1704 ～ 1752）（出典：ウィキメディア・コモンズ）

きると思います」。

彼は自分の提案にまだ少し躊躇《ちゅうちょ》していたので、自説の前に「私は自分自身を欺《あざむ》いているか、そうでないのかわからない」と注意書きをしている。「良識ある人は20枚のコインだって渡したいとは思わないため」、このようなゲームに際限なくお金を払ってでも参加する人がいると考えるのは明らかに馬鹿げている、と彼は書いている。クラメールがこの矛盾の理由として挙げたのは、数学的な計算と、彼が「大衆的な見積もり」と呼ぶものとの間には違いがあるはずだということだ。「数学者は貨幣をその量に比例して評価し、良識ある人はその使用に比例して評価する」。

これは遠大な洞察だった。また、非常に驚くべきことでもあった。何といっても数学者であるクラメールが、数はそれが表すものではないとどうして主張できたのか。詩人のガートルード・スタインは「バラはバラでありバラである」と書き、物事はただあるがままの状態であることを表現している。そして今度は、突然、ダカット金貨はもはやダカット金貨ではなくなると？　これこそが、クラメールの主張である。それは非常に大きな飛躍だった。しかし、それは非常に重要であると証明されることとなる。そして、本書でも語られるように、すべての経済行動の根幹をなすものである。

自分の主張を説明するため、クラメールは、2000万ドルを超えるいかなる金額をもらっても良識のある人には何の効用ももたらさないと主張した。つまり、2000万1ドルは2000万ドルよりも価値があるというわけではないと彼は主張した。これは、ある意味では日常の経験と合致している。大富豪の銀行口座に1ドルを追加しても、それ以上幸せになることはない。それは、大食漢であっても、1ダースのクッキーを食べた後でもう1枚クッキーをもらったところで喜びが増すわけではないのと同じことだ。貧乏人と金持ちでは1ドルの価値は違う。

人の金銭感覚に関するクラメールの推論を受け入れれば、ニコラウス・ベルヌーイが提示した難問は簡単に解決する。その方法を見てみよう。計算を簡単にするために、クラメールは、２０００万に近い2^{24}を超える金額は、その持ち主の有益性を全く増加させないと仮定した。それは、まるでその人の獲得金額が2^{24}のままとどまるかのようである。計算は次のようになる。

参加費の最大値＝獲得金額の期待値

$$=(1\times\frac{1}{2})+(2\times\frac{1}{4})+(4\times\frac{1}{8})+\cdots+(2^{24})/(2^{25})+(2^{24})/(2^{26})+(2^{24})/(2^{27})\cdots$$

$$=(24\times\frac{1}{2})+(\frac{1}{2}+\frac{1}{4}+\frac{1}{8}+\cdots)$$

$\frac{1}{2}+\frac{1}{4}+\frac{1}{8}+\cdots=1$なので、獲得額の期待値は12＋1＝13ドルとなり、クラメールは、これがゲームに参加するために支払ってもよい最大の金額だと主張した。これは、元の計算結果が示す無限大の金額よりも、はるかに妥当な金額だ。それでも13ドルはやや高いかもしれないが、人が使ってもよいと考える金額とほぼ一致している。つまり、クラメールの考え方は正しかったのだ。しかし、彼はすぐに自分の推論には欠陥があることに気づいた。金額の大小にかかわらず、２０００万ドルを超える金額が全く何の喜びも与えないということはあり得ない。大富豪でさえ、1億ドルの方が10ドルよりももらったときの喜びが大きいことを認めるだろう。つまり、貧乏人にとっても、金持ちにとっても、1ドル増えても効用が全くないということはあり得ないと、クラメールは気づいたのだ。彼の理論には全面的改訂が必要だった。

彼はすぐに修正方法を見つけた。1ドル追加の効用は、それまでの1ドルの効用よりも小さいが、全くゼロではないはずである。つまり、1ドル追加の効用はゼロより大きいが、富が増えるにつれて減少するはずだ。そこでクラメールは、富の効用を示す指標として、富の平方根を提案した。彼の提案を支える独創的なアイデアは、平方根関数のグラフを見ると、X軸に向かってカーブしていることに気づくということだ。その数字はどんどん大きくなるが、その割合はだんだん小さくなっていく。これこそが、クラメールが求めていたものだ。１の平方根は1、２の平方根は1・4142…だから、２ドル目の価値は約41セントだ。そして、1000万1ドル目は、最初の１ドルの効用の約0・016％の価値で評価されることになる。バラはバラであり……バラの平方根である。

この新しいスキームを用いて、クラメールは、人がギャンブルに参加するために支払ってもよい料金を再計算した。[3]

$$参加費の最大値＝獲得金額の期待値＝\frac{1}{2}\times\sqrt{1}+\frac{1}{4}\times\sqrt{2}+\frac{1}{8}\times\sqrt{4}+\cdots=2.91\cdots$$

13ドルはゲームに参加するために使ってもよいと思う金額よりも多かったかもしれないが、３ドル弱は少なすぎるかもしれない。したがって、その人の好みによって、クラメールの数字は多少ずれるかもしれないが、その原理は間違いなく正しかった。このジュネーブ出身の数学者は、経済行動における難題への解決策ともいうべきものを発見したのである。

ニコラウス・ベルヌーイは、クラメールの手紙を興味深く読んだが、心酔するまでには至らなかった。深い洞察力を称賛するどころか、却下してしまったのである。「あなたの回答は……あなたが言うように、AがBに無限の等価物を与えてはならないことを示すのには十分です。しかし、それは数学的な期待値と一般的な評価の間にある差異の真の理由を証明するものではありません」。まさか、そんな返事をするの？　AがBに無限のお金を与えてはならないことを示すことこそが、その書簡の目的だったのだ。したがって、クラメールの説明を軽視することは非常に不公平だ。また、「真の理由」について、なぜクラメールの説明が真の理由にならないのだろうか？　なぜ続くニコラウスの説明がクラメールのものよりも優れているといえるのだろうか？

ニコラウスの心に響いたものこそ、クラメールの考えだったのかもしれないため、このような口先だけの反応はなおさら不公平である。ニコラウスは、パラドックスの原因は、ある大きな額以上の金額がギャンブラーにとってほとんどまたは全く効用がないからではなく、ギャンブラーが低い確率を無視するからだと主張した。たとえ利益が非常に大きくても、勝つ確率が非常に小さい場合は無視されてしまうのである。そこで、彼は$\frac{1}{32}$以降のすべての確率をゼロに設定した。[4]

$$
\begin{aligned}
\text{参加費の最大値} &= \text{獲得金額の期待値}\\
&= \left(\tfrac{1}{2}\times 1\right)+\left(\tfrac{1}{4}\times 2\right)+\left(\tfrac{1}{8}\times 4\right)+\left(\tfrac{1}{16}\times 8\right)+\left(\tfrac{1}{32}\times 16\right)+\left(0\times 32\right)\\
&\quad +\left(0\times 64\right)\cdots\\
&= 2.5
\end{aligned}
$$

つまり、ニコラウスによれば、ギャンブラーは、表が出る前に5回以上裏が出る配列（裏裏裏裏裏表…）を非常にまれなことと考え、そのようなことが起こる可能性を完全に無視するのである。二人の説明の違いは、クラメールはギャンブラーが2^{24}を超える金額の効用をゼロにすると仮定したのに対し、ベルヌーイは$\frac{1}{32}$以下の確率をゼロにすると仮定したことである。

なぜ、前者よりも後者の説明の方が正しいのだろうか？　ニコラウスはその条件を具体的に説明する代わりに、安易な方法をとった。「この問題について言うべきことがあるかもしれないけれど、私の精神に提示された考えを整理したり発展させたりする余裕がないので、私はそれらを黙って見過ごします」。モンモールが、必要もないことをいつも長々と言う著者がいると嘆いていたことを覚えているだろうか。今回は、ニコラウスがなぜ若い同僚の提案を見下したように却下したのか、その理由をあと１００語か２００語で説明しなかったことが残念でならない。どうやら彼は、クラメールが非常に深遠なアイデアを思いついたことに気づかなかったか、あるいは認めることができなかったようだ。

クラメールは当時、オランダのライデンという町にいた。彼は次のように返信のなかで、後悔の念を述べている。「私は、人に無限にお金を与えなくさせる理由が何なのか推測しようとしませんでした。私はただ、無限にお金を与えてはならないと自分自身を納得させる理由を探したいと思っただけなのです」。彼はこの問題に対する自分の特別なアプローチを擁護し、どの程度富があればコインの追加が何の効用もなくなるかを内省的に決定することの方が、どのポイントで確率を無視すべきか決定することよりも簡単であると主張した。学術的な論争は続くが、もっと敬意をもって取り上げられれば、クラメールの主張は、ベルヌーイの主張と同様に正当なものである。

ニコラウスは、クラメールを納得させることはできないと気づき、一族のもう一人の天才であるダニエル・ベルヌーイを仲間に入れることにした。13歳年下の従兄弟に宛てた手紙のなかで、ニコラウスは問題を説明し、ジュネーブのクラメール教授がすでに解決策を提案していると述べた。しかし、彼は詳細を明かさず、ダニエルの意見を求めてきた。ダニエルは、この挑戦に応じ、父親のヨハンとその問題を議論した。わずか3週間後、ダニエルはパラドックスの存在を認めた。ダニエルも従兄弟と同じように、一つのゲームが20投や30投以上続く確率は非常に低いことがパラドックスの答えだと考えたのだ。

時が経つにつれ、ダニエルは自分の答えに満足しなくなっていった。彼は、今は失われた手紙のなかで別の興味深い問題を提起している。ニコラウスの不愉快な回答から推測するに、ダニエルはクラメールの考え方を受け入れるようになったのではないかと思われる。プレイヤーBは、最終的にプレイヤーAに賞金を支払わなければならないが、25回連続で投げた後、最初の表が出た場合に、Aに1700万枚のコインを払えるほどお金を持っていないかもしれない。したがって、プレイヤーAが2^{24}以上の賞金をゼロとして評価するのも不思議ではない。相手はそんな大金を持っていないのだから、どのみちそれ以上の金額は手に入らない。

ニコラウスは、クラメールのときと同様に従兄弟の主張をしりぞけ、ダニエルはほぼ1年、何の反応も示さなかった。1731年1月、ついにニコラウスのテーブルに一通の手紙が届いた。ダニエルは、相手が非常に大きな額の報酬を支払えないことがこのパラドックスの理解に極めて重要であると主張した。「相手が支払える状態にある金額を知る必要があると思わないのであれば、私はもう何も言うことはありません」。そして彼はこう続けた。「人は、たとえほんのわずかな確率であっても、無限の金額を支払うことをいとわない相手とゲームをしたいとは思わないでしょう」。

今度はニコラウスの方が数ヵ月にわたって沈黙した。焦《じ》れたダニエルは、自分の考えを原稿にまとめ、『Specimen theoriae novae metiendi sortem pecuniariam（金銭的な結果を測る新しい理論の説明）』というタイトルをつけた。彼はロシアのサンクトペテルブルクで教鞭《きょうべん》をとっていたので、バーゼル時代からの学友であるレオンハルト・オイラーとともに、サンクトペテルブルクの科学アカデミーでこの論文を発表した。そして、1731年7月4日、その原稿をニコラウスに送った。

またしても、年上の従兄弟の心中は穏やかではなかった。彼は「非常に独創的だ」と言ったすぐ後に但し書きをつけた。「問題の核心を解決していないと言わせてください」。なぜそう言えるのか、彼の考えるその理由を複雑に説明して、クラメールとダニエルの重要な意見を却下したのである。彼らは、「自分に有利な場合に得られる喜びや利益は、不利な場合に被る悲しみや不利益と同等ではない」という議論を用いて、追加のダカット金貨はそれまでのものよりも効用が少ないということをニコラウスに納得してもらおうとしていた。現代風にいえば、10ドルを損失した場合の痛みに比べて、10ドルの利益を得た場合に得られる喜びは少ないということだ。ダニエルとクラメールが提案し、ニコラウスがしりぞけたものは、もう一度言うが、経済行動の基盤となる基本原理に他ならない。ああ、しかし、ニコラウスは頑固にも自説を曲げなかったのである。

それにもかかわらず、プレイヤーが借金を返せない可能性があるという議論は、ニコラウスの心を再び揺さぶった。それは彼が主題を変えるきっかけにもなった。コイン投げの話から、金融投資の話に変わり、約束を守れるかどうか一人の債務者の能力に委ねるよりも、複数人で金額を分割した方がよいと彼は提案した。「それでも、人は１０００枚のコインを１カ所に置くよりも、５００枚のコインを２カ所に置いた方がよい。その方が１０００枚のコインを全部失う危険性が少ないからだ」。それぞれの債務者が債務不履行に陥る確率が10％であるとすると、一人の債務者に預けた場合はそのすべてを失う確率が10％であるのに対し、二人の債務者に預けた場合はすべてを失う確率が１％しかないとニコラウスは説明している。[5] 彼は、18世紀のバーゼル市民にはすでに知られていたと思われる、おなじみのことわざを引用して、自説を補強した。「すべての卵を一つのカゴに入れてはいけない」。このように、彼は経済理論の基本的な考え方となっていくものを却下した一方で、金融理論の基本的な考え方となっていくものを確立した。

ダニエルがニコラウスに送った原稿は、ほんの草稿にすぎなかった。それから7年間かけて、ダニエルは論旨を練り上げ、文章に磨きをかけ、新しいバージョンを作った。そして、科学者の前で発表できるくらい十分に洗練されたと自負し、その18ページの論文をペテルブルクの帝国科学アカデミー論文集に投稿したのである。この論文は１７３８年にラテン語で『Specimen theoriae novae de mensura sortis（リスク測定に関する新理論の説明）』というタイトルで出版された。これは、今日に至るまで経済学における非常に優れた学術論文の一つとされており、2世紀以上経った１９５４年に、権威ある学術誌『*Econometrica*（エコノメトリカ）』が、よく引用されながらもあまり読まれていないこの論文の英訳を掲載したほどである。

ダニエル・ベルヌーイはその論文の第1節から「ギャンブルの期待値は、得られる可能性のあるそれぞれの利益にその確率を掛け合わせ、その積を合計することで算出される」という常識に反論していた。もしそうであれば、すべてが簡単になると彼は書いている。みんなその期待値と同じだけの金額を払ってギャンブルに参加すればよいのである。裕福であるか貧しいか、楽観的か悲観的か、幸せか悲しいかなど、意思決定者の個人的状況は何の影響も及ぼさず、数学的なルールが意思決定のプロセスを支配し、すべての人が正しい選択をすることに同意するだろう。そこでは、「判断は必要なく、熟慮が必要」となる。

しかし、これは明らかに事実と異なる。ベルヌーイはこの点を、何も当たらないか、もしくは2万ダカットが当たるかのどちらかが同じ確率で出る宝くじを用いて説明し、この状況に置かれた際に異なる判断をする貧しい人と裕福な人の話をしている。ベルヌーイは、貧しい人は、たとえ数学的な期待値が1万ダカットであっても、そのような宝くじを9000ダカットで売るのがよいと勧めている。一方、裕福な人は、9000ダカットで買うのがよいだろう。「すべての人が同じルールを使ってギャンブルを評価できるわけではないことは明らかだと思われる。したがって、第1節で確立された指示は捨てなければならない」。この洞察は、彼の主張に直結している。すなわち、「ある品物の価値は、その価格に基づいてはならず、むしろそれがもたらす効用に基づいていなければならない」。それでも理解できない読者のために、彼は「１０００ダカットの利益は、裕福な人よりも貧しい人にとってより重要である。両者は同じ額を得ているのだけれど」と当たり前のことを力説している。

その結果、ベルヌーイの論文第1節の指示を修正しなければならない。ベルヌーイは価値に確率を掛け合わせるのではなく、得る可能性のある利益の効用こそがその確率と掛け合わされなければならないと述べている。このようにして、**平均の効用**が得られ、それを対応する金銭価値に変換する必要がある。これがその人にとっての宝くじの価値である。

次の問題は、人が富の効用をどのように決定するかであった。ベルヌーイは妥当な提案をしている。「富のわずかな増加から得られる効用は、すでに所有している財の量に反比例する」。持っているものが多ければ多いほど、富の追加の効用は小さくなるのだ。もちろん、例外はあるとベルヌーイは認めるが、その原理は正しい。

数学的な興味のある方のために、ここで余談を。ベルヌーイによれば、人が富Wを所有しているとすると、それは所有者に効用$U(W)$を与える。その所有者がわずかな追加金額dWを得ることができる場合、追加の効用$dU(W)$は以下のようになる。

$$dU(W) = c\ dW/W$$

ここでの cは個人によって異なるパラメータである。それゆえに、

$$dU(W)/dW = c/W$$

となり、これを積分すると以下のようになる。

$$U(W) = c\ log(W) + 定数$$

したがって、ベルヌーイの主張を受け入れるならば、富の効用は対数関数に従うことになる。これは妥当な提案である。なぜなら、この関数は、富の効用がそうであるよう

に常に上昇するが、追加のダカットは常に前のダカットよりも与える効用が少ないためである。しかし、ベルヌーイの推論は、追加の効用が実際に現在の富に反比例することを証明していないので、論理を超越して信じる必要がある。それでもなお、効用を対数関数で表現することは、クラメールの効用の平方根関数がその形状以外には理由がなかったのに比べると、それを改良している。少なくとも、対数は便利なだけでなく、（証明されていないとはいいえ）理にかなった裏づけがあり……そして、エレガントである。

この点について、例を挙げて説明しよう。ここではベルヌーイが論文のなかで提示したものとは少し異なり、やや簡素化している。所持する１０００ダカットを投資したいと思っているピンポドゥー氏は、投資金が等確率で2倍または3倍になるビジネスの提案を受けた。もし彼がその話を引き受ければ（引き受けない人はいないだろう？）、最終的には２０００または３０００ダカットのいずれかの金額を手にする。したがって、数学的には、利益の期待値は１５００ダカット（１０００の50％＋２０００の50％）となる。つまり、ピンポドゥー氏が合理的であれば、１５００ダカットを即時に支払ってもらえるならば、提案に投資する権利を放棄してもよいと思うはずだ。

ベルヌーイがこの状況をどのように分析するか見てみよう。彼の提案によると、関連のある考慮すべき変数は、ダカットで表されるその人の最終的な富の値ではなく、これらの富の効用（すなわち、それらのダカット値の対数）である。２０００ダカットの対数は７・６で、３０００ダカットの対数は８・０なので、ピンポドゥー氏の最終的な富の効用の期待値は７・８（７・６の50％＋８・０の50％）となる。そして、彼にちょうどこの効用を与える富の量はどのくらいだろうか？　答えは、２４４０の対数が７・８であるため、２４４０ダカットである。[6]

このように、ピンポドゥー氏は、すでに所持している財産である１０００ダカットに１４４０ダカットを加えられれば、そのビジネスベンチャーに参加するのと同様の幸福を得ることができるだろう。しかし、１４４０は、合理的な人が払ってもよいと思う金額である１５００よりも少ない。これはどういうことだろう？　ベルヌーイの主張は、賢明なピンポドゥー氏が効用を考えたとき、１０００または２０００ダカットのいずれかを受け取るという不確かな見通しよりも、確実に１４４０ダカットを受け取ることを好むというものだ。彼は、少しだけ少なくなるものの、確実に金貨を手に入れるために、数学的に期待されるベンチャーの価値から60ダカットを諦めて（１５００－１４４０）もよいと思うだろう。こうしてベルヌーイは、いともたやすく最高に重要な原理を導入した。この原理は、とても重要であるため３００年後の今でも私たちとともにあり、永遠に経済行動を定義する概念であり続けるだろう。ピンポドゥー氏はリスクを嫌うのだ！　彼は数学的期待値の無味乾燥な分析に従って行動しないが、しかし全く非合理的ではない。彼は、たとえ大食漢であっても、すでに1ダースのクッキーを食べてしまった後では、追加のクッキーが与える効用は小さくなるという、完全に論理的な仮定に従って行動するのだ。

ここで述べた原理の重要性は、いくら強調してもしすぎることはない。**一枚のダカット金貨が裕福な人に与える効用は貧しい人に与える効用よりも小さいという事実は、一般的に人はリスクを嫌うことを意味する。**

数学的な興味よりも幾何学的な興味をお持ちの方のために、ベルヌーイの提案を、彼と同様に、グラフを用いて説明する（51ページ図1・3参照）。横軸（$軸と呼ぶ）はダカット値を示し、縦軸（*U*軸）は効用を表している。対数関数のグラフである曲線は、ピンポドゥー氏がダカットをどのように効用に換算しているか、あるいはその逆も同様に示している。この曲線は常に上昇しているが、全体を通して下向きに曲がっている。これは、コインを追加するたびに、それまでのコインよりも少ない効用しか得られないことを示している。これは明らかに、同じ金額が追加された場合、裕福な人（Ａ）には貧しい人（Ｂ）よりも少ない効用しか与えないことを意味している。

このシナリオを順を追って見ていこう。まず、*$*軸に２０００ダカットの富を示す（*a*）。この値に対応する効用曲線（*b*）の値を見ると、*U*軸上の効用は７・６を示す（*c*）。３０００ダカットについても同様に、*$*軸上（*d*）、効用曲線（*e*）とたどっていくと、*U*軸上の効用は８・０を示す（*f*）。ここで、*U*軸上の効用の期待値を求めると、７・６と８・０の中間（つまり７・８（*g*））になる（確率が半々だから中間になる。もし確率が異なる場合、それに合わせて*U*軸の位置を調節する必要がある）。問題は、効用７・８に対応するダカットの値は何かということだ。効用レベルの期待値７・８から効用関数（*h*）に向かってたどってみると、＄軸（*i*）上に２４４０の値が示されている。しか

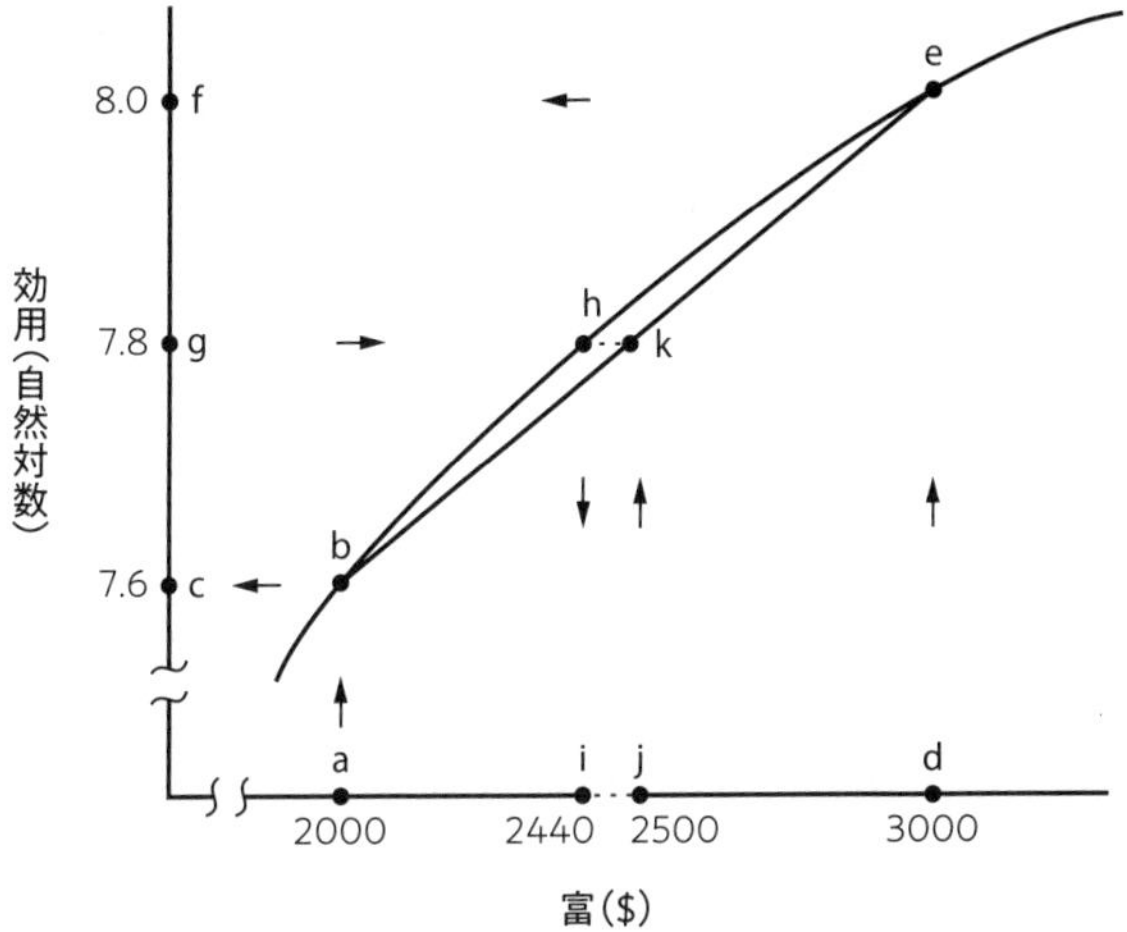

図1.3　富の効用

注：曲線（点b、h、およびeを通る）は自然対数であり、点b、k、およびeを通るものは直線である。

し、数学的なギャンブルの金額の期待値は、2000ダカットと3000ダカットの中間に位置している（すなわち、2500ダカット（j））。これで完了だ。最終的に2440ダカットの富の額により、ピンポドゥー氏は提示されたギャンブルで享受すると予想されるのと同じ効用を得る。iとjの間の金銭的な差、60ダカットは、彼がギャンブルを避けるために支払ってもよい価格である。

これで、1枚のダカット金貨をもらった場合、貧しい人よりも裕福な人の方が効用が小さくなるという事実が、なぜリスク回避に直結するのかその理由がはっきりわかる。富の効用を表す曲線は上向きに傾斜しているが、同時に下向きに曲がっている。専門用語で言えば、この曲線は凹である[*2]。つまり、この効用関数の所有者は、リスクを回避するために、常に報酬を放棄したいと考えているのだ。

　この単純なグラフからは膨大な結果が得られる。ダニエル・ベルヌーイはそのうちの二つについて言及している。一つ目は明らかで、リスクを回避するためにお金を諦めるというのは、不確実性に対処するために保険に加入することと同じだということだ。実は、ベルヌーイが保険産業の存在を行動学的に裏づけする前から、保険は広まっていた。紀元前3千年紀のバビロニアの商人たちは、効用や対数について教えてもらう必要はなかった。彼らは、不確実性を回避するためには、多少のお金を犠牲にすることが正しいことだと直感的に知っていた。

　しかし、すぐに疑問がわいてくる。保険を売りたいと思う人がいるだろうか？　ピンポドゥー氏のようにリスクを嫌う人たちが運営する保険会社もまた不確実性を嫌う。では、なぜピンポドゥー氏が取り除こうとしているのと同じリスクを保険会社は引き受けるのだろうか？　その理由は、意思決定者の富の違いにあるとベルヌーイは言う。保険会社は個人に比べてはるかに裕福であるため、要求するリスクプレミアム*3は小さくなる。たとえば、その会社が10万ダカットの資産を持っているとしよう。先ほどの計算を繰り返し、ダカットを対数効用に換算し、また元に戻すと、会社のリスクプレミアムはわずか3ダカットほどになる。したがって、ピンポドゥー氏が60ダカットを支払う用意があれば、保険会社、あるいは非常に裕福な個人は彼と契約を結ぶことができる。もちろん、もっと大きな保険会社であれば、３ダカットと引き換えに小さな会社のリスクを快く引き受けるだろう。なぜなら、要求するリスクプレミアムはさらに小さいからだ。そして、以下同様に続く。再保険事業の誕生である。

ベルヌーイが論文のなかで言及したもう一つの結果は、リスクプレミアムというより

＊2　一般的には下向きに曲がっている関数を指す。ただし、上に凸な関数と表現することもある。

＊3　リスク資産の期待収益率において価格変動リスクの対価とみなされる部分のこと。リスクを引き受けることによって上乗せされる利益。

も、分散投資とより関係がある。ある商人がすべての商品を1艘《そう》の舟で運んでいて、10艘に1艘が沈むとすると、全財産が失われる確率は10％である。ベルヌーイは2艘の舟に荷物を均等に分配することを勧めている。そうすれば、両方の舟が沈んで、商人がすべてを失う確率は1％になる（両方の舟が沈む確率は、10％×10％、つまり1％である）。不運にも、片方の舟が沈んで、商人が品物の半分を失う可能性もある。その確率は18％である（舟1が無事な確率90％×舟2が沈む確率10％、舟2が無事な確率90％×舟1が沈む確率10％）。ベルヌーイは、今ではおなじみの効用計算を用いて、すべての財を失う可能性が1％で半分を失う可能性が18％の方が、すべてを失う可能性が10％の場合よりも効用的には好ましいことを示した。6年前に従兄弟が諭したことが再び登場する。「一つのカゴにすべての卵を入れるな」ということだ。

ベルヌーイの論文には述べられていないが、ピンポドゥー氏やその仲間たちが避けたいリスクを保険会社が引き受ける理由がもう一つある。それは、大数の法則が働くからである。貿易業者のすべての商品を乗せた1隻の船は、目的地の港に到着するかしないかのどちらかである。しかし、何十隻（あるいは何百隻）もの船がその会社の管理下にあれば、難破に対して航海が成功する割合の不確実性ははるかに小さくなる。したがって、すべての貿易会社が支払う保険料は、残りのはるかに小さいリスクを保険会社に補償することになる。

ダニエル・ベルヌーイは、従兄弟の文通仲間であるガブリエル・クラメールへの賛辞でこの論文を締めくくっている。「（尊敬すべき従兄弟のニコラウスは）著名な数学者であるクラメールが、私が論文を作成する数年前に同じテーマで理論を展開していたということを私に教えてくれました。実際、彼の理論は私の理論と非常によく似ていて、この種のテーマで私たちが独立してこれほど近い一致を見たのは奇跡的なことだと思います」。そして、ダニエルはクラメールがニコラウスに宛てた手紙を一字一句書き写し、後世に残したのである。

ここで最後に一言述べておこう。クラメールは、ある人の富に対する効用を表すのに平方根関数を用いたが、これはほとんど便宜的なものだった。ベルヌーイは、もう少し理論的な正当性をもって、ある人の富を効用に変換するために対数関数を選択した。しかし、その関数は平方根と対数のどちらかである必要はない。上に向かって傾斜し、下に向かって曲がる曲線であれば何でもよいのだ。この点に関しては、のちの章で再び議論する。

1713年のニコラウス・ベルヌーイの手紙から、1738年のダニエル・ベルヌーイの論文まで、サンクトペテルブルクのパラドックスと呼ばれるこの問題に、当時の一流の数学者たちが25年の歳月をかけて取り組んだ。そして今、準備は整った。

今や、富の効用はその増加割合を減少させつつ増加することがわかっている。次の章では、この二つの現象についてさらに詳しく説明する。

第2章

多ければ多いほどよいのだが……

すべての人間は平等に創られ、創造主から不可侵の権利を与えられ、そのなかには生命、自由、幸福の追求が含まれていること――われわれは、これらの真理を自明のものとする。

1776年7月4日、第2回大陸会議[*1]で署名されたアメリカ独立宣言には、こう書かれている。この章では、生命と自由という重要な概念は置いておいて、本書の主題に大きく関わる幸福の追求を主に扱うことにする。この言葉を書いたトーマス・ジェファーソン（のちの第3代アメリカ合衆国大統領）が、イギリスの哲学者ジョン・ロックの影響を受けていたのか、あるいは、ジェファーソンの幸福に関する考え方を理解するには、さらに歴史をさかのぼって古代ギリシャまで行かなければならないのか、政治学者の間では議論がある。ジェファーソンは、自身は紀元前4世紀の哲学者エピクロス[*2]の信奉者だと考えていることを、私設秘書のウィリアム・ショートに宛てた手紙のなかで述べている。というわけで、まずはここから始めよう。

その背景を理解するために、エピクロスの先行者である哲学者アリスティッポス（61ページ図２・１）について説明する。彼は、ソクラテスの弟子で、北アフリカ沿岸の古代ギリシャの都市キュレネ（現リビア領内）出身である。彼は紀元前４３５年頃から紀元前３５６年あたりまで生きた。彼の生涯については、アリスティッポスやエピクロスの約２世紀後のギリシャ哲学者の伝記作家であるディオゲネス・ラエルティウスの記述が主な典拠となっている。

アリスティッポスは、若い頃にソクラテスについて知り、その知恵に感銘を受けたため、アテネに渡ってソクラテスに師事した。上品で穏やかなアリスティッポスは、冷静さとカリスマ性を備えていたといわれている。十分に学んだと感じた彼は教育活動に手を広げたが、恐ろしいことに、そのサービスの対価として生徒からお金を受け取った。授業料を取る方針の弁明として、ソクラテスが無料で教えることができたのは、ソクラ

＊１　アメリカ独立革命の際に北米13植民地の代表が集まり、イギリス本国に対抗するために開いた会議。
＊２　快楽主義などで知られる古代ギリシャの哲学者。「哲学」を幸福を作り出すための活動と定義した。

テスに従う者たちが必要なものは何でも持ってきてくれ、個人的に世話をしてくれたからだと彼は指摘した。一方、アリスティッポスは食料品を買うのに大金を払い、家事をするために奴隷を買わなければならなかった。あるとき、ある父親が「この金額なら、息子を指導する奴隷が買える」と言い出した。アリスティッポスはいつものように平然として、「では、そうしなさい。そうすれば、二人買えるでしょう」と答えた。

彼の教えとは何だったのか？　彼の哲学の基本教義は非常に都合のよいものだった。アリスティッポスは弟子たちにこう伝えた。「快楽はすべての人が求めるものであり、それは人生の目標である」と。快楽を求め、苦痛を避け、正味の幸福（つまり、快楽の総和から苦痛の総和を差し引いたもの）を最大化することが、全人類の最大の目的なのだ。これは、実に呑気《のんき》で気楽な原理である。他の哲学者の教えと比較してみよう。彼らは、美徳、正義、節度、学習などの高尚な目標を神に喜ばれる人生の目的とすべきだと主張している。一方、アリスティッポスの教えにはそのどれもがなかった。彼にとっては、幸せがすべてだったのだ。

多くの有能な哲学者たちがそうしていたように、アリスティッポスも自分で説いたこ

図2.1　アリスティッポス（紀元前435頃～紀元前356頃）（出典：ウィキメディア・コモンズ、『哲学の歴史』（1655）トーマス・スタンリー著）

とを実践した。美食家として知られる彼は、贅沢《ぜいたく》な生活を送り、さまざまな快楽に身を投じた。特に、美しくも気まぐれな情婦であるライースに幸せを求めていた。[1]弟子の一人から、これまで多くの愛人に好意を寄せてきたこの悪女と関係をもつことを非難されると、アリスティッポスは、「自分は、多くの人が乗った船で旅をすることを拒まないし、他の人が住んだことのある家に住むことを拒まない」と答えた。そして、「最良なのは禁欲ではなく、負けることなく快楽を支配することである」と述べた。ああ、しかし、ライースは彼の愛に応えることはなかった。彼女は彼の愛には応えず、オリンピックの徒競走と戦車競技で優勝したクレタ島のユーボタスというアスリートに惚《ほ》れ込んだ(皮肉なことに、彼女自身の恋も報われなかった。ユーボタスはキュレネの故郷に戻る際、約束していたにもかかわらず、彼女の同行を拒み、彼女の肖像画だけを持っていった)。

アリスティッポスが教えた弟子のなかに、娘のアレテがいた(この場合、アリスティッポスはアレテの親、つまり自分自身に金銭の要求はしなかったであろう)。彼女は、自分の息子である小アリスティッポスにその教えを伝えた。小アリスティッポスは、それ以後、快楽主義と呼ばれるようになった祖父の思想を継承した。しかし、アリスティッポスの死から約15年後の紀元前341年に生まれたエピクロス(図2・2)が、多少の反対意見はあるものの、彼の後継者と考えられている。エピクロス学派の基本的な信条は、快楽こそが「幸福な人生の主要素である」というものだ。これは田舎の環境のなかで教

図2.2　エピクロス（紀元前341～紀元前270）（出典：ウィキメディア・コモンズ、ローマ国立博物館）

えられた。

アテネの郊外にある庭園では、趣味が似ていることや共通の教養を信じていることから友情で結ばれた少数の男女が、散歩して話したりしながら、シンプルで自然な生活を送り、哲学について語り、あるがままに生きていた……それは、ある小さな大学の、何の変哲もない、ゆったりとした生活だった。そこでは、競争や野心は、敬愛する教師への尊敬の念で打ち消された。人類の過ちや苦悩を感じて燃える不穏な精神が入り込む余地はなかった。それは静かで夢のような隠遁《いんとん》生活で、古風な気品と洗練された雰囲気に包まれて高貴であった。

しかし、エピクロス派の考え方は、完全で即時の快楽に耽《ふけ》る生活を提唱していると考えられていたアリスティッポスの考え方よりも洗練されていた。エピクロスは、友人に宛てた手紙のなかで、「快楽が最終目標であると言うとき、それは放蕩《ほうとう》者の快楽や官能的な快楽を意味するのではない」と説明している。「快楽的な生活をもたらすのは、酒宴の連続や、性愛や、魚などの豪華な食事を楽しむことでもない」。人生は冷静な理性によって支配されるべきなのだ。精神的にも肉体的にも、快楽は「あらゆる選択とあらゆる嫌悪の出発点」であるが、「慎重で、栄誉があり、正義の生活ではない快楽的な生活を送ることはできない」とエピクロスは注意した。酒を浴びるほど飲んだ後の二日酔いや、罪を犯した後の罰のように、特にそれがのちのち害を伴う場合など、すべての快楽が求められるべきではない。しかし、幸福は目立たないところにもあるものだ。実際、エピクロスは、立派な庭を所有していた以外は、非常に簡素な生活をしていた。パンと水が彼の常食で、たまに鍋一杯分のチーズを食べる程度だった。エピクロスの弟子たちは、祭りのときでさえも質素であった。ディオゲネスによれば、「どんな場合でも、彼らは半パイントの薄いワインで満足し、それ以外は徹底して水を飲んでいた」という。驚くべきことに、快楽を人生の目的としていたその学校ではこのような習慣があったのだ。

エピクロスの最期は悲惨だった。生涯を通じて腎臓結石に悩まされ、71歳のときに尿管が完全に塞がってしまった。2週間という長い間、彼はひどく苦しんだ。そして、死期を悟った彼は、親しい友人に最後の手紙を書き、温かい風呂に入り、一杯のワインを飲みながら息を引き取ったのである。大雑把にいえば、彼は自分の運命をストイックに受け入れたといえるかもしれない。ストア哲学（ストイシズム）というのは全く別の学派ではあるが。

私は、快楽主義とエピクロス主義について、非常にざっくりとした、どちらかというと自分特有の解釈をした。私が言いたかったのは、アリスティッポスとエピクロスの教義によれば、人生の目標は自分の喜びを最大化することであり、その数は多ければ多いほどよいということだ。エピクロスは、2種類の幸福を思い描いた。「一つは、神々が享受しているような至高の幸福であり、これは増やすことはできない。もう一つは、快楽の加減を認めるものである」。後者、つまり私たち全員が享受する幸福は、常に増やすことができる。彼が、「十分なものがほとんどない人にとっては、十分なものは何もない」と述べて同時代の人々に倹約を勧めたのは、ほとんどの人はより多くの富を求める傾向があることを認識していたからだ。そこで、独立宣言で主張されているように、どんなに裕福な国民であっても、喜びを最大に、損害を最小にして幸福を追求する権利があるという考え方が生まれたのだ。

しかし、これには問題がある。確かに、クッキーを食べることで喜びが増すことはよくある。しかし、1ダースも食べてしまった後では、おそらくそうはならないだろう。それどころか、むしろ、喜びが減るかもしれない。したがって、この新しいクッキーをすぐには食べずに、再び喜びが増すようになるまで取っておくことがよい戦略である。

残念ながら、このような戦略は、アイスクリーム、魚、肉、牛乳、その他の傷みやすい食品には通用しない。

ここでお金の登場だ。傷みやすいものを持っている人は、それをお金に換え、今度はそのお金で時機が来たら喜びを増すようなものと交換することができる。つまり、お金はあればあるほどよいのだ。ことわざにあるように、お金で幸せを買うことはできないのは認めざるを得ないが、別のことわざにあるように、お金は幸せを得る助けになる。お金があれば、すべてではないにしろ、さらに多くの喜びを買うことができる。そして、お金があればあるほど、より多くの喜びを買うことができる。このようなお金の役割を考えた最初の思想家の一人が、17世紀の医師ジョン・ロックであった（69ページ図2・3）。

ベルヌーイとその従兄弟《いとこ》が、のちにサンクトペテルブルクのパラドックスとして知られるようになるものを議論する1世紀前の１６３２年、裕福な家庭に生まれたロックは、現在でもイギリスのトップの中等学校の一つであるロンドンのウェストミンスター・スクールに通っていた。その後、オックスフォード大学で古典言語、論理学、形而上学などを学んだ。しかし、ロックにとってそのカリキュラムは退屈だった。彼は、プラトンやアリストテレスの作品ではなく、ルネ・デカルトのような近代的な思想家を学びたかったのだ。しかし、ロックは粘り強く努力し、1656年に学士号、1658年に修士号を取得し、その後もずっと興味をもち続け、16年後に遅ればせながら医学の学士号を取得した。1668年、ロックは、その4年後にはアイザック・ニュートンも加わった王立協会のフェローとして認められた。彼は、父親の死後、多くの財産を相続したため、人生のほとんどの期間、経済的には比較的自立していた。

実は、医学の学位はとっくに与えられていてもよかった。というのも、彼は学生時代に、のちのシャフツベリー伯爵で大法官となるアンソニー・アシュリー＝クーパー卿の、命に関わる肝臓の感染症の治療に成功していたからだ。アンソニー卿はロックの技術を高く評価し、自分の専属医兼秘書として採用した。しかし、卿の財産の増減により、ロックもまた仕事があったりなかったりした。1683年、ロックはチャールズ2世に対する陰謀を企てた嫌疑をかけられたため、オランダに逃亡しなければならなかったが、そ

図2.3：ジョン・ロック（1632～1704）（出典：ウィキメディア・コモンズ）

のわずか6年後、のちに女王となるオランダ王妃メアリーとともにイングランドへ帰還した。ドイツでの外交活動、フランス旅行、オランダへの逃亡、貿易および商務・拓務庁の理事（1673～1674年）、商務庁職員（1696～1700年）などを通じ、ロックは政治、統治、経済、商業、行政、国際貿易などについての知識と幅広い経験を直《じか》に得た。

　ロックはその生涯を通じて、政治理論、宗教、経済、教育、意識について執筆した。彼は、チャールズ2世が絶対主義に傾倒した暗黒の時代に、政治哲学に関する最も重要な論文である『統治二論』を書き上げ、オランダから帰還した直後の1689年に匿名で出版した。この画期的な論文は、彼の生涯において何度か重版され（本人が満足することはなかったが）、今日の学者たちには自由主義の基礎的なテキストとみなされている。この著作でロックは、自然法と自然権の理論を提唱し、正統な政府と正統でない政府を区別するために用いた。絶対君主制は後者の一つであり、ロックは暴君へ抵抗する権利を支持した。

注意深いロックは、苦労して何とか自分の著作であることを秘密にしていたが、それにはそれなりの理由があった。政治理論に関して同じ考えをもっていた政治家のアルジャーノン・シドニーは、未発表の原稿『統治論』を理由に、反逆者として有罪判決を受け、処刑された。[2] 最も信頼のおける知人にしか胸の内を明かさなかったロックは、すべての原稿を破棄し、自身の論文から自分と関連づけられる情報をすべて削除した。また、印刷業者や出版社との交渉は、すべて第三者を介して行われた。それにもかかわらず、イギリスの知識人の間では、確かではないにせよ、彼の著作ではないかとすぐに噂になった。

ここでは、政府についてのロックの意見に深くは立ち入らず、私有財産、蓄財、金銭についての彼の見解に限定して述べたいと思う。ロックの基本的な考えは、個人は少なくとも自分自身を所有しているというものだ。これは明らかに、自分の体は自分のものであり、自分が行った労働もすべて自分のものであることを意味する。一方、大地の作物は、神から全人類に与えられたものであり、言い換えれば、特に誰のものでもないということである。ある個人が自然資源に対して自ら労働をすることで初めて、自分の所有物となるのである。たとえば、ある女性が木からリンゴを取ったとしたら、そのリンゴは彼女のものになる。彼女の労働がなければ、リンゴに価値はない。地球が人類に与えてくれる天然の素材と自分の労働を合わせることで、人は食料、衣服、住居を創り出すことができる（つまり自分の財産となる）。ロックは、人の労働の正当な成果である財産を獲得し、それを際限なく蓄積することを正当な努力として認めている。実際、「（市民社会の）主たる目的は財産の維持である」と彼は述べている。

ただし、注意点がある。天然資源には量が少ないものが多い。また、腐ってしまうものも多い。蓄えた財産を無駄にしてはいけないとロックは諭した。動物を狩ったり、野菜を採ったりする人は、「腐る前に使ってしまわないと、自分の分以上に取ってしまい、他の人の分を奪ってしまう」ことになる。腐る前に食べきれないほどのリンゴを摘んだり、ドングリを集めたりすることは、結局のところ、悪くなる前の生産物の共同所有者である同胞に対する違反となる。個人にとっては、「使い切れないほどの量を溜め込むのは、不誠実であると同時に、愚かなことである」。

ここまでの結論は、個人で消費できる分はどれだけ蓄えてもよいが、それ以上は蓄えてはいけない、ということだ。しかし、自分と家族に十分な肉を得るために狩りをし、十分な野菜を集め、十分な量の作物を収穫するためには、家族の時間の一部しか必要ないかもしれない。では、自分の能力を使ってより多くの労働を行い、その結果、さらに財産を獲得するにはどうすればよいのだろうか？　ロックはその答えを示した。「そこで、お金が用いられるようになった。それは、腐ることなく保存できる永続的なものであり、相互の同意により、真に有用であるが傷みやすい生活を支える品と引き換えに受け取るものである」。蓄積を可能にし、正当なものにしたのは貨幣の発明である。「また、1週間で腐ってしまうプラムを、1年間食べられる木の実と物々交換した場合、それは何の損害も与えない、つまり共通のストックを無駄にしない。また、色が気に入ったため、木の実を金属片と交換したり、羊を貝殻と交換したり、羊毛を輝く小石やダイヤモンドと交換したりして、それらを生涯にわたって手元に置いていたとしても、他人の権利を侵害したことにはならない」。

ロックは、いったん貨幣が発明されたなら、人間の本質として、人は機を見て自分の財産を何とか増やそうとすると認識していた。「ある人の周りで貨幣と同じような用途と価値を持つものを見つけ出してほしい。その人がそれを所有する量を今まさに増やしはじめることに（あなたは）気づくはずだ」。獲得欲、所有欲、あまつさえ貪欲さをもつことは、普通のことである。なぜなら、人は皆「この永続的なお金を好きなだけ蓄積する可能性がある」からだ。ロックは、所得や富の差を完全に正当化した。「勤勉の程度が異なれば、人がそれから得る物の割合が異なる傾向があるように、貨幣の発明により、人は所有の差を継続させ、拡大する機会を得たのである……」「人が土地の不均衡で不平等な所有に同意したことは明白である。そして、暗黙かつ自発的に同意することで、自分が使用できる以上の産物をもたらす土地を一人の人間が公平に所有できる方法を見つけ出したのである。それは、誰にも損害を与えずに蓄えることができる余剰の金や銀をその代わりに受け取ることである」と彼はまとめた。したがって、ロックもアリスティッポスやエピクロスと同様に、ある財をより多く所有すること（あるいはその財が傷みやすいものの場合、より多くの貨幣を所有すること）が、所有する財が少ないことよりもよいという考えをもっていた。

貨幣の導入により物が傷むという問題が解決したため、ロックは次に、貨幣やその他の財産を泥棒や詐欺師などの悪人から守る方法を見つけ、正当化する必要があった。現在では、司法制度や警察機構がすべての人の財産権を保障することは当然のことであると私たちは考えている。しかし、ロックは社会がそもそもの発端はどうであったのかを探究していた。ロックは『統治二論』のなかで、政府が存在する前は、人間は「自分の行動を秩序立て、自分の所有物や人を自分の思い通りに処分できる完全に自由の状態にある」と述べている。

しかし、これは難問をはらんでいる。人々が完全に自由であり、生まれながらにそのように自由にできる権利をもっているのであれば、なぜ人々は進んで政府に服従し、自由の一部を放棄するのだろうか？　ロックが提示した答えは、お金と富の重要性を明らかにする。ロックは、人は財産を所有するかもしれないが、それを享受するためには、不愉快な人物や行為に脅かされるというリスクが常にあると説明した。そのため、ロックは、人は「自分の生命、自由、財産を相互に守るために」他人と社会を形成することを望むと結論づけた。生命と自由を保証するだけでなく、財産を保護することも政府の重要な役割なのである。「したがって、人間が共同体を形成し、自らを政府の下に置くことの最大の目的は、自分の財産を守ることである」。

ロックは１７０４年に自宅の書斎で亡くなった（ダニエル・ベルヌーイはそのとき４歳だった）。

１６７１年、ジョン・ロックはシャフツベリー家の医師として、シャフツベリー卿の孫の誕生を助けた。その子は、父や祖父と同じようにアンソニー・アシュリー＝クーパーと名づけられた。父の死後、第３代シャフツベリー伯爵となる人物である。初代伯爵から最も信頼されていたロックは、アンソニー少年の教育を任された。ロックはその少年のカリキュラムを考え、当時としては大変珍しいことだが、女性家庭教師エリザベス・バーチに日々の指導を任せた。彼女は、古代ギリシャ語とラテン語に精通した女性で、11歳のときには、これらの死語を完全に使いこなしていた。

　第3代シャフツベリー伯爵は2年間のヨーロッパ周遊旅行の後、1699年に父が亡くなると、家業を任され、兄弟の教育の監督、姉妹の結婚の手配、一家の投資の監督、土地の管理、および借家人同士の争いの仲裁などを行った。また、彼は祖先の遺志を継いで政治家となり、24歳で国会議員となった。生涯を通して喘息《ぜんそく》や結核に苦しんでいた彼は、3年後に議席を放棄し、煙で汚染されたロンドンを離れざるを得なくなった。しばらくの間、彼はオランダに隠居した。初代シャフツベリー伯爵と同様に、しかし、第2代シャフツベリー伯爵（彼はおそらく不当に、やや出来が悪いとみなされた）とは異なり、第3代伯爵もまた哲学者となった。彼が重視したのは、他の哲学者たちとは対照的に、自分の作品の読みやすさであった。彼はさまざまな文学形式やイラストを用いて主張を展開した。初版が1711年に出版された3巻本の『*Characteristicks of Men,*

Manners, Opinions, Times（人間、マナー、意見、時代の特徴）』は、ロックの『統治二論』に次いで、その世紀に英語で2番目に多く再版された本だった。しかし、彼はこの本の成功を目にすることはなかった。初版の出版からわずか2年後、第3代シャフツベリー伯爵アンソニーは42歳の若さで亡くなった。

伯爵はその著書のなかで、徳のある人間は、その行動を通じて地域社会の利益に貢献すべきであると強調した。つまり、人の行動の善し悪しは、それが人類の一般的な幸福を促進するかどうかにかかっており、自分の住む地域社会への影響を観察する必要がある。シャフツベリーは、現在ではよく知られた思想家ではないが、彼の著作は後続の哲学者、特にフランシス・ハッチソン（１６９４～１７４８）に大きな影響を与えた。ハッチソンは、今度はジェレミー・ベンサム（79ページ図2・4）に影響を与え、**功利主義**として知られることになる哲学の学派が生まれたのである。

１７４８年、ベンサムはロンドンのある同業組合の裕福な事務員の息子として生まれた。ある日、父の机で数冊からなるイギリス史の本を読んでいるところを目撃された彼は、幼児期から神童と認められていた。3歳でラテン語を学び始め、ロックが30年前に通っていたウェストミンスター・スクールを経て、12歳でオックスフォードへの入学が認められた。

ベンサムは、どちらの学校でも幸せではなかった。小柄で体が弱かった彼は、ウェストミンスターではいじめに遭った。また、学校の厳格な体制と常に鞭《むち》打ちによる体罰の脅威にさらされていることを嫌っていた。オックスフォードでは、ともにクイーンズ・カレッジに通う大地主や貴族の息子たちから「哲学者」と呼ばれ、軽蔑されていた。彼らのなかで体格のよい者は、大喜びで彼を逆さに持ち上げて腕力(知力ではない)を見せびらかした。一度はポケットから半ギニーが落ちて、小遣いを全部失ったこともあったという。しかし、ベンサムが幸せを感じられなかったのは、そのような大学生活の苦難だけでなく、オックスフォードで受けた悲惨な教育のせいでもあった。彼は、参加を強いられた指導教員の「愚かな講義」を軽蔑してばかりいた(10年後、弟のサミュエルは、兄が提唱した教育改革の恩恵を受けることになり、著名な技術者、造船技師となった。ベンサムは、自身が亡くなる1年前に亡くなったこの弟と、親密にしていた)。

図2.4　ジェレミー・ベンサム（1748～1832）（出典：ウィキメディア・コモンズ、ヘンリー・ウィリアム・ピッカーズギルによる絵）

愛情深く、誇り高い野心家だったベンサムの父親は、息子が法律家になることを願っていた。父は、息子がいつの日か大法官になることを確信していた。しかし、ベンサムは、イギリスの法律事情に幻滅してしまった。ベンサムが法廷弁護士としての短いキャリアを終えることになったのは、訴訟は利益よりもコストの方が大きいと将来的な依頼人に助言したことがきっかけだった。そこで、彼は法律を実践するのではなく、法律を改革することに着手したのである。

それ以来、ベンサムは84歳の晩年に至るまで、法律学や政治制度のあらゆる側面について、1日平均15枚、手書きで精力的に書き続けた。ベンサムは、自分の研究成果を公表することをひどく嫌がったが、その重要性(あるいは彼自身の重要性)を疑うことはなかった。自分の欠点を打ち明けるときでさえも、臆病さ、ぎこちなさ、恥ずかしさ、偽りの羞恥心は、「功績と孤高の天才にとって最も残酷な敵である」と主張するように、自分自身に皮肉な賛辞を送った。しかし、彼の自己不信や良心の呵責《かしゃく》は本物だった。友人に促されて初めて、彼は自分の仕事を出版することに同意したが、そのときでさえ匿名という条件でのみ同意した……少なくとも、喜び勇んだ父親が我慢できなくなって秘密を漏らすまでは。

ベンサムは長い人生のなかで何度も恋に落ちたが、結婚はしなかった。とりわけ、自分自身を愛していたようで、遺言書に次のような奇妙な指示が書かれていた。死後、自分の体を解剖し、その骨に自分の服を着せて保存するようにと。今日では、この「オート・アイコン」は、ベンサムが精神的な拠り所としたユニバーシティ・カレッジ・ロンドン（ＵＣＬ）の木製キャビネットに現在も展示されている。ただし、ミイラ化した死体の頭部は、ＵＣＬの学生たちが何度か不敬ないたずらをしたため、のちに蝋《ろう》製のレプリカに取り替えられた。

アリスティッポスにまで立ち返り、先人たちから手がかりを得たベンサムは、人間の行動は、苦痛（それを避けようとする）と快楽（それを増やそうとする）という二つの指針に支配されていると仮定した。社会改革の提唱者だったベンサムは、あからさまな私利私欲が、社会のより大きな利益に貢献する行動に向かうように、そのようなエゴイズムと利他主義を両立させる方法を模索した。そして、幸福を、快楽から苦痛を引いた総和と定義し、その後、**最大幸福の原則**と呼ばれるようになるものを考案した。彼は『統治論断片』の序文で、「善悪の尺度となるのは、最大多数の最大幸福である」と書いた。つまり、考慮すべきは一人だけの幸福ではなく、社会を構成するすべての人の幸福なのだ。ある行動が適切かどうか考えるとき、個人の道徳的方向性は、正義、公正、平等などの意思の正しさではなく、その行為の結果が最も多くの人々にもたらす効用に向けられるべきである。こうして、功利主義が生まれた。[3]

「最大多数の最大幸福」という格言は、正義や人の自然権の概念とは相反するものだ。ベンサムのシステムでは、嘘をついたり、だましたり、盗んだりしても、その行為が共同体の総体的な幸福を高めるのであれば、正当な行為となる。「自然権は単純にナンセンスである。つまり、生得的で奪うことのできない権利は、美辞麗句のナンセンス、大げさなナンセンスである」。正義が普及して、それが報いられるべき唯一の理由は、それが共同体にとって長い目で見たときに有益だからである。ベンサムは、独立宣言で言及されている自明で、不可侵の権利とされるものに反対した。そして、彼は言葉を濁さずに言った。「現代のアメリカ人の政府についての意見は、彼らのよき祖先の魔術についての意見のように、あまりにもばかげていて、注目に値しないだろう[4]」。

独立宣言（特にその序文）は、なぜこのような厳しい言葉に値するのだろうか？　ベンサムは、政府という制度が、不可侵の自然権の存在と矛盾すると主張した。「これらの権利を確保するために、彼ら（現代アメリカ人）は政府が設立されることを受け入れている。しかし、結果として、今まで政府が設立された場合、その数と同じだけこれらの不可侵の権利と称される何らかの権利が実際には奪われていることを、彼らは認識していない」[5]。

それはその通りだ。もちろん、政府は市民にその法律に従うことを強制する。結局のところ、法律はすべての市民の利益のために制定されているのだ。たとえ個人の自由が損なわれても、共同体のより大きな利益のために正義が優先されるべきだとすれば、法律を遵守し、納税することにも同様のことがいえるはずだ。これらの制約は、市民の生命と自由の権利を減ずるものではなく、また幸福を追求する権利を減ずるものでもない[6]。

独立宣言をめぐる論争が示すように、「最大多数の最大幸福」という原則にまつわる問題は枚挙にいとまがない。たとえば、ある行為の意図しない結果が、幸福を増加させるか減少させるかを事前に知ることはできない。より多くの人がより大きな幸せを得るために、非道徳的な手段を用いることは許されるのだろうか？　何人の人のためであるなら？　そして何よりも、この後の章で多くのことを語ることになる一つの問題がある。ある個人の幸福を他の個人の幸福とどのように比較すればよいのだろうか？　ある家の所有者は、木陰ができることで自分がより快適になるのなら、落ち葉が隣人をより煩わせることになっても、自分の庭に木を植えることが許されるのだろうか？　より突き詰めると、幸福に対するプラス要因、あるいは幸福へのマイナス要因は何なのだろうか？　ベンサムはこの問題について深く考え、幸福を定量化するためのアルゴリズム「幸福計算」を提案した。これは、数学的に効用を測定して、ある行為が望ましいかどうかを判断するためのものだ。

ベンサムは、幸福とは、感覚、富、技術、力などの14種類の基本的な喜びと、欠乏、敵意、気まずさ、評判の悪さなどの12種類の苦痛からなる複合的な感情であるとした。彼はこの感情を七つの次元で測定することを提案した。最初の四つ、すなわち強度、持続時間、発生確率、近接度（どのくらい早く発生するか）は、個人が経験する喜びや痛みの感覚そのものに関連している。次の二つ、生産力（同じ感覚がさらに続くか）と純度（その感覚の後に反対の感覚が続くか）は、その行動の結果を測定する。最後の次元である範囲は、その行動の結果のコミュニティ全体への広がり（つまり、その行動によって何人の人々の幸福が影響を受けるのか）を測定する。

『道徳および立法の諸原理』および、19世紀末にフランスの歴史家・哲学者のエリー・

アレヴィがロンドンのユニバーシティ・カレッジで発見したベンサムの未発表原稿の断片のなかで、ベンサムは、現在では**アルゴリズム**（これを使って総幸福度を計算することができる）と呼ばれているものを記述した。喜びおよび苦痛の強度は、人がかろうじて感じることのできる微弱な感覚の倍数として測定され、それぞれ**快楽主義**（hedonism）にちなんで**ヘドン**（hedon）、スペイン語で「痛み」を意味する**ドロル**（dolor）と呼ばれることもある。持続時間は、分などの時間の単位で測定される。確率は、０から１の間の分数で表される（１は確実に起こることを示す）。近接度も０と１の間の分数で、１はすぐに起こること、０はその人の人生の終わりを意味する。さて、ここからが計算の始まりだ。ヘドン数に分単位の時間を掛け、その積に確率と近接度を表す二つの分数を掛ける。ドロルの場合も同じ計算を行うが、その計算結果にはマイナスの記号がつく。その行為の結果として生じるその後のすべての喜びと苦痛（すなわちその行為の生産力と純度）についてこれを繰り返し行う。その結果を足すと、一人の人間の総幸福度あるいは効用が求められる。

アルゴリズムのこの時点で、問題が発生する。もしすべての人が一様であるならば、先ほど得られた結果に、その行為によって影響を受ける人の数を掛けるだけでよい。しかし、持続時間、確率、近接度、生産力、純度は多かれ少なかれ客観的な特性であるが、ベンサムはすべての個人が同じ強さで快楽や苦痛を経験するわけではないことに気づいた。[7] そのため、各人に適したヘドン数とドロル数を考慮して、一人ひとり別々に計算をやり直さなければならない。その結果を足し合わせることで、意思決定のツールは完成する。つまり、複数の行動から選択しなければならない政府は、最も高い結果が得られるものを採用する。

幸福計算はパンドラの箱を開ける。ある行為が他の行為と比べて効果は強いが持続時間が短い場合、どのように比較すればよいのだろうか？　6分間持続する5ヘドンは、5分間持続する6ヘドンと（通常の掛け算のように）同等なのだろうか？　それは、7分間続く4ドロルを補填できるのだろうか？　何より、ピーターのヘドンはメアリーのヘドンと同等なのだろうか？　もしそうでなければ、それらを足し合わせることは、リンゴとオレンジを混ぜるようなものだ。これらの理由から、幸福計算は実用的な手順ではなく、あくまでも概念の証明として意図されたものだった。

アルゴリズムの非実用性はどうあれ、ベンサムの計算によれば、幸福がすべての尺度であった。では、お金はどうだろうか？　その役割は何だったか？　たとえば、ベンサムは、１８０１年に『民法の原理』のなかでお金を取り上げている。第１部の第６章では、富と幸福を結びつけるいくつかの公理が示されている。最初の二つは以下のようなものである。

公理１：富の各部分は、幸福の対応する部分とつながっている。
公理２：均等でない財産を持つ二人の人間のうち、最大の富を持つ者が最大の幸福をもつ。

公理１により、お金と幸福の間の等価性が確立する。これは、初めは一見当たり前のことのように思えるが、「お金で幸せは買えない」という言葉の通り、もちろんそれは正しくはない。しかし、繰り返しになるが、お金で幸せは買えないが、助けにはなる。どんなに不幸な人でも、１ドルを手にすると、ほんの少しだけ幸せになるだろう。そして、1ドル増えるごとに幸福度が増す、とベンサムは言った。ベンサムは公理2で「お金があればあるほど人は幸せになる」とその点を強調している。もちろん、半世紀後のカール・マルクスはそうしたことを認めなかった。彼はベンサムを「ブルジョア的愚かさの天才」と呼ぶことになる。

カール・マルクスは、ベンサムとベンサムの独立宣言に関する疑問を低く評価していた。しかし、独立宣言における、すでに裕福になった人も含めたすべての人間の権利としてのあくなき幸福の追求に関する主張は、人間の本質的な深い欲望に対する答えや正当化になるように思われる。数ヵ月先んじて起草され、独立宣言のモデルとなったバージニア権利宣言はさらに具体的で、「誰もがある生得の自然権を持っているが、それは生命、自由、幸福の追求に限定されない」としている。ロックに賛同した「バージニア州の善良な人々の代表者」は、ロックよりもさらに一歩踏み込み、すべての人間に生得の自然権のなかで、「財産を獲得し所有する手段」も重要であると第1パラグラフに記したのである。トーマス・ジェファーソンは独立宣言を起草する際に、財産には言及せず、その代わりに「幸福」を記述した。ジェファーソンは、単なる財産権をより広範な概念に置き換えることで、有形財産を持たない、あるいは持つことに関心がない人々にも権利を拡大した。こうして、財産であれ何であれ、幸福をどのように解釈するかは、各人に委ねられたのである。しかし、ジェファーソンは決して私有財産権を軽んじた（否定した）わけではない。真実はその逆で、フランス人移民の経済学者ピエール・サミュエル・デュポン・ド・ヌムールに宛てた手紙のなかで、こう主張している。「財産権は、人間の生まれながらの欲求と、その欲求を満たすために与えられた手段の上に成り立っていると私は信じている[8]」。

独立宣言においては、すべての人は幸福を追求する権利はあっても、獲得する権利はないとされている点に注意してほしい。後者は、到達すべき絶対的なレベルがあることを意味するが、前者は、幸福はつかみどころのない目標であり、はるかに高いレベルを目指すことができることを意味する。人はどんなに幸せで裕福でも、さらに幸せを追求する権利がある。それは、ベンサムの公理２における、より多くのお金や富を追求することに等しい。たとえば、国際連合のミニマリスト的な考え方と比較してみてほしい。

世界人権宣言では、「すべての人は、自己およびその家族の健康および幸福に十分な生活水準を享受する権利を有する」とだけ述べられており[9]、経済的、社会的および文化的権利に関する国際規約は、「すべての労働者に、自己およびその家族に標準的な生活を提供する最低限の報酬」だけを要求している[10]。これは、厳密な最低賃金以上の報酬を得る可能性を残すものではあるが、それ以上の報酬を得る権利を与えるものではない。

ひとまず国際連合は置いておくことにしよう。なぜなら高尚な理想を追い求めるのではなく、達成可能なことを実現しようとするだけであるからだ。お金と富について深く考えた古今東西の哲学者たちは、予想できることだが、アリスティッポスやエピクロスからロック、ベンサム、ジェファーソンなどの学者たちが考えた明白な結論に達したのである。それは、「お金は多いに越したことはない」というものだ。あまりにも人間の本質に根づいているので、この格言はほとんどトートロジー[*3]のように思われる。

これは数学的には、お金や富をX軸に、それに対応する効用をY軸にプロットしたグラフでは、線が常に上昇することを意味する。さらに数学的にいえば、効用を富の関数として表した関数の一次導関数は常に正である。

＊3　ある事柄を述べるのに、同義語または類語または同語を反復させる修辞技法のこと。

第3章

……そのよさはだんだん減っていく

「どんなもの（お金もその一つ）でも、多い方が少ないよりもよい」という第2章の主題は明白なように思われる。[1] しかし、この話にはそのトートロジーのような主張以上の意味がある。多くの深い疑問がそうであるように、その議論も古代に始まり、最も影響力のあるギリシャの哲学者であるアリストテレス（図3・1）が意見を述べている。

心理学の父と見なされることもあるアリストテレスは、人間の本質や行動について深い洞察力をもち、富やその捉え方について多くの意見をもっていた。アリストテレスは、たとえば、『ニコマコス倫理学』（父親または息子の名前（両者ともニコマコス）にちなんで名づけられた有名な著作）のなかで、人はいかにして名誉ある正しい幸福な人生を送るべきかを述べている。第4巻において、アリストテレスが高潔な人間として望ましいとした特性の一つに寛大さがある。寛大な人間は、自分の富を誰にでも、また、適切なだけ与えるべきである。アリストテレスが挙げた慈善的かつ社会的に有益な行為としては、神殿の建設、神々への供物《くもつ》、合唱団への寄付、戦艦の装備、都市の住民へのごちそうの提供などがある。徳のある行為そのものが人を幸せにするため、徳の高い人は、喜んで寄付をするべきである。不本意ながら寄付をする人や、倫理的な動機以外の

図3.1　アリストテレス（紀元前384～紀元前322）（出典：ウィキメディア・コモンズ　Ludovisi コレクション）

理由で寄付をする人は、寛大とはいえない。なぜなら、高貴な行為よりもお金の方を好んでいるからだ。

その一方で、やりすぎてはいけない。やみくもに最初に来た人に寄付したり、不相応な人に与えたり、悪いタイミングで配ったりすべきではない。なるほど、ちなみに、自分の財産をないがしろにしてはいけないとアリストテレスは注意している。なぜなら、それは貧しい人々や崇高な目的のために貢献し続ける能力を徐々に低下させるからである。自分の財産を慈善目的に浪費する人は、寛大であるとはいえず、むしろ浪費家であると考えなければならない。ここで疑問が提示される。人が高貴で寛大であるとみなされるのに適切な寄付金の額はどのくらいなのだろうか？

ここで、アリストテレスは斬新なアイデアを導入した。彼は、数字を深く追求するのではなく、別の角度からこの問題に取り組み、慈善的な性格の階層化を提案している。まず、寛大な人たちがいる。彼らは、とても高価なため、お金持ちしか買えない（そして買うべき）贈り物を贈ることで自分たちを差別化する。あまり裕福でない人が、このような裕福な仲間を見習って身の丈以上の寄付をしようとすると、支払い不能になり、将来的にもっとよいことができる自身の能力を危険にさらすことになるだろう。次に来るのは、自分のために崇高な目的を支持する寛大な人たちである。彼らは、お金そのものの価値を評価するのではなく、お金の持つよいことを行うことができる能力を評価する。（最下層まではいかないが）ほぼ最下層にいるのは、ケチな人たちだ。彼らはしつこく値切ったり、手を抜いたり、たとえ高貴なイベントを主催するときでさえ、費用が高いと文句を言い続け、勇敢な行為からその美しさを奪ってしまう。このようなケチな人よりもさらに下に位置するのが、自慢好きな人たちだ。彼らは、たとえば、友人たちを結婚式の晩餐《ばんさん》会と見紛うばかりの豪華なディナーパーティーでもてなす。彼らの見かけ上の寛大さは見栄を張るためのもので、親切心や社会的責任感から行動しているわけではない。単に富を見せびらかして仲間の称賛を得たいだけなのだ。

アリストテレスが慈善の分類のなかで数字に言及しなかったことは重要である。彼は、寄付の規模は相対的な概念であることを強調したのである。たとえば、トライアラークという、三段オール船の建造義務を負う市民の支出と、アルキテオロス[*1]という、宗教的な儀式だけに資金を提供する人の支出は異なる。寄付が正しいものであるかどうかは、それが戦艦であれ、神殿であれ、市民のための祝宴であれ、その物やイベントのコストに加えて、何よりも献金者の経済状況に応じて評価される。正しい行動は、寄付者が自由に使える資金によって導かれるべきである。つまり、お金持ちが神殿や生贄《いけにえ》、

＊1　古代ギリシャの神聖使節団団長。

スポーツイベントに資金を投入するのは適切であるが、そこまで暮らし向きのよくない人が同じことをするのは適当ではないということだ。ここで重要なのは、アリストテレスによれば、寛大さは絶対的な尺度で評価してはならないということだ。アリストテレスはこう書いている。「寛大さは、人の富との関係で測らなければならない。贈り物の規模ではなく、贈る人の状況に左右される。寛大な人は、自分の財産に比例して寄付をする。少ない富からの贈り物であれば、少ない贈り物でもより大きな寛大さを表すこともあるだろう」。

お金の量は絶対的な尺度で測られるべきではなく、その人の富に比例して考えられるべきであるという考え方は、アリストテレスのもう一つの重要な著作のなかでより明確に示されている。『政治学』は政治哲学の論文であり、経済学はその分野に不可欠な要素であるため、テキストのなかでもひときわ目立った役割を担っている。アリストテレスは第7巻で、満足の源は三つあると主張している[2]。外的な財（すなわち、地球に属するもの）、身体的な財（すなわち、身体の健康）、そして精神的な財（たとえば、勇気、節制、性格の強さ）である。精神的な財、そしておそらく身体的な財についても[3]、所有量は少ないよりは多い方がよく、その最大値に制限はない。アリストテレスの言葉で最も興味深いのは、金、不動産、家畜など、私たちが富と同一視している外的な財に関するものである。「外的な財は、他の道具と同様に量に限界があり、有用なものはすべて、その量が多すぎると害を及ぼすか、少なくとも所有者にとって役に立たなくなるような性質をもっている」。

思い当たる節はないだろうか？　クッキーやアイスクリームを食べすぎるとどうなるか、思い返してみてほしい。アリストテレスによれば、効用はわずかながら増加するとしても、その割合は減少していくが、その理由は満腹感や吐き気だけではない。畑、牛、鋤《すき》などの多くの外的な財は、単に自分の富を増やすための道具にすぎない。ある程度以上になると、数が多すぎて、道具の便利さよりもそれらを維持することの大変さが優ってしまう。アリストテレスは、どんな理由であれ、ある点を超えると、富を増やしてもそれ以上の効用は得られないと明言している。

ギリシャ哲学へ寄り道したが、ここでジェレミー・ベンサムを再訪することにしよう。ベンサムは、富の効用について前章で私が語った以上に多くを語った。特に、普遍的な法の規範を作ろうとした彼は、前章の二つの公理だけでなく、追加でいくつかの公理も規定している。公理1では幸福とお金の等価性を確立し、公理2ではお金は少ないよりも多い方がよいと主張した。一方で、『*Pannomial Fragments*（パンノミアル断片集）』における公理3と4では、富の増加に伴ってどのように効用が上昇するかを述べている。ベンサムは1801年に『*Principles of the Civil Code*（民法の原則）』を出版しているが、『パンノミアル断片集』は生涯を通じてさまざまな時期に執筆しており、最後の文書は1831年頃のものである。ダニエル・ベルヌーイの「1733年のサンクトペテルブルクのパラドックス」の解をベンサムが知っていたかあるいは気づいていたかどうかは定かではないが、ベンサムは実際に、数学的な装飾を除いて、全く同じ内容のものを提唱している。ベンサムは、人間の本質として、富を増やしていくほど、以前よりも効用を見出さなくなっていくということに気づいた。彼はこの洞察が根本的に非常に重要であると考え、いくつかの公理として公式化する必要があると考えた。『パンノミアル断片集』のなかで、彼は公理3と4を次のように記している。

公理３：しかし、幸福の量は、富の量とほぼ同じ割合で増加し続けることはない。富の量が1万倍になったからといって、得られる幸福の量が1万倍になることはない。富が1万倍になったことで一般的にもたらされる幸福の量は、２倍になるかどうかさえ疑わしい。

そして、

公理４：幸福の生産における富の効果は、ある人の富が他の人の富を上回る量が増加していくにつれて、減少していく。言い換えれば、富の一部（各部分の重要性は同じ）が生み出す幸福の量は、一部分ごとに少なくなり、2番目は1番目よりも少なく、3番目は2番目よりも少ない、というようになる。

公理系としては、この二つの記述は少々過剰である。ユークリッドのような公理系は、短く、簡潔で、正確なものでなければならない。そして、その公理系に含まれるすべての興味の対象を説明するのに必要な最小限の情報しか含まず、その一方で矛盾も許されない。重要なのは、公理は繰り返しを多用してはならないということだ。異なる表現は混乱や矛盾の可能性を生むかもしれないからである。ベンサムが公理3と公理4で行ったように、同じ考えを表すために二つの公理を加えるということは絶対にやってはいけないことだ。しかし、効用の変化の割合が減少しながらも増加するという洞察は、ベンサムにとって非常に驚くべきもので、おそらく直感に反するものでさえあったのだろう。そのため、簡潔さを気にすることなく、複数の公理を用いてその点を理解させる方が賢明であると考えたのかもしれない。

ベンサムは、この洞察のいくつかの実用的な結果を続けて導き出した。「少しの量の富が、富の量が最も少ない人に与えられた場合、最も多い人に与えられた場合よりも、より多くの幸福が生み出される」ため、総幸福量の観点からは、裕福な人から富を取って貧しい人に与えることが有利となる。ベンサムはこの洞察をわかりにくい言葉で次のように表現した。「金持ちの敗者の収入が年間10万ポンド……あまり金持ちでない勝者の収入が年間10ポンド……金持ちが失った富＝あまり金持ちでない人が得た富、年間1

ポンド……幸福の合計では、効果は利益の側にある。あまり金持ちでない人が得る幸福は、よりお金を持っている敗者が失う幸福よりも多い。少しの量の富が、富の量が最も少ない人に与えられた場合、最も多い人に加えられた場合よりも、より多くの幸福が生み出される」。この書物が『断片集』と銘打たれている理由がわかるだろう。

これを標準的な文章にすると、次のようになる。金持ちから1ポンドを取り、貧しい人に与えれば、幸福の総和は増加する。この結論は、効用や幸福は逓減的に増加するという公理から、ただちに導かれるもので、累進課税のもととなっている。

ベンサムは、この公理のもう一つの結論を挙げている。国会議員が国民に分配するために使えるお金を1万ポンド持っているとしよう。さらに、貧しい人が1ポンドを得ることの価値は、金持ちが1万ポンドを得ることの価値の半分だと仮定しよう。この議員が1万人の貧しい人に1ポンドずつ配ったとすると、1人の金持ちに1万ポンドすべてを与えた場合の5000倍の幸福を生み出すことになる。議員がペンの一書きでどれほどの幸福を生み出すことができるのか、非常に驚くべきことだが、ベンサムの仮定はいささか強引すぎるだろう。現代の状況に置き換えた、より妥当な仮定は「中流階級の人にとっての追加で1ドルを得ることの価値は、億万長者の100倍である」というものだ。そうすると、1万ドルを1万人の中流階級の人々に分配することで、億万長者に全額を与えるよりも依然として100倍の幸福を作り出すことができる。

三つ目の例もまた、ある人から別の人への1通貨単位の移動に関するものだ。付随的な利益として、ベンサムはこの例をギャンブルの害悪を説くために用いた。『パンノミアル断片集』のつぎはぎだらけのスタイルで、関連するコメントは次のように書かれている。

金持ちの収入がたとえば年間10万ポンド……その人よりは金持ちでない人の収入がたとえば年間9万9999ポンド……金持ちから取った富を、その人よりは金持ちでない人に年間1ポンド移す……幸福の合計では、効果は損失の側にある……その人よりは金持ちでない人が得る幸福よりも、よりお金を持っている人が失う幸福の方が多い。したがって、これが、賭博と呼ばれる行為によって、悪の側に優勢がもたらされる原因の一つとなる。

残念ながら、ベンサムはここで誤りを犯した。彼が言ったのは、10万ポンドの人が9万9999ポンドの人に1ポンド負けたとき、負けた方は勝った方が得る幸福よりも多くの幸福を失うということである。しかし、実際には、そのギャンブルが行われた後、役割が逆転するだけで、状況は以前と全く同じになる。以前はお金を持っていなかった方が、今度は10万ポンドを稼ぎ、以前は金持ちだった人が、今度は9万9999ポンドを稼ぐようになる。したがって、幸福の合計は最初と全く同じになる。もしベンサムが、金持ちの人が10万1ポンドを稼ぎ、9万9999ポンドのギャンブル相手に1ポンド負けると言っていたら、二人は最終的にそれぞれ10万ポンドを手にすることになる。この場合に限り、幸福の総量は実際に増加する。お金を持っていない人が1ポンドを加えて得た幸福の方が、金持ちの人が1ポンドを手放して失った幸福よりも大きいのだ。したがって、これはギャンブルに対するよい議論とはいえない。ベンサムが言いたかったのは、お金を持っていない人が金持ちに1ポンド負けた場合、そのときに限ってのみ幸福の総量が低下するということだ（この点は、同じ量の富を持つ二人が1ポンドを賭けてギャンブルをした場合にも同様に、そしてより簡単に指摘することができる）。

ベンサムのような偉大な哲学者であっても、時には間違いを犯すことがあるとわかるのはとても喜ばしいことだ。

そこで、ベンサムは別の結論を導いた。金持ちの人から相対的にお金を持っていない人にお金が移ると幸福の総量が増加するのだから、全員が同じ額を所有するようになるまで、このプロセスは続くということになる。「実際の割合が平等に近づけば近づくほど、幸福の総量は大きくなる」と彼は『民法の原則』で述べている。『パンノミアル断片集』では、意思決定者はこのような富の再分配を積極的に推進すべきだと助言している。「最大多数の最大幸福を目的とすることを考慮した新しい憲法が制定されると仮定すると、すべての人の財産が平等になるまで、最も裕福な人の富を相対的に裕福でない人に移す十分な理由がそこにはあるだろう」。カール・マルクスもこの意見に同意したはずだが、どうやらベンサムの著作のその部分を見落としたようで、ベンサムを「ブルジョア的愚かさの天才」と呼んだ。

いずれにしても、「金持ちから取って、貧しい人に与え、ギャンブルをやめて、平等にする」というこれらの宣言は、追加で富を得るごとに、得られる幸福は以前よりも少なくなるという公理にそのまま従っている。[4] しかし、これらの宣言は、異なる人々がお金にあると考えている効用、または幸福度は比較可能であり、実際に等しいという仮定の元に成り立っている。残念ながら、効用を他人と直接比較することはできないため、この宣言は、真実である可能性はあるものの、数理経済学者の厳格な基準を満たすためにはさらなる証明が必要である。この点については、のちの章でまた触れることにする。

ベンサムは、効用が逓減的に増加するという事実を公理として述べることで、ベルヌーイが70年前に発見した人間行動の基本原理を指摘したにすぎない。もちろん、その2000年前に同じことを予想していたアリストテレスについては言わずもがなである。ベルヌーイとベンサムのこの原理に関する表現方法の違いは、政治学者であるベンサムが定性的に表したのに対し、数学者であるベルヌーイは数学的な説明を加えたことである。後続の思想家たちは、この捉えどころのない効用というものを正確な数字に帰する方法を見つける必要があった。

ベルヌーイの仕事を継いだ最初の人は、フランス人のピエール＝シモン・ラプラスである（図3・2）。ベンサムが生まれた1年後、１７４９年にラプラスは誕生した。彼は前世紀のベルヌーイ家の人々と同様、18世紀における一流の数学者、物理学者、天文学者の一人であり、それまでの一世紀半の間、印象に基づくものからなかなか進展しなかった確率論を、よりしっかりとした理論的基盤へと引き上げた最初の科学者の一人でもあった。[5]

ラプラスは、『確率の哲学的試論』（邦訳：１９９７年、岩波書店）のなかで、アリストテレスやベルヌーイ、ベンサムなどの先達と同様に、効用の増加率は減衰すると述べている。「ある財がもたらす効用は、その財に比例するものではない……それは、時として定義するのが難しい非常に多くの状況に依存するが、そのなかで最も一般的で最も重要なものは富である」。実際、彼は続けてこう述べている。「１フランの価値は、億万長者よりも、１００フランしか所有していない人にとっての方がはるかに大きいことは明らかである」。

１８１２年に初版が発行され、その後13年間に5回以上も再版されたラプラスの名著

図3.2　ピエール＝シモン・ラプラス（1749～1827）（出典：ウィキメディア・コモンズ）

『確率の解析的理論』（邦訳：1986年、共立出版）では、1章を丸々「効用の期待値」に充てている。ラプラスは、ニコラウス・ベルヌーイがこの問題を初めて提起してから99年後、その従兄弟《いとこ》のダニエルが解決策を提示してから81年後に、効用理論の数学的側面を全面的に受け入れ、その発見をダニエル・ベルヌーイのものとしたのである。第10章では、ラプラスが苦心して行った計算を読者に紹介している。彼は、最初の財産が１００フランの人は、お金に対する効用が対数関数で決定されるが、サンクトペテルブルクのゲームに参加するために７・８９フラン以上は払わないだろうと計算した。そして、もし彼が２００フランの財産で始めたとしたら、わずか89サンチーム増[*2]の８・７８フランまで賭け金を増やしてもよいと思うだろう。

続けてラプラスは、この新発見の方法を、「コイン投げゲームの賭け金をいくらにするか」という問題よりも、もっと重大な問題に応用した。彼が関心を向けたものは、その当時に話題となっていた老齢年金だった。フランス革命までは、ギルド（商売を営むためにすべての職人が所属しなければならなかった組織）がその高齢の構成員の面倒を見ていた。しかし、１７９１年、商工業を自由化し、自由競争を創り出そうという試みのもと、政府はギルドの廃止を命じた。これにより、誰もが好きな職業に就くことができるようになったのである。ところが、この命令の好ましくない副作用として、それまでギルドの現役と引退した構成員との間に存在していた絆が失われることとなり、高齢者は自活せざるを得なくなった。そこで、職人が任意で加入できる民間組合であるsociétés de secours mutuels（**相互扶助会**）がそのギャップを埋めるべく登場した。この組合の組合員は会費を払えば、高齢に達した後や、病気になったときに確実に経済的な面倒を見てもらえた。しかし、このような組合は、どちらかというと結びつきの弱い組織であった。そのため、組合員にとって実際に経済的な健全性が問題となる遠い将来に、これらの組合が存続しているかどうかは、非常に不透明な問題であった。１８３５年になってようやく、組合の仕事を規制する法律が制定された。

『確率の解析的理論』が初めて発表された１８１２年には、老齢年金の問題は関心を払われておらず、大きな関心事となっていたのは生命保険であった。この生命保険の理論が役立つかどうかを示す例として、ラプラスが提起した具体的な問題は次のようなものだった。「ある夫婦が生命保険に加入する場合、効用の点からすると、共同で加入するのとそれぞれが個別に加入するのとではどちらが有利なのだろうか？」。当時、誰もが関心をもっていたこの問題に、難解な数学的手法を用いることで、ラプラスは読者の注目を集めた。彼はこの問題を次のように考えた。共同加入では、夫婦がともに生きて

＊2　1サンチーム＝0・01フラン。

いる間は、それぞれが年金の半分を受け取り、配偶者が亡くなった後は、全額を受け取るだろう。一方、個人加入の場合は、被保険者が死亡すると、それぞれの年金が消滅してしまう。ラプラスが年金支給の条件（生命保険会社が主張する条件）としたのは、両オプション下における割引後の支給額の期待値が同一であることであった（したがって、一年に支払われる年金額は異なる）。ラプラスは、死亡率統計表、金利、割引因子を用いて、夫婦の富に対する効用が対数であると仮定したうえで、夫婦が共同で保険に加入することが有利であるという結論に至った[6]。

無味乾燥な数学の問題を解決したラプラスは、驚くほど夢想的になった。彼は、純粋な計算の向こうへ思い切って踏み出し、片方の配偶者が死亡した場合、おそらく高齢のもう片方の配偶者は、最も必要とされるまさにその時期に、共同保険の方からより多くの年金を受け取ることができると書いた。夫婦間に存在する愛情を考慮すると（ここで、この冷静な数学者は明らかにロマンティックになったのだが）、死の床にある人は、残された配偶者と家族の末永い健康を何よりも願っているということだ。

金融機関と道徳と優しい願望が、しかも数学者によって、一文のなかで語られることは滅多にないので、ラプラスの言葉をそのまま引用したい。「自分の資本を預けることができ、その必要を満たせないのではないかと恐れる時期に、わずかな収入を犠牲にすることで家族の末永い存続を保証することができる金融機関は、道徳にとって非常に有利であり、したがって、人間の本質である最も優しい願望を好む」。ラプラスは、金融機関は道徳性と甘美さを育むものであるので、政府は金融機関を奨励すべきだと助言した。なぜなら、金融機関は遠い未来に希望を具現化するものであり、存続に対する不安が払拭されて初めて繁栄できるからである。

数学者のベルヌーイ、政治学者のベンサム、確率論者のラプラスと移ってきたが、今度は人間の心と体の探求者にバトンタッチするときが来たようだ。二人のドイツ人、ライプツィヒの医学博士エルンスト・ハインリヒ・ヴェーバー（１１５ページ図３・３）と心理学者グスタフ・テオドール・フェヒナーの登場である。

エルンスト・ハインリヒ・ヴェーバーは、１７９５年、牧師でのちに教義学の教授となるミヒャエル・ヴェーバーのもとに、13人兄弟（そのうち６人は亡くなった）の３番目として生まれた。評判のよい少年で、学校では優秀な生徒としてだけでなく、レスリングの選手としても名を馳《は》せていた彼は、16歳でヴィッテンベルクの大学で医学の勉強を始めた。その3世紀前に宗教改革者であるマルティン・ルターが、カトリック教会に異議を唱えた「95か条の論題」を発表したのがこの町であった。また、ヴィッテンベルクは物理学者エルンスト・クラドニの出身地でもある。クラドニは、薄い砂の層を被せた金属板に音の振動により形成される「クラドニ図形」を発見したが、これはその驚くべき美しさだけでなく、バイオリンやギター、チェロのデザインに影響を与えた点でも重要である。ヴェーバー家の常客だったクラドニは、エルンストと死ぬまで友情を育んだ。

ヴェーバーが研究を始めてからわずか3年の1814年、戦争の混乱により計画の変更を余儀なくされた。プロイセン軍が、ナポレオンの愛弟子であるザクセン王の支配を受けていたヴィッテンベルクを奪還したのである。この戦いにより、ヴィッテンベルクは壊滅した。実際、ヴェーバー家は、フランス軍の砲撃を受けて、燃え盛る家から逃げ出さなければならなかった。ヴィッテンベルクの被害は甚大であったため、大学は近く

図3.3　エルンスト・ハインリヒ・ヴェーバー（1795～1878）（出典：ウィキメディア・コモンズ）

の小さな町に移転しなければならなかった。結局、ヴェーバー家の長男は家族を連れてハレに移ったのである。

ヴェーバーは、クラドニの推薦を得て、ライプツィヒ大学に移籍する機会をつかんだ。そこで彼は人体と動物の解剖学を研究した。ヴェーバーは、ある動物の器官の構造をその動物の生活様式と関連づけることで、その器官の機能と相互作用を理解したいと考え、猟銃や釣り竿《ざお》を使って、研究のための（人間以外の）多くの標本を自ら集めた。１８１５年には比較解剖学の論文で医学博士号を取得した。

その後、彼のキャリアは一気に進展した。医師として診療を行うかたわら、解剖学の研究を続け、特に魚の聴覚器官に関して画期的な業績を残した。そして、１８２１年には解剖学の正教授に任命された。こうして、若干26歳にしてドイツの学会の頂点に立ったのである。伝統に従い、このときがまさに家を建てるタイミングだった。そして、ヴェーバーは若い頃からの友人の妹、フリードリヒ・シュミットと結婚した。彼は彼女と50年以上にわたって最高の夫婦生活を送ることとなる。

ヴェーバーは、家を建てるために出費したにもかかわらず、多額の費用を費やして、当時、腺《せん》異常の薬とされていた水銀を一瓶購入し、解剖学的な調査に使用した。当初予定していた実験は一部しか成功しなかったが、この購入が結局のところ科学にとって有益なものとなったのである。ヴェーバーは、ある日、液体からほこりや不純物を取り除いているときに、粘性のある表面の動きを見て、クラドニ図形を思い出した。これをきっかけに、ヴェーバーは、まだ高校在学中の弟ヴィルヘルムを誘って、波の発生や挙動の研究から、分子の振動の研究に至るまでを行うようになった。大学の研究室が狭すぎたため、続く実験は父親の家で行われたが、これには４年の歳月が費やされた。当時はライプツィヒとハレを結ぶバスも列車も走っていなかったため、ヴェーバーは４年間、毎週のように、20マイル（約32㎞）の道のりを徒歩で移動した。兄弟の共同研究は、友人のエルンスト・クラドニに捧げた『*Wellenlehre auf Experimente gegründet*（実験に基づく波動に関する教科書）』という本に結実した。この本の完成度の高さから、二人の兄弟はすぐに物理学界で有名になった。

しかし、エルンスト・ハインリヒ・ヴェーバーの最も重要な仕事は、『*Handbuch der allgemeinen Anatomie des menschlichen Körpers*（人体の総合解剖学マニュアル）』だった。もし、教科書の重要性が初版後の版数で測られるのであれば、一度も増刷されなかったヴェーバーの教科書は失敗だったといえる。なぜこのようなことが起きたかといえば、海賊版が市場に出回ったために、増刷が不要となってしまったのである。しかし、だからといってこの初版が後世の著述家に与える影響力が小さくなることはなかった。その後、ヴェーバーは、地方政治に参画し、ライプツィヒ大学と都市全体のニーズのバランスを取った。

ヴェーバーは、臓器の形とその機能についての教育は連結させなければならないと確信し、解剖学に加えて、生理学の講義を無報酬で行った。学生たちとの解剖実習では、のちに解剖学の教授となる弟のエドゥアルド・フリードリヒが非常によく手伝ってくれた（3番目の弟のヴィルヘルムは、のちにゲッティンゲン大学の物理学教授となり、人間の歩行の仕組みについて、エドゥアルト・フリードリヒと共著を出版している）。

大学の解剖学研究所の状況は総じて悲惨なものだった。ヴェーバーの記述がそれを物語っている。

小さな建物の1階と屋根裏部屋には、講義に使われる暖房の効かない大きなホールがあり、そこには解剖学コレクションの一部も保管されている。冬季に使われる別の部屋は暖房が効き、講義と解剖学実習の両方に使用される。……標本のコレクションは、さまざまな部屋に分散されている……研究所には水道がなく、排水設備もない……悪臭を放つ液体は筒に入れて階段を下り、建物の外に捨てなければならないが、これが解剖作業を困難にし、近隣住民に迷惑をかけている……講義や、死体の解剖準備、実習が行われる狭い部屋には、窓が三つしかない……実習に参加する学生のうち、十分に明るい場所で作業できるのは半数程度しかいない……講義中、多くの学生は机の上に立たなければならないが、それでも何も見えない。

その研究所の欠点は、建築に関するものだけではなかった。時には、死体がないために解剖の指導をするのが難しくなったり、解剖を実演する死体がないために講義が延期されたりすることもあった。ライプツィヒ大学では通常、近親者のいない自殺者、死亡した収監者、貧困者、事故の犠牲者などの遺体を利用していたが、東に約70マイル（約113㎞）離れたドレスデン大学と競合して手に入れなければならなかった。ドレスデン大学の医学部が閉鎖されたことで少しは落ち着いたが、近くの町の住民が、自殺者や真の貧困者であっても適切な埋葬をすべきだと決めるところだったため、新たに死体が不足する事態が迫ってきた。ヴェーバーはこれに猛反発し、ライプツィヒ大学に取り返しのつかない損失を与えることになると、担当省庁を説得した。

ヴェーバーは76歳になると引退を申し出た。まだ大学での仕事は続けられたが、自分の思い通りに研究所を発展させてくれる後継者に道を譲りたかったのである。ヴェーバーは、彼の長く輝かしいキャリアにおいて、夫であり、父であり、地方議会における人民代表であり、大学の理事であり、研究所の講師でありながら、科学者としての新たな業績を追求し続けた。

皆様は、この解剖学の教授が、この物語にとってどのような重要性をもっているのかと思うかもしれない。エルンスト・ハインリヒ・ヴェーバーは人間の感覚にも興味があった。そして、この分野こそがこの物語に大きな影響を与える。結論から言うと、ヴェーバーの実験に基づく研究は、ベルヌーイの富の効用仮説を裏づけるものだった。

解剖学と生理学の教授であったヴェーバーは、魚の聴覚に関する初期の研究以来、常に感覚器に興味をもっていた。1846年、50歳を過ぎた頃、彼は『*Der Tastsinn und das Gemeingefühl*』という触覚などの感覚に関する本を出版した。この本はおそらくヴェーバーの仕事として現在最もよく知られているものだろう。Gemeingefühlという言葉は英語では対応する言葉がないので、このタイトルを翻訳するのは容易ではない。実はこの用語は、ヴェーバー自身がこの本のためだけに作ったものなのかもしれない。ヴェーバーは、個々の感覚の知覚ではなく、体が認識する感覚（すなわち、すべての同時に起こる感覚の総和）を伝えたかった。ヴェーバー自身は、ギリシャ語のkainos（共通）とaesthesis（感覚）を組み合わせたcoenaesthesis（共通感覚）という訳語を提案したが、この本のタイトルは「触覚と共通感覚」と訳した方がよりしっくりくるかもしれない。また、タイトルの複雑さでは十分ではないといわんばかりに、この本は読みやすさの面でも問題がある。80語以上からなる文も珍しくなく、ドイツ語では複数の表現を一つの言葉にまとめることができることも考えると、いかに読みにくいかがわかる。実は、この『*Tastsinn*』という本には、ヴェーバーが１８３４年にラテン語で出版した『*De subtilitate tactus*（触覚の正確さに関して）』という先行本があり、これも触覚を扱っている。

この2冊の本では、皮膚の神経系がどのようにして空間の知覚につながるのか、人間は筋肉や神経、皮膚を通してどのように重さや温度の違いを感じるのかなどの疑問が探求された。有名な実験の一つにおいて、ヴェーバーは被験者に刺さらないように先の尖った端をヤスリで削ったうえで、コンパスの両端を被験者の皮膚の上に置き、それを見ずに、一つの感覚を感じるか、それとも二つの別々の感覚を感じるかを尋ねた。最初のケースでは、コンパスの針が非常に接近していたため、感覚が一つに融合していた。次に、被験者が皮膚に二つの別々の感覚を区別できるまでコンパスの2本の針の間隔を広げていった。その結果、体の部位によって、刺激に対する反応が大きく異なることがわかった。指先や舌先は、太ももや上腕よりも近接した感覚を識別する能力が高く、額や手の甲はその中間である。舌や唇は数ミリ程度の間隔の刺激でも識別できるが、太ももの皮膚は5センチ程度離れていないと識別できないのだ。これは、体の部位によって皮膚の神経末端の密度が違うからだとヴェーバーは説明した。彼の説は正しかった。最近、神経科学者たちは、**機械受容器**（前述の神経末端は現在こう呼ばれる）の密度が高い皮膚の部分に、より多くの脳の部分が割り当てられていることを発見した。ヴェーバーが行った他の実験では、人間は重さの違いをどのように知覚するかということが扱われた。

エルンスト・ハインリヒ・ヴェーバーがこの物語にとって重要な意味をもつのは、まさにこの実験のためである。理論上であり、全く異なる背景においてではあるものの、この実験の影響により、ダニエル・ベルヌーイが1世紀前に推測したことが裏づけられた。ヴェーバーは、指や額、下腕など体のさまざまな部分に重りをつけてその反応を見たり、重りをつけた被験者の手を机の上に置いたり空中に浮かせたり、熱い重りや冷たい重りを使ったり、15秒から100秒経過する間に同時にあるいは連続して比較を行ったりと、多くの実験を行った。また、重さを感じるのが筋肉なのか神経なのかを確かめる方法も考案した。ヴェーバーは、テーブルの上に手を置いた状態で、指先の2本の指骨に重りをつけることで、筋肉が関与していないことを確認した。一方、被験者に片手で布を握らせて前に出させ、そのなかに重りを入れることで、筋肉だけが関与していることも確認した。

ヴェーバーは、筋力だけを使用した場合、ほとんどの人が80オンス（約2・4kg）と78オンス（約2・2kg）を区別できることを発見した。[7] また、触覚（テーブルの上においた指）だけを使用した場合、被験者は14・5オンス（0・5kg弱）と15オンスを区別できた。

これをきっかけに、kleinste Verschiedenheit（最小、またはちょうど感知できる差（Just noticeable difference：ＪＮＤ））と彼が呼んだものを調べた。本書に最も関連する章には、「触覚で区別できる重さ、視覚で区別できる長さ、聴覚で区別できる音の最小差について」というタイトルがつけられている。ヴェーバーは、光の明るさ、表面の粗さ、物質の硬さや温度などの違いを認識する能力も調べた[8]。また、匂いについても言及しているが、異なる匂いを一つの次元で定量化する方法はなかった。

ヴェーバーは、重さの差を区別する人間の能力は、体のどの部分を使うかによって、鋭くも鈍くもなることを発見した。彼が研究した体の部位のなかで最も感覚が鋭かった指は3～4％の重さの差を区別できた。額に重りを置いた場合は、約6・5％の差を認識できた。しかし、前腕の中央部に重りを置いた場合は、被験者は約10％未満の重さの違いを識別することができなかった。紙の上の線の長さを認識する際には、実験と実験の間にどれだけの時間が経過しているかが重要な要素となった。3秒以内であれば、約2・5％の長さの違いを認識できたが、30秒の間隔があれば、最低でも5％の長さの違いがなければならなかった。70秒以上経過すると、10％の長さの違いでも識別不能になった。

しかし、実際の数値結果や、異なる重りは両手に同時に乗せられるのか、それとも同じ手に連続して乗せられるのか、金属棒は同じ温度の木の棒よりも冷たく感じるかどうかなどといった無数の実験の複雑さには私たちの関心はない。それ以上にはるかに興味深いのは、ヴェーバーが、ＪＮＤはグラムやオンス、ミリメートルやインチの分数、摂氏や華氏で表してはならないと気づいたことだ。[9] 重要なのは、重量の増加、長さの増加、音の高さの増加といった絶対的な数値ではなく、最初に存在したものの割合で表される相対的な変化量である。初期値が重ければ重いほど、長ければ長いほど、高ければ高いほど、ＪＮＤを検出するためには、その重さや線の長さや音の高さを大きくしなければならない。したがって、ＪＮＤを正しく記述する唯一の方法は、パーセンテージとして表すことである。

違いを判断するためには、正確な数字による測定値ではなく、比率が必要であるという事実を、ヴェーバーは「非常に興味深い心理学的現象」と考えた。彼は、「軽かろうが重かろうが、同じくらいうまく重さを判断できることを示した。重要なのは、何グラムの重りが追加されたかではなく、その追加された重りが他の重りの荷重と比較して、30分の1なのか50分の1なのかということである。2本の線の長さや二つの音の高さを比較する場合も同様である[10]」と書いている。

さて、ホームレスは1ドルで心から感謝するだろうが、億万長者はその10万倍の金額がないと富の違いに気づかないと予想されることを思い出してほしい。ヴェーバーは、ダニエル・ベルヌーイ（および、それ以前のガブリエル・クラメール）が正しい道を歩んでいたことを、全く別の文脈においてではあるが、実験的に証明した。したがって、富が追加されたことに気づくかどうかは、重さの場合と同様に、最初に所有しているものに依存すると規定してよい。

ヴェーバーの考えは、ライプツィヒ大学で、かつての学生であり、のちに同僚となるグスタフ・テオドール・フェヒナー（図3・4）によって引き継がれた。ヴェーバーより6歳年下のフェヒナーは、貧しい環境で育った。5歳のときに牧師だった父を亡くし、母が牧師である兄の助けを借りながら、グスタフと4人の兄弟を女手ひとつで育てた。高

図3.4　グスタフ・テオドール・フェヒナー（1801～1887）（出典：ウィキメディア・コモンズ）

校で優秀な成績を収めたフェヒナーは、医学の道に進むことを決意し、まずドレスデンで学術研究に励んだ。一つの学期を終えた後、彼はライプツィヒに移ったが、70年後に亡くなるまでここから一度も離れることなく過ごした。

フェヒナーは勉強が好きではなかった。代数学の講義とヴェーバーの生理学の講義だけが彼の興味を引いた。彼が講義や実習に参加せず、本で勉強しただけで病理学と治療法の試験に合格できたのは、19世紀のドイツの医学教育がいかに悲惨なものであったかを物語っている。このとき、彼は自分が医師になる運命にないことを悟ったのである。いつも資金が乏しかったため、彼は個人レッスンや文筆で少ない収入を増やしながら、化学や物理の教科書の執筆および翻訳、大学での講義、電気力学の研究などを行っていた。彼のいくつかの実験結果、特に電気に関するオームの法則の研究などは19世紀の物理学にとって極めて重要なものであり、1831年には物理学の教授に昇進した。

フェヒナーは大学で教鞭をとるかたわら、実験物理学に関する全3巻の教科書『*Repertorium der Experimentalphysik*（実験物理学のレパートリー）』を執筆し、ドイツ、フランス、イギリス、イタリア、オランダの最新の研究成果を薬理学者や薬剤師に伝える隔週刊誌である『*Pharmaceutisches Centralblatt*（薬剤中央誌）』を編集した。しかし、これらの出版物は専門的な読者を対象としていたため、大きな経済効果は得られなかった。そこで一般向けの書籍の方がお金になるのではないかと考え、『*Das Hauslexikon*（家の百科事典）』（1834年から1838年にかけてブライトコプフ・ウント・ヘルテル社から出版された全8巻の百科事典）の編集に着手した。大変な苦労の末、彼は約

3分の1の項目については自身で作成したが、残念ながら彼の希望はかなわなかった。彼と出版社はとても控えめで、作品を大々的に宣伝せず、口コミによる宣伝に頼っていたが、その結果は予想に難くない。彼の百科事典はニッチな商品のままであった。

しかし、科学論文やフィクションの作品を発表し続けたため、彼の仕事量は非常に多くなった。そして、何年にもわたる絶え間ない労働の結果、ついに彼はストレスに耐えられなくなった。色眼鏡をかけて太陽を見るなど、視覚に関する実験をしていたため、すでに目の病気を患っていた彼は、ノイローゼに陥ってしまったのだ。盲目になることを恐れて、深いうつ状態に陥り、食事もとらず、人との接触も避けた。彼がしばらくしてそんな絶望の淵から立ち直ることができたのは、ひとえに妻のクララが愛情深く介護したからだった。

フェヒナーは健康だったときには、友人たちと社交的につき合った。最初ははっきりとした評判のない若者たちだったが、のちには自分と同じような知識人になった友人たちと頻繁に集まっては哲学や科学、時事問題について議論した。フェヒナーは、場を盛り上げる人気者とは程遠い見た目だった。禿げていて、薄い唇を引き締め、手入れされていない髪を肩まで落とし、口角を下げ、鼻には金属縁の眼鏡をかけている彼は、同僚と楽しい関係をもつ典型的な人だとはとても思えなかった。しかし、見かけによらず、この不機嫌そうな教授は非常によいユーモアのセンスをもっていたのだ。その証拠は、「ミーゼス博士」というペンネームで出版したいくつかの小冊子のなかに見られる。表向きは科学論文だが、そこにはユーモアと痛烈な皮肉が含まれていた。それは単なる小遣い稼ぎの手段や友人を楽しませるための趣味以上のもので、意外な世界観を提示していた。

驚くべきことに、医学と物理学を学んでいた彼は、18~19世紀のドイツの一部の人たちの間では流行っていたものの、当時のほとんどの科学者の間ではすでに完全に否定されていた哲学の一派をしばらくの間支持していた。彼は、どのようにしてこの物議をかもす考え方を信じるようになったのか、次のように語っている。「医学の勉強を通して、私は完全な無神論者になり、宗教的な考えからは離れていた。私は世界を機械的な組み立てとしてしか見ていなかった」。しかし、彼はドイツの博物学者、ローレンツ・オーケンの「自然哲学」に出会った。自然哲学とは、生命はどこにでも存在し、すべてのものに浸透していると提唱する、ロマンティックで思索的な自然に関する哲学である。オーケンをはじめとする人々の考えでは、世界はその端々に至るまで生きていて、意識があるということになる。人間だけでなく、植物や動物、さらには惑星や宇宙そのものが内に生命を宿し、魂を持っている。

このような壮大で統一的な世界観は、フェヒナーにとって魅力的なものであったが、一般的に広まっていた機械論的な世界観とは著しく対照的だった。そのためか、彼は自分の信念を隠し、ユーモラスな文章のなかで暗号のように言及しているだけだった。しかし、読み進めていくうちに、彼はどんどん幻滅していった。オーケンの思索によって、科学の法則が発見されただろうか、と彼は自問した。答えはノーであると言わざるを得なかった。オーケンのアプローチは、科学の知見を得るやり方ではなかった。その結果、フェヒナーは自然哲学とのつき合いに終止符を打つことになったのだ。

しかし、彼の人間の精神と肉体の関係への興味は薄まることはなく、在学中に著名な生理学者であるエルンスト・ハインリヒ・ヴェーバーが彼の大学で行っている実験を知り、すぐにそれに惹かれた。彼がそんなにもヴェーバーの実験に魅力を感じた理由の一つは、定量的な関係により感覚の捉え方を表すことができ、それによって心と体を結びつけることができるという考え方だった。体の感覚とその意識への侵入との間に数学的な関係が存在することがわかったため、心と体の問題を科学的に研究することが可能になった。１８６０年にフェヒナーの友人であるブライトコプフ・ウント・ヘルテル社のヘルマン・ハーテルが印刷・配布したフェヒナーの著作である『*Elemente der Psychophysik*（心理物理学の要素）』が出版されたことで、心理学が科学として成熟したことが示された。[11] それ以降、心理学は単なる哲学的な思索を集めたものとは見なされなくなった。

フェヒナーは、この画期的な本の序文で、心理物理学を「肉体と魂の関係に関する正確な理論」と定義した。この**正確**という言葉は、この理論は単に机上の思想家を納得させるような哲学的な**aperçus**（洞察）からなるのではなく、必要な測定値を得るために実際に実験を積み重ねた上に成り立たなければならないことを指している、とフェヒナーは説明している。その一例として、彼が「心理物理学の父」と呼ぶヴェーバーの実験を挙げている。しかし、それと同じくらい重要なのが、理論の数学的裏づけであるとフェヒナーは続けて述べている。

フェヒナーは、光の明るさ、線の長さ、荷物の重さ、音の大きさ、音の高さ、温度差などの刺激の物理的な強度と知覚された強度との関係について、ヴェーバーや他の科学者、そして自分自身の実験を検証している。しかし、ヴェーバーの法則が刺激のＪＮＤに関するものであるのに対し、フェヒナーの研究は、あらゆる強度における実際のモデルを提供した。ヴェーバーは、たとえば20オンスの重さではＪＮＤは１オンス、40オンスではＪＮＤは２オンスであると認識していた。

$$JND = \frac{1}{20} = \frac{2}{40} = \cdots = \text{定数}$$

フェヒナーはヴェーバーの観察結果を数学モデルに落とし込んだ。重さ認識のＪＮＤを$dP(W)$、重さそのものをQ、追加の重さをdQとすると以下のようになる。

$$dP(W) = k\ dQ/Q$$

両者を積分すると、重さの知覚に関する次の式が得られる。

$$P(Q) = k\ log(Q) + \text{定数}$$

ヴェーバーとフェヒナーは、実験とそのモデルに基づいて、知覚される刺激の強度は、その物理的な強度の対数に比例することを立証した。これをベルヌーイの富の追加の効用の公式$dU(W)$と比較してみてほしい（第1章参照）。

$$dU(W) = c \times dW/W$$

したがって富の効用は以下のようになる。

$$U(W) = c\ log(W) + \text{定数}$$

つまり、ダニエル・ベルヌーイが１３０年前に富の効用について行ったことを、フェヒナーは感覚刺激について行ったのである。フェヒナーは、ベルヌーイのこの分野での先行研究をよく知っていた。実際、彼がモデルを開発した後にベルヌーイを発見したのか、あるいはその逆なのかは定かではない。いずれにしても、彼は『心理物理学の要素』のなかで、ベルヌーイとラプラスが観測結果をモデル化する方程式を立てたことを認めている。ヴェーバーとフェヒナーは、彼らの法則が富の知覚にも成り立つことを確かめたかったのかもしれない。しかし、利用できる大富豪の被験者がいなかったので、有意な実験を行うことはできなかったのだ。[12]

この章を締めくくるに当たって、第2章で、「数学的には、富をX軸に、それに対応する効用をY軸にプロットしたグラフでは、直線は常に上昇する」と述べたことを思い出してほしい。つまり、効用を富の関数として表した関数の一次導関数は、常に正であるということだ。本章では、効用関数が下向きに曲がることが示されたが、これは二次導関数が常に負であることを意味する。

第2部

数学は科学の女王である
とはいえ……

第4章

3人の限界効用論者

数学者のピエール＝シモン・ラプラスやシメオン＝ドニ・ポアソン（1781〜1840）、数学に関心のある心理学者のグスタフ・フェヒナーなどを除いて、ダニエル・ベルヌーイの研究に注目する人はほとんどいなかった。1世紀半の間、彼の画期的な論文は日の目を見ないままだった。これは特に驚くべきことではなかった。この論文が説明しようとしていたサンクトペテルブルクのパラドックスは、所詮ギャンブラーの問題か数学者の気晴らしにすぎなかったからだ。しかし、この問題が実際は経済学の領域に属していることには、誰も気がつかなかったようだ。経済学はその当時、定量的推論によってではなく、主に思いつきの説明、ぞんざいな観察、そして裏づけに乏しい証拠で説明されていた。経済学の問題に数学を用いることは、19世紀の最後の四半世期までは前代未聞だったが、そのとき、突如として、三つの異なる国の3人の男が、互いのことを知らずに全く同じ考えをもち、三つの異なる言語で以下のような考えを著したのだ。「すべての経済学的意思決定の基礎となる概念は、お金ではなく、それがもたらす効用であり、その扱いは数学的である必要がある」。その3人とは、イギリスのウィリアム・スタンレー・ジェヴォンズ、スイスのレオン・ワルラス、オーストリアのカール・メンガーである。

当時の基本となる問題は、商品や製品の価格はどのようにして決められるのかということだった。どのような要素がその価値を決定するのか。集団として価格を決めるのは私たち国民であるから、これが問題になるのは驚きである。古典経済学者のアダム・スミスやディビッド・リカードが考えていたように、商品の価格は生産に費やされる労働の量で決まるのだろうか？　答えはノーだ。たとえば、水の生産には労働は必要ないが、干ばつのときには水はダイヤモンドよりも価値がある。希少性が価格を決定する要因だろうか？　おそらくそうだろう。ダイヤモンドの魅力や美しさが、限られた供給量を上回る需要を生まなければ、誰もダイヤモンドに大金を払わないからだ。

18世紀後半に具体化し始めた答えは、クラメールやベルヌーイが推測したように、人が商品に対していくら支払うかを決めるのは効用であるというものだった。これは、なかなか捉えにくい考えだった。労働が明らかな要素だと思われたのだが、効用とはどういうことか？　これは、アイザック・ニュートンが、重力がリンゴを地面に向かって引っ張ると提唱したときに直面した困難を思い起こさせる。人々はロバがロープで引っ張られている姿は想像できるが、重力によって引っ張られている姿を想像するのは難しかっただろう。つまり、効用とは、すべてを引っ張ってまとめる目に見えないロープのようなものだ。

3人のなかで最もよく知られているのは、ジェヴォンズ[*1](図4・1)だろう。それはただ、フランス語やドイツ語よりも普及している英語で執筆したからというだけである。彼は、1835年にリバプールで、工学、経済学、および法律に強い関心をもつ鉄商人の家に生まれた。父親は、1815年に水上を航行できる最初の鉄製の船を製作したといわれている。また、法律に関する小さな本や経済に関するパンフレットを出版するなど、そこそこの知名度ではあるが、作家としての地位を確立していた。しかし、スタッフォードシャーで釘を製造し、成長した家業は、残念ながら経営難に陥ってしまった。

苦労したのは父だけではなかった。ジェヴォンズの母は、彼が10歳のときに亡くなった。彼は9番目の子供だった。彼女はリバプールの名家出身で、才能のある女性であり詩人だった。彼女の父、ウィリアム・ロスコーは弁護士であり銀行家で[1]、社会改革者として奴隷貿易の廃止を提唱した。ロスコー家は誠実で申し分がなかったものの、残念な

図 4.1　ウィリアム・スタンレー・ジェヴォンズ（1835～1882）（出典：ウィキメディア・コモンズ）

ことに、母の祖父は１８１６年の銀行取りつけによって、母の父は１８４８年の金融危機によって、両者ともに破産してしまった。この不運と自身の父親の事業が直面したトラブルにより、若き日のジェヴォンズは市場と経済の気まぐれさに敏感になった。

彼の母親は彼がまだ少年の頃、『*Easy Lessons on Money Matters*（お金の問題に関する簡単なレッスン）』を読んで聞かせた。この本は、オックスフォード大学の元政治経済学教授であり、ダブリン大司教であったリチャード・ウェイトリーが学童向けに書いた本だった。おそらくジェヴォンズが初めて経済学に触れたのはこの本だっただろう。両親は法律、経済、詩、歴史を好んでいたものの、ジェヴォンズは学校で数学、生物学、化学、および冶金《やきん》学の教育を受けた。15歳でユニバーシティ・カレッジ・ロンドン（UCL）に入学したが、学問への最初の挑戦は長くは続かなかった。家庭の経済的な問題から収入のよい仕事を探すことを余儀なくされた彼は、父の強い勧めもあって、学業を中断し、オーストラリアのシドニーの造幣局で試金官の職に就いた。シドニーはその当時、ソブリン金貨（22カラットの金と少しの割合の銀と銅でできた金貨）の鋳造権を得たばかりだった。この金貨に各金属が正確な量含まれているかを確認するのが試金官の仕事だった。UCLの化学講師からオファーを受けたジェヴォンズは、気は進まないながらも片道3ヵ月間もかかる渡豪を受け入れたのだ。

とはいうものの、給料はよく、造幣局での仕事は彼の考えを整理するのに十分な時間を与えてくれた。4年後、ジェヴォンズはイギリスに戻るための十分な資金を貯めていた。遠くオーストラリアにいる間に父親を亡くしたジェヴォンズは、南米、北米、西インド諸島などを旅して帰国した。ロンドンに戻った彼は兄弟姉妹と一緒に下宿を始めた。24歳のときに、５年前に中断したＵＣＬでの勉強を再開し、１年で11科目の学士号を取得した。２年後には論理学、哲学、政治経済学、および数学の修士号を取得し、論理学、哲学、政治経済学の優秀な成績が認められて金メダルを授与された。

彼の最初の出版物『*A Serious Fall in the Value of Gold ascertained, and its Social Effects set forth, with two Diagrams*（金の価値の大暴落の確認と二つの図によるその社会的影響の記述）』（１８６３年）は、あまり評判がよくなかった。ジェヴォンズは私信でこう書いている。

金に関する私のパンフレットの請求書を受け取ったところですが、印刷、広告などの総費用は43ポンドで、売上による相殺は10ポンドにすぎません。今のところ74部

＊１　日本ではワルラスが最も知られているだろう。しかし、英語圏では、本文にあるように英語で執筆したジェヴォンズの方が知られているのだと思われる。

しか売れていないようですが、これは非常に小さい数字です。

彼は日記のなかで、自信喪失を認めている。

私は今落ち込んでいるのだろう。「金」に関する私のエッセイが出版されたのに、姉を除いてまだ誰もそのエッセイに好意的な言葉を言ってくれないからだ。そして、もちろんその姉もきょうだいだからそうしているにすぎない。もし、私がすること、できることとすべてがそう受け止められるとしたらどうなるだろう？　第一に、自分自身に関するすべての確信が単なる妄想ではないかと疑うようになるかもしれない。第二に、最高の作品であっても、大衆から承認や賞賛を決して受けない可能性があるということを、ついに知ることになるかもしれない。

次の経済学の著作である『*The Coal Question: An Inquiry concerning the Progress of the Nation and the Probable Exhaustion of our Coal Mines*（石炭の問題：国の進歩と

炭鉱の枯渇の可能性についての一考察）』（１８６５年）では、ジェヴォンズはイギリスがその繁栄と産業界のリーダーとしての地位を維持するためには、石炭の需要が幾何級数的に増加する必要があると主張した。有名な経済学者ジョン・メイナード・ケインズがのちに述べたように、この本は非常に素晴らしく魅力的に書かれてはいるが、主張には根拠がなく、予言されたことは実現せず、文章もこじつけで誇張されているように見えた。しかし、この小冊子によって、ジェヴォンズは経済学や統計学の本格的な著者としての地位を確立したのである。彼の観察結果の一つはジェヴォンズのパラドックスとして知られるようになった。それは、技術が進歩すれば、エネルギー効率が上がり、同じ生産量を得るために必要なエネルギーの量が減少する。その結果、エネルギーの需要が減ると考えられるというものである。しかしジェヴォンズは、事実はその逆ではないかと推測した。エネルギー（ここでは石炭）が豊富に手に入るようになると、その価格は下がり、むしろ需要が増える可能性があるというのだ。

ジェヴォンズは自信喪失で自身を苦しめる必要はなかった。その頃までには、彼の評判は確固たるものになっていたからだ。彼は、１８６６年に、のちのマンチェスター大学であるオーエンズ・カレッジの論理学、哲学、政治経済学の教授に選ばれた。その数年後には、論理学と統計学に重要な貢献をした彼の最初のベストセラーである『*The Principles of Science*（科学の法則）』を発表した。1876年、ジェヴォンズは母校UCLの政治経済学教授に就任した。

ジェヴォンズが効用の概念について初めて述べたのは、当時ニュージーランドのニューサウスウェールズ銀行に勤務していた病弱な弟ハーバートに宛てた手紙のなかであった。この理論は原理的には全く数学的であると、ジェヴォンズは経済学について書いた。多くの幾何学の問題と同様に、定義、公理、法則を厳密に導き出すことができる。ジェヴォンズが指摘したその中心となる公理は、「人間が消費しなければならないあらゆる商品（たとえば普通の食べ物）の量が増えると、最後に使われた部分から得られる効用や利益の度合いが減少する。食事前後で楽しみが減少することが例として挙げられる」というものであった。彼は、1862年に英国科学振興協会に提出した論文『A General Mathematical Theory of Political Economy（政治経済学の一般的数学理論）』のなかで、この考えに立ち戻った。この理論全体のなかで最も重要な法則は、効用は「消費された対象物の全体量に関する一般的に減少する関数」であると書いている。

ジェヴォンズが失望したことには、この論文は、英国科学振興協会での発表時にも、4年後に『*Journal of the Statistical Society*（統計学会誌）』に掲載されたときにも、あまり注目されなかった。彼の考えがインパクトを与えるようになったのは、１８７１年に代表作である『経済学の理論』（邦訳：１９８１年、日本経済評論社）が出版されてからである。しかし、それ以降、経済学は全く別物になったのだ。彼が生きている間に二つの版が出版され、３版は彼の未亡人が、４版は彼の息子が監修した。その後も多くの版が出版され、現在も数版が発行されている。この本は、経済学において影響力の強い著作の一つとされている。

『経済学の理論』の第1章の冒頭で、ジェヴォンズは自分の理論を展開するうえでの指針となる二つの原則を示した。第1の原則は、もちろん効用の概念である。「私は何度も熟考し、問うた結果、価値は完全に効用に依存するというちょっとした新しい意見を導き出した」。当時、物の価値はそれを生産するのに必要な労働にあるという考え方が主流であったため、この意見は斬新であった。彼は、わずか４年前に出版されたカール・マルクスの『資本論』に憤慨して指摘している。「労働が価値の原因であるとはっきりと主張する人さえいる。しかし、ある商品をより多く、あるいはより少なく所有することによって、人間の効用がどのように変化するかを注意深く分析することが満足のいく交換理論に到達するために必要なすべてであり、通常の需要と供給の法則はそのなくてはならない結果である」。彼は読者に、この結論は急いで出したものや考えなしに出したものではないことを骨を折って強調した。実際、彼はこの問題に関して10年間考え続け、自分の考えが正しいかどうか、何度も何度も問うた。しかし、この結論の実質的な正しさを疑う理由はなかった。

第2の原則は、経済学の一般的な性格に関するもので、論説に効用を導入したことよりもはるかに革命的なものであったかもしれない。それは、経済学をどのように研究すべきかという一般的な見解からの変換点だった。それまで確立されていた経済学の研究方法は、物語、もっともらしい議論、逸話、実例による証明などであった。ジェヴォンズは、経済学を物理学や天文学に匹敵する厳密な科学にまで高めるためには、これまでとは異なるアプローチが必要だと認識していた。「経済学が科学であるためには、数学的な科学でなければならないことは明らかである」。そして、当然のことを言うようだが、「我々の科学は数学的でなければならない、それは単純に量を扱うからである」とつけ加えた。

ジェヴォンズが言及していたのは、足し算、引き算、割り算、掛け算といった単純な計算ではなく、もっと高度なツール、すなわち微分学のことである。「微分学の助けを借りなければ、経済学の真の理論は成立しない」と彼は力説した。ジェヴォンズは、経済学者の否定的な態度を改めさせるために、嘲笑に訴える手段を取りさえした。彼は、「赤い光を青いと言って変えようとするようなものだ」と皮肉を込めて書き、経済学者が伝統的に数学的な記述や議論を拒否していることを繰り返し軽蔑したのである。さらに、彼はこう続けた。「物理学や天文学のような分野においてさえ、科学者が自分の理論を一般の読者に説明するために数学の使用を避けようとすると、必ず複雑な関係性を表現するための言葉や文法の足りないことがすぐに露呈する。そのため、数学の記号は、我々が表す必要のある概念や関係性に適合した完璧な言語システムを形成する」。数学的推論と数学記号は避けて通れないものであり、経済学の研究には必要不可欠のものである。

ジェヴォンズは、同時代の経済学者の多くが一般的に数学的手法を嫌っていたことの他に、数学的手法の使用に抵抗を感じていたもう一つの理由を特定した。経済学者たちは、数学的手法と厳密な科学をしばしば混同していたのだ。ジェヴォンズは、経済学におけるデータが正確ではないことを認めたうえで、それを理由として経済学者が数学的手段を使うことを避けるべきではないと述べている。結局のところ、天文学では星の位置はおおよそしかわからないし、地理学者は地球が滑らかで均質な球体であると仮定しているし、静力学では物体は完全に柔軟性がないと仮定している。これらの仮定された事実は、すべて真実に対する仮定上の近似値にすぎない。「物理学者が数学の助けを借りる前に、データが完全に正確になるまで待っていたら、依然としてガリレオの時代の科学のままだっただろう」とジェヴォンズは結論づけている。

ジェヴォンズは、数学と効用についての主張を行った後、交換の理論に進んだ。いつものように、彼はその問題を、さまざまな量の財を享受することで全体の効用を最大化するにはどうすればよいかという問題に再構築した。たとえば、交換したいと思うトウモロコシと牛肉の量を決めなければならないとしよう。トウモロコシと牛肉の消費量が増えるにつれて、それらを得ることによる効用は減少すると仮定すると、問題は次のようになる。トウモロコシと交換される牛肉の量はどれだけか？

二人の商人がいると仮定する。牛肉商人とトウモロコシ商人で、どちらもそれぞれの品を大量に所有している。最初に、牛肉が欲しくてたまらないトウモロコシ商人は、１ポンドの牛肉のために20ポンドのトウモロコシを差し出してもよいと考える。そうすると、彼の牛肉の効用が減少するので、次は１ポンドの牛肉を16ポンドのトウモロコシと交換し、３回目は14ポンドと交換し、以下同様というようになる。一方、トウモロコシが不足している牛肉商人の場合は、全く逆の状況になる。最初は、そこそこの量のトウモロコシのためにたくさんの牛肉を差し出しても構わないと思う。しかし、トウモロコシを手に入れれば入れるほど、トウモロコシの効用が減り、さらに多くのトウモロコシと引き換えに差し出しても構わないと思う牛肉の量は少なくなる。二人の商人は、品を交換しても互いの効用が増えなくなる点に到達するまで交渉を続けるだろう。ここでは、10ポンドの牛肉と１００ポンドのトウモロコシを交換するとしよう。これは、彼らが交換したいと思う品の総量だけでなく、交換比率も示している。交渉の結果、トウモロコシの効用は牛肉の10分の1であることがわかり、したがって交換比率は10：1となる。それ以上になると、トウモロコシ商人にとって、牛肉を1ポンド追加する効用はトウモロコシ9・5ポンド分に低下するが、牛肉商人は牛肉1ポンドをトウモロコシ10・5ポンド未満と交換することを望まなくなる。

二人の商人は、それぞれの効用を比較することで、需要と供給の法則にたどり着く。彼らは、交換してもよいと思う量だけでなく、1ポンドの牛肉は10ポンドのトウモロコシと効用が等しいという釣り合いの取れた交換比率も発見する。ジェヴォンズはこれをこう要約した。各商人は、「最終的な増加分から全く等しい効用を引き出さなければならず、そうでなければ、多かれ少なかれ交換することは一方の利益になる」。この言葉のなかで重要な考えは、「最終的な増加分」である。最初の段階で、トウモロコシ商人が、最初の牛肉1ポンドのために20ポンドのトウモロコシを手放してもよいと思うかどうかは関係ない。決定的な要素となるのは、商人が交換してもよいと思う牛肉とトウモロコシの最後の1ポンドの効用である。実際は、この主張の意図するところはもっと厳格なものになっている。厳密に言えば、「最後」とは、取引される最後のポンドの最後のオンスの最後の最後の端数を指す。したがって、**限界効用**というときは、商品を交換するかどうかの決定の際の無限に小さい量の商品の効用を暗示している。このように無限に小さいものへ言及しているため、ニュートンにならってジェヴォンズが流動微分学（fluxional calculus）と呼んだ微分学が効果を発揮するのだ。

もちろん、『経済学の理論』にはもっと色々なことが書かれている。労働、家賃、資本などに章が割かれており、さらに多くの例に微分学が適用されている。

ジェヴォンズの人生は、47歳の誕生日を数週間後に控えた１８８２年８月13日に悲劇的に幕を閉じた。ジェヴォンズは、夏休みを利用して家族でイギリス南部のヘイスティングスを訪れていた。その日曜日の朝、妻や子供たちとビーチを歩いているとき、彼は泳ぎに行きたいと言った。妻は、地元の人たちがこの海岸は海水浴には危険だと考えているからと説得してやめさせようとしたが、ジェヴォンズは言って聞かなかった。そして、ビーチに家族を残して、着替えのために、滞在先に帰ってしまった。11時を過ぎた頃、4人の少年が「海で人が溺れている」と叫びながら通行人に向かって走ってきた。その通行人は、少年たちが示した場所に向かって走り、岸から40ヤードほど離れたところに死体が浮かんでいるのを発見した。ジェヴォンズは泳ぎが得意だったが、潮が引いていて、冷たい海水に流されて溺れた場所へ運ばれてしまったのだ。

この一家には悲劇がつきものだった。ジェヴォンズの母は、50歳で早くも亡くなった。母が亡くなった後、長男のロスコーは16歳で精神に異常をきたし、40歳で亡くなった。その後まもなく、姉のヘンリエッタも正気を失い、弟のハーバートもニュージーランドで42歳で亡くなった。そして、ジェヴォンズが遠く離れたオーストラリアにいるときに、父親が亡くなっていたことを思い出してほしい。

世界には、ジェヴォンズの知らないところで(少なくとも初めは)、彼が取り組んでいた問題を研究していた他の人物がいた。レオン・ワルラス(図4・2)は、1834年生まれのフランス人で、ジェヴォンズより1歳年上であった。彼の父のオーギュスト・ワルラスは1801年生まれで、フランスで最も権威のある高等教育機関であるパリの

図4.2　レオン・ワルラス（1834〜1910）（出典：ウィキメディア・コモンズ）

エコール・ノルマルの将来有望な学生だった。独学で経済学の基礎を学んだオーギュストは、エコール・ノルマルの卒業生の多くがそうであったように、学問への熱意をもっていた。彼は一時期、北フランスの地方の町にあるエヴルー大学で哲学の講師を務めたが、フランスの中心部にある主要な大学へステップアップする道は閉ざされたままだった。その理由の一つは、オーギュストが地元の娘と結婚した際に、義理の両親に「妻をエヴルーから連れ出さない」と約束したことだった。もう一つは、大学の経済学の教員の地位は、科学者ではなく、社会的に一定の地位をもつビジネスマンや政治家、あるいは権力者にコネがある人が家族の中にいる者に与えられるのが普通だったからだ。

その両方とも持ち合わせていなかったため、オーギュストは輝かしい大学でのキャリアを諦めなければならなかった。その代わりに、地元の学校の校長職を引き受けた。科学的な活動は経済学に関する記事を書くことにとどめ、アントワーヌ・クールノー（彼については後述）などの同級生が学問的な栄誉を得るのを見守っていた。晩年になってようやく、State Doctorate（博士号、フランスの大学で教鞭をとるための許可）を取得できずにいた彼に教授職が与えられた。それは、彼の論文の評価だけに基づくものであった。そのポストは北フランスのカーン大学で、学問の中心地からは離れていた。しかし、そこでもこの自由に発想する科学の徒は、大学を運営する無知な聖職者たちとすぐに衝突してしまった。それにもかかわらず、彼は、講師としても大学の運営者としても自身の職務を勤勉にこなした。そしてある日、彼の家に公文書が届いたとき、彼は自分の働きに対して国からレジオン・ドヌール勲章が授与されるのではないかと期待した。しかし、それは大きな間違いだった。封筒に貼られた赤い封印を解いて、その内容を知った。それは解雇通告だった。彼は不名誉な形で解雇されたのである。

オーギュストは１８６６年に亡くなるまで、執筆、出版、講演などを続けていたが、キャリアを逃したこと以外はほとんど振り返るべきこともなかった（彼の死後、医師は、死因は傷心によるものだと言っていた）。１９０８年、息子のレオンは父の敵に父の無念を晴らす機会をつかみ、伝記を出版して、父に愛のこもった賛辞を贈った。結局のところ、オーギュストの経済学への最大の貢献は、自身の生涯の情熱をレオンに託したことだった。

若き日のレオンは、科学の道に進むべきか、文学の道に進むべきか迷っていた。高校では数学と文学の両方を学んだ。しかし、フランス最高の工科大学であるエコール・ポリテクニークに入学しようとしたところ、入学試験に落ちてしまった。しかも２度も。とはいえ、その努力が実を結んだものもあった。２度目の受験に備えて、レオンは父の同級生であるアントワーヌ・クールノーが１８３８年に出版した『富の理論の数学的原理に関する研究』（１８３８年、邦訳：１９３８年、岩波文庫）という本を、おそらく父の命を受けて勉強した。これが彼と数理経済学との最初の出会いだった。エコール・ポリテクニークに不合格だったレオンは、将来の鉱山技師を養成するエコール・デ・ミンヌに入学した。

しかし、彼はそうした方面に魅力を感じず、しばらくの間、文学的な熱意の方が優っていた。1848年の革命（国王ルイ・フィリップに代わって大統領ルイ・ボナパルトが誕生し、その直後に皇帝ナポレオン3世として権威主義体制を確立した）の失敗にひどく失望したレオンは、社会批判的な小説を書いて理想を追求しようとしていた。1858年、24歳の彼は最初の作品『*Francis Sauveur*（フランシス・ソーブル）』を出版した。しかし、そこに父親が介入してきた。「小ブルジョアで、非常に高潔で、カトリックで、王党派の」家の息子にふさわしく、レオンは父を崇拝していた。彼にはエディプスコンプレックス[*2]による反抗など微塵《みじん》もなく、父が望むことには何でも従うのだった。しかし、経験豊富な校長であり講師でもあったオーギュストは、単に自分の意志を息子に押しつけようとはしなかった。その代わりに、彼の理性に訴えかけた。ある日、田舎を散歩していた際に、息子に、「社会に関心のある理想主義の作家はいくらでもいるが、世のなかに不足しているのは、社会科学者である」と指摘した。レオンはその場で納得し、文学をやめて経済学に専念することを約束した。

しかし、ワルラスは生計を立てなければならなかったので、ジャーナリストとして活動を開始し、最初は『*Journal des économistes*（エコノミスト誌）』、のちにはタブロイド紙の『*La Presse*（ラ・プレッセ）』に経済に関する記事を書いた。収入はわずかだったが、シングルマザーのセレスティーヌ・アライン・フェルバックという女性と一緒に暮らすことができ、彼女の息子を養子にした。彼女との間にはマリー・アラインという名の娘ができた。

社会主義への傾倒を抑えられなかった彼は、ラ・プレッセでは1年ももたなかった。たとえば、1860年10月に掲載された2部構成の暴露記事では、パリのアパートの家賃の高さや一般的な生活費の高さは、フランスの首都に高級住宅が多いことが原因だと指摘した。こうしたことを悪であると感じた彼は、この「誇張された贅沢《ぜいたく》による不毛」

＊2　ジークムント・フロイトが提示した概念で、幼児期に母親をめぐって父親に強い対抗心を抱くというもの。

は食料や衣料ではなく、花火や宝石の生産につながると痛烈に批判した。このような批判的な記事は、その新聞の保守的な読者には受け入れられず、さらに、彼の改革主義的な考えはオーナーの機嫌を損ねることになった。ワルラスはすぐに解雇された。その後、彼はフランス北部の鉄道会社Chemins de fer du Nordに事務員として就職した。この仕事の収入は安定していたが、スケジュールが忙しすぎて科学的な仕事をする時間はなかった。

3年後、彼は鉄道会社を辞めて、Caisse d'escompte des associations populaires de consommation, de production et de crédit（消費・生産・信用のための全国協会の割引銀行）という親しみやすい名前の金融機関で管理職に就いた。中小企業に資金を提供するために設立された銀行の一つである。経済学を好んでいたワルラスには、金融関係の仕事の方が合っていたようで、彼や母、姉はこの金融機関に出資してさえいた。ああ、しかし、その銀行は破綻し、ワルラスは職を失い、家族もお金を失ってしまった。あのちにワルラスが語ったところによると、Caisse銀行が破綻した理由の一つは、経験の浅いエージェントが借り手となる見込みがある人と対面して、保証のない信用貸しをしてしまいがちだったからだという。ワルラスは「本当の銀行家なら、『この事業は失敗するかもしれないから、やらない』と自分に言い聞かせただろう」と書いている。

ワルラスは、失業して借金を抱えていた。幸いなことに、彼はCaisse銀行の外部監督官の一人であるジョセフ・ホランダーの目に留まった。ホランダーは、彼に自分のプライベートバンクであるTrivulzi, Hollander, and Cieに職を提供してくれた。ワルラスはそのとき36歳だった。

その1年半後、ワルラスに、真の意味での機会がめぐってきた。彼は、１８６０年にスイスのジュネーブ湖畔の町ローザンヌで開催された税制に関する国際会議で講演を行った。税制は社会正義の道具である、という彼の発言は大きな反響を呼び、スイス公教育評議会は彼をローザンヌ・アカデミー（現在のローザンヌ大学）の教職に推薦した。そのときは教職に就かなかったが、それから10年後、当時ヴォー州議会議員で、のちにスイス連邦大統領となったルイ・ルショネが彼のことを思い出した。

州の役人たちは、アカデミーの法学部に政治経済学の講座を設立することを決定した。そして、ルショネに促されて、彼らはワルラスに応募を勧めた。しかし、それはワルラスにとって簡単な決断ではなかった。ホランダーの銀行での仕事を辞めなければならないし、ローザンヌでの採用が決まらなければ、完全に職を失うことになるからだ。しかし、ワルラスは迷うことなく、これは自分の人生の野望を実現するチャンスだと考えた。彼は、自分の出版物と数理経済学を教える提案書を、任命された審査員に送った。審査員は、彼の任命に賛成する3人の公人と、4人の教授(そのうち3人が彼の就任に断固反対した)だった。しかし、4人目の教授であるジュネーブ大学の心の広い経済学者、アンリ・ダメスが決定票を投じた。彼は同僚と同様、ワルラスの考えに共感していなかったが、そのような懸念にもかかわらず、科学のためには、ワルラスの考えを教えるべきだという確固たる意見をもっていた。そしてワルラスは、4票対3票で任命されたのである。しかし、彼の社会主義的傾向に対する教授たちの懸念から、最初の任命は特別教授として、たった1年だけのものとなった。幸いなことに、その1年が終わる前に、そのポジションは通常の終身在職権をもつ教授に変更された。

しかし、さらなる障害があった。1870年12月にワルラスにローザンヌ・アカデミーのポストのオファーがあったとき、普仏戦争が最盛期にあった。身体的に適した20

歳から40歳までのすべてのフランス人は、当局に登録して戦争で武器を持って戦えるかどうかを確認しなければならなかった。渡航文書を入手したかったワルラスは、かつての同級生である二人の市議会議員を伴って警察を訪れた。二人は国から戦争への招集があった場合、ワルラスはフランスに戻ってくると主張した。これによりワルラスは晴れて出国できるようになったのだ。

ローザンヌで行われた就任講演は、世の中のこのような不安な状況を反映していた。「今日は私の人生のなかで最も幸せな日になるはずでした」と悲しげに宣言した後、軍隊に呼ばれるまでそう長く教えることができないのではないかという不安を表した。「もしかしたら数日後には、今日初めて就任するこの地位を離れなければならないかもしれません。そのような場合には、同情と優しさをもって私を思い出してください」。しかし、運命はワルラスに味方した。彼は戦争に行くことなく、22年間、ローザンヌの政治経済学の教授を務めた。

ワルラスの最も重要な著作である『純粋経済学要論：社会的富の理論』（邦訳：１９

83年、岩波文庫)は、1874年と1877年に2巻に分けて出版された。その後、1889年、1896年、1900年と版を重ね、さらに死後にもいくつかの版が出版された。経済思想史の古典とされるこの本には、豊富なアイデアが盛り込まれている。しかし、私たちのここでの関心はかなり具体的なものであるため、多くの人がワルラスの最大の業績と考えているもの、すなわち一般均衡理論についてだけ、少し触れておきたいと思う。

需要と供給がちょうど一致するレベルに価格は落ち着くという意味において、すべての商品市場は、商業や交易を通して最終的に売り尽くされると、この理論は主張している。ワルラスは、この理論を数学的に証明するために、需要と供給を表す方程式系を仮定し、価格を未知の変数とした。彼はこの方程式と変数を数えれば、原理的にこの方程式系は解けることを示した。つまり、方程式の解となるような価格が存在するため、市場は売り尽くされる。しかし、問題はその価格がどのようにして求められるかということである。ワルラスは、すべての市場の共通の尺度となるニューメレール(価値基準財)と呼ばれる一つの商品が出現すると主張した。すべての価格はこのニューメレールで表現されるが、それはもちろん我々が知っている貨幣である。そして、ワルラスが tâtonnement（模索）と呼んだダイナミックなプロセスを通して、商品の価格は商人たちの試行錯誤を通じて適正価格に近づいていくのである。何度かの調整と微調整の過程で、価格は需給一致する値に反復しながら向かっていく。

ワルラスの仕事の特徴は、対象物に数学的処理を施していることである。彼の父、オーギュストは、オーギュスタン・クールノーの影響を受け、１８３０年代初頭にはこのような経済学へのアプローチを売り込んでいた。クールノーの『富の理論の数学的原理に関する研究』の出版はおそらく政治経済学の研究に数学を導入した初めての試みだろう。クールノーの言う数学とは、単に会計目的の記号や算術演算の使用を意味するのではない。彼は、変数間の隠された関係を発見することを可能にする、数学の科学的厳密さと厳格な論理性に言及した。彼はこう言っている。「数学的分析に精通している人は、（数学は）数字の大きさを計算するためだけに使われるのではなく、変数……（そして）関数間の関係を見つけるためにも使われることを知っている」。

ワルラスは、長年にわたって経済学の数学的理論を構築するアイデアを抱いていた。

彼は、最初にローザンヌ・アカデミーに自分の仕事を申し出た手紙のなかで、政治経済学を数学的基盤の上に乗せるつもりであることを表明していた。今こそ、その約束を果たすときであった。しかし、残念なことに、この試みは彼が守ってきた（あるいは、親への尊敬のために否定したくなかった）父親の、よく言ってもまずまず正確という程度に定義された用語によっていくぶんか妨げられた。たとえば、ワルラス父はrareté（希薄または不足）という曖昧な言葉を使って、ワルラス息子が限界効用に他ならないと明らかにしたものを表した。それは、「所有している品の量によって満たされる最後の必要性の強さ」であると、彼は『純粋経済学要論』の初版に、少し複雑な書き方で記している。彼が言いたかったのは、たとえば30ポンドの品を所有している場合、raretéとは30番目の1ポンドが所有者に与える効用のことを指すということだった。１８７４年に『エコノミスト誌』に発表された『Principe d'une théorie mathématique de l'échange（交換の数学的理論の原理）』では、ワルラスはさらに具体的に述べている。「La raretéは、所有している量に対する有効効用の導関数であり、それはちょうど、速度を、それをカバーするのに必要な時間に対する距離の導関数として定義するのと同じである」と主張した。これが限界効用の数学的定義だ。

　ある商品の限界効用がその量の増加に伴って減少するという事実は、ワルラスにとってあまりにも自明なことであったため、『純粋経済学要論』の初版ではわずかに言及しただけだった。彼は、ある量を超えると、たとえ価格がゼロであっても、消費者はそれ以上の品を欲しがらなくなるが、それは、その時点で消費者の欲求がすべて満たされているからであるという主張で説明を始めた。言い換えれば、量が増加するにつれて、その品の効用はゼロに向かって低下するということだ。そして、価格の上昇に伴って需要曲線が下向きに傾斜する根本的な理由は品の効用であることを指摘した後、彼は、「繰り返すが、所有量が減少するとraretéが増加することを受け入れなければいけない」と主張している。彼は「そしてその逆もまた然り」とつけ加えたが、これが彼の発言をより身近なものにしている。限界効用は量が増加すると減少するのだ。15年後の第2版では、商品の蓄積についての議論で、より具体的に次のように述べている。「ある人の最も切迫した欲求を満たす最初の一つから、その人を満足させる最後の一つまで、すべての単位の内包的な効用はだんだんと減少していく」。

ワルラスは『純粋経済学要論』のなかでダニエル・ベルヌーイについて全く言及していないが、150年前に書かれた彼のエッセイには気づいていたはずだ。彼の交換理論は、「人は効用を最大化しようとし、その効用は所有量が増加すると減少する」という原理に基づいている。たとえば、ある商人が肉と大麦を交換したいと思っているとする。彼は、肉の限界効用が、大麦の限界効用に大麦の価格（ここでは価格が商品の単位として表されている）を掛けたものよりも低い限り、交換するだろう。

説明しよう。1ポンドの肉の市場価格が8ポンドの大麦だったとする。最初、商人は肉をたくさん持っているが、大麦は持っていない。したがって、彼の大麦を欲しがる欲求は大きく（限界効用が高い）、一方で彼の肉への需要は満たされている（限界効用が低い）。だから、彼は大麦を買い、彼の総効用はいくらか上がるだろう。実際、肉に対する限界効用が大麦に対する限界効用の8倍よりも低い限り、商人はどんどん大麦を買い、彼の総効用は上昇し続けるだろう。このプロセスはこの先止まることがあるのだろうか？　答えはイエスだ。なぜなら、ワルラスの理論で暗示されているのは、限界効用減少の原理だからである。取引の過程で、商人の肉の在庫は減少し、その結果、その限界効用は上昇する。一方で、商人の大麦の在庫は上昇し、その限界効用は低下する。したがって、肉の限界効用が上昇し、大麦の限界効用が低下して、その比率がちょうど8対1になるときが来るはずだ。そのとき、商人の効用は最大となり、商人は取引をやめる。

同様の理屈は、商品の生産に原材料を使用する場合にも当てはまる。たとえば、最初と最後のチョコチップクッキーを作るのに、同じ量のチョコレートが必要だとしても、生産者にとってのチョコレートの効用は一定ではない。クッキーをたくさん作れば作るほど、クッキーの価格は下がり、その結果、チョコレートの限界効用は減少する。そのため、生産者は自分の総効用が増加する限り、チョコレートを、たとえば小麦粉と交換するだろう。そして、限界効用が交換比率と釣り合うところまで来たら、彼は取引をやめるだろう。

ワルラスは、自分の大作が出版されるまでには、まだまだやるべき仕事がたくさんあるとわかっていた。一方で、彼は興味をもつ一般の人々に自分の発見を知らせたいと思っていたし、少なくとも彼にとっては同じくらい重要なことだったが、誰よりも先に出版したいと思っていた。彼は、『エコノミスト誌』に掲載された数理経済学の論文の複製を、海外のさまざまな経済学者に送った。その送り先の一つが、イギリスのスタンリー・ジェヴォンズだった。ワルラスは、このマンチェスターの教授のことを聞いたことがあり、数学的手法を統計学に応用する数学者だと思っていた。彼もきっと経済学を数学的に扱うことに興味をもつだろうと思った。そこで、1873年5月1日、彼に自分の論文の複製を送ったのだ。

そのほんの数日後、彼は不愉快な驚きを味わった。オランダのライデン大学に通う24歳の頭の鋭い法律学科の学生ヨハン・ダルニス・ド・ブルイユが、その論文を雑誌で読んだ。その若者は非常に感銘を受けたが、経済の問題に数学的手法を用いてアプローチするワルラスのやり方には見覚えがあった。彼は似たようなものをどこかで読んだことがあるのを思い出し、5月4日にローザンヌの教授であるワルラスに手紙を出し、2年前に出版されたスタンリー・ジェヴォンズという名のイギリス人の本『経済学の理論』のことを伝えた。

これはワルラスにとっては、大変な痛手だった。彼は画期的な理論になるだろうと信じて一人でせっせと働いていたのに、イギリスの誰かがすでにすべてを解明していたのだ。優先権の主張はもろくも崩れ去った。その悪い知らせの傷が未だ癒えないわずか1週間後、5月12日にマンチェスターからジェヴォンズのお礼の手紙が届いた。それは彼の最悪の恐れを裏づけるものだった。ダルニス・ド・ブルイユから聞いていたことはすべて真実だったのだ。ジェヴォンズの口調は、称賛にあふれるものの、かすかに高慢な感じがするものだった。ジェヴォンズは、ワルラスの研究に小さな賛辞を何度も送ったが、絶賛したのは主に自分の研究だった。彼は、「あなたの理論が私の理論と実質的に同じものであり、私の理論を裏づけるものであることがわかると思います」と述べ、さらに見下すような調子で、「あなたの論文が現在のように出版されていることは、その理論の正しさに対する私の信念を裏づける傾向がある点においては、とても満足のいくものです」とつけ加えた。また、ワルラスが自分の理論を数年早く完成させていたと主張するのを想定して、ジェヴォンズは自分の考えがもっと前からあったことを主張している。「私の数学的理論の主要な点は、１８６２年にその簡単な説明を書き上げ、ケンブリッジの英国協会の会合で読んだときには、私自身の頭のなかで明らかになっていたのです」。

もちろん、ジェヴォンズは正しかった。わずか数年の間に、ジェヴォンズとワルラスは全く同じ理論を考案していた――ジェヴォンズが最初に、ローザンヌの同業者であるワルラスが2番目に。「あなたが商品の希少性と呼んでいるものは、まさに私が最初に効用係数、その後に効用度と呼んだものであることは明白です。それは、説明したように、実際は商品の量の関数とみなされる効用の微分係数です」。最後に、ジェヴォンズは問題の核心に迫った。ジェヴォンズは、ワルラスの傷口に塩を塗り、ワルラスの論文が「その発表の独創性と優先性について誤解を招く恐れがあります。それゆえ、あなたが私の著作を十分に知っているかどうか、あるいは、私の『経済学の理論』の複製をあなたに送った方がよいのか、お知らせいただければ幸いです」と書いた。

ワルラスは大きなショックを受けた。悔しさのあまり、5月23日に返事を出した。彼は、自分とジェヴォンズの研究の著しい類似性を素直に指摘した。そして、少なくともいくつかの相違点（実質的ではないにしろ、アプローチにおいて異なる点）を見つけようとほとんど絶望的な試みを行った後に、自分の研究がどのようにして生まれたかについて壮大な説明を始めた。彼は、自分の研究成果のインスピレーション源は、父親とクールノーだけだと強調した。彼は、１８３１年に父が述べた「政治科学は数学的科学である」という言葉を引用した。さらに、一方では速度、時間、距離、他方ではrareté、量、効用を比較し、１８３８年に出版されたクールノーの本を引用した。彼自身は、１８６０年にこのような考えをもち始めたが、経済的な理由で研究を中断せざるを得ず、10年後にようやく再開することができた。彼は、自分がいつ、どのように研究成果を発表したかをかなり詳細に思い出し、自分のアイデアがイタリアで好意的に受け入れられたことを誇らしげに指摘した。ワルラスは、ジェヴォンズの著書を機会があれば世間に知らせることを約束し、最後に、ジェヴォンズにも自分の考えを学生や読者に伝えてほしいという哀れな懇願で締めくくっている。

このような丁寧な言葉の裏にいたのは、深く失望した一人の男だった。その２ヵ月後、ジェヴォンズに宛てた別の手紙のなかで、彼の心の内が明らかになった。「私は人間の弱さを超越しているふりをしているわけではありません。率直に申し上げますが、初めは私の優先権が喪失したことに大変動揺しました」。しかし、彼は見事に平静を保ち、「降参するしか方法が残されていないときは、潔く降参した方がいいのです」と述べた。

実際、彼ができた唯一のことといえば、できるだけ早く自分の仕事を出版することだった。彼は、限界効用が徐々に減少していくという理論を含んだ第1部が、他のすべての準備が整うまで待つ必要がないように、本を2部に分けて出版することにした。『純粋経済学要論』の第1巻は、ジェヴォンスの『経済学の理論』から3年後の1874年に出版された。そこには、経済全体（消費、生産、および交換）における一般化された限界理論が含まれていた。生産、資本・信用、関税・税金に関するさらなる理論を含んだ第2部は、その3年後に出版された。

ジェヴォンズもまた優先権を気にしていた。1879年、『経済学の理論』第2版の序文で、彼はワルラスの研究が重要であることを丁寧に、しかしほんの少しだけ見下すように主張した。彼の仕事が重要なのは、「他で発表されていたものを完成させ、証明しているからだけではなく、……その理論の原理に関する第3、第4の独立した発見を含んでいるからである。……４人以上の独立した著者が、……このように異なる方法で、経済科学の基本的な考え方について実質的に同じ見解に到達したという事実は、これらの見解におおよその確実性とまではいわないまでも、大きな蓋然性を与えるものである」と述べている。「独立した著者」とは、ジェヴォンズ自身のことだけでなく、次の章で見ていくように、画期的な仕事をした他の数名の無名の科学者たちのことも指している。また、序文の後半では、「これらの方針に基づいて完全なシステムを作り上げることは、時間と労力の問題であり、いつになるかわからないし、できるかどうかもわからないが、私はやってみるつもりである」とつけ加えている。この言葉はワルラスの心を特に傷めた。彼は、ジェヴォンズが自分の研究を故意に（そして不当に）無視していると感じた。彼はすでに完全なシステムを作り上げていたからだ。

しかし、残念なことに、ローザンヌ大学でのワルラスの収入は満足なものではなく、金銭的な問題はいつも彼の悩みの種だった。パリの Trivulzi, Hollander, and Cie 社の職を辞したとき、年俸は４０００フランからローザンヌの教授の通常の賃金である

3600フランに減額された。以前の給料では貯金ができなかったので、新しく赴任する前に大学に旅費の前払いを頼まなければならなかった。それでもローザンヌまでの家族の交通費が足りず、家族はしばらくフランスで待たなければならなかった。また、教授として著作物の出版や配布に多大な費用がかかり、さらに妻が重病にかかったことで、事態は悪化した。そして、1879年に彼女は45歳で亡くなった。ワルラスは収入を増やすために、授業を増やしたり、『*Gazette de Lausanne*（ローザンヌ新聞）』に記事を寄稿したり、保険会社であるLa Suisseのコンサルタントを務めたりした。1884年、ワルラスは再婚した。彼の2番目の妻は、50歳の経済的に余裕のある女性、レオニード・デジレー・マイリーだった。このことと実母からのそれなりの額の遺産により、経済的な心配はなくなった。しかし、精神的な負担は大きく、1892年、58歳のとき、ワルラスは早期退職した。イタリア人のヴィルフレド・パレートが後任になることを知っていたことも、この決断を容易にしたのかもしれない。

しかし、引退したからといって、ワルラスの科学に対する取り組みが終わったわけではなかった。それどころか、彼はますます精力的に仕事に打ち込んだ。1896年に

『*Études d'économie sociale*（社会経済学研究）』、1898年に『*Études d'économie politique appliquée*（政治経済学応用研究）』を発表した。1900年には、ワルラスの2番目の妻が亡くなった。その後、娘のマリー・アラインと一緒にスイスのモントルー近郊の小さな町クラランに移り住み、研究を続けた。1905年、彼はひらめきを得た。そのちょうど10年前に、アルフレッド・ノーベルがノーベル財団を設立していた。1901年に最初のノーベル賞が授与されたが、平和賞の最初の受賞者は、赤十字社の創設者やさまざまな平和主義者たちで、そのなかの何人かはスイス人だった。ワルラスは、自分がノーベル平和賞にふさわしいと判断したのである。さらなる世界平和のために経済学を活用してみたらどうだろうか？

ノーベル委員会の規約には、候補者が自分を推薦することはできないと明記されている。そこでワルラスは、自分の他にローザンヌ大学の同僚を3人選び、推薦状を書いてもらうことにした。その際、世界平和を実現するための彼の考えを正しく伝えるために、推薦状に添えるメモを彼自身で書いた。彼の主張は、税金や関税を廃止することで、国境を越えた自由な貿易が促進され、そうした自由な貿易が世界平和につながるというものであった。政府や国家は不動産の所有や賃貸を通してその活動資金を得る。

ああ、しかし、そうはならなかったのである。まず、1905年7月20日に郵送された推薦状が、推薦期限を過ぎて届いてしまった。そのため、彼の立候補は翌年に延期されなければならなかった。また、委員会に推薦状の評価を任されたアドバイザーは、生ぬるい推薦しかしてくれなかった。彼は数理経済学におけるワルラスの業績の重要性は確かに強調したが、世界平和促進のための提案にはほとんど目を向けなかったのである。これは、「その仕事は、科学的には興味深くても、ノーベル平和賞にはふさわしくない」というアドバイザーなりのメッセージだったのかもしれない。そうしてワルラスの推薦は、他の27人と同様に見送られ、1906年のノーベル平和賞はアメリカ大統領のセオドア・ルーズベルトに送られた。

ワルラスのキャリアの最後の見せ場は1909年6月にやって来た。そのとき、ローザンヌ大学がワルラスの50年にわたる科学の発展のための「利他的な仕事」を称えるために、50周年記念祭を開催したのだ。ワルラスは晩年、いつの日か二人の著作が出版されることを信じて、自分と父親の著作を整理し、修正していた。ワルラスは、1910

年１月５日、75歳で死去した。

時には、独立した二人の思想家が、同時に深い結果に行き着くことがある。イギリスのアイザック・ニュートンとドイツのゴットフリート・ヴィルヘルム・ライプニッツによる微積分学の発見や、チャールズ・ダーウィンとアルフレッド・ラッセル・ウォレスによる進化論の展開などがその例である。経済学では、１９７３年にフィッシャー・ブラックとマイロン・ショールズのチームとロバート・マートンのチームがオプション価格の公式を発展させた。しかし、３人の学者が、異なる国で仕事をし、異なる言語で執筆し、異なる聴衆を相手に講演をし、独立して、ほぼ同時に基本的な原理を発見することは、さらにまれなことである。マンチェスターのスタンリー・ジェヴォンズ、ローザンヌのレオン・ワルラス、そして３人目のヒーローであるウィーンのカール・メンガー（１８３ページ図４・３）が、数理経済学の力を発見し、経済的意思決定の根底にあるのは効用（特に限界効用）であることに気づいたのが、このようなケースだった。

メンガーは、ワルラスとジェヴォンズよりそれぞれ５歳と６歳若かった。ジェヴォンズの物腰が教授らしい退屈なもので、ワルラスの外見が控えめで礼儀正しい学者のものであったとすれば、メンガーは、ドイツ語圏の学者たちの普段の真面目な環境に刺激を与えるような、研ぎ澄まされたスタイルと自信に満ちた態度をもっていた。

彼の人生はごく平凡に始まった。1840年、小貴族の家に生まれたカール・メンガーは、オーストリア帝国のガリツィア地方(現在のポーランド南東部からウクライナ北西部)の領地で、3人兄弟の真ん中として育った。父は弁護士、母は裕福なボヘミア人商人の娘だった。彼は一家の領地で、1848年に廃止される前に農奴制(農奴制の廃止は、ワルラスがその結果に大変失望した革命による、数少ない成果の一つである)を目の当たりにした。メンガー・エドラー・フォン・ウォルフェンスグリュンという姓をもつ3兄弟は、皆ウィーン大学で法律を学んだ。カールはクラクフ大学で法学博士号を取得した後、ウィーンに戻り、1872年に大学で教えるための資格である**ハビリテーション**(大学教授資格)を取得した。彼の兄弟は二人とも有名になった。1歳年下のアントンは、社会正義に関心をもつ法学教授で、熱烈な社会主義者になり、2歳年上のマックスは、国会議員となり、中小企業や商人の代弁者として知られるようになった。

図4.3　カール・メンガー（1840～1921）（出典：ウィーン大学アーカイブ）

1863年、カールは博士号取得を目指す学生でありながら、レンベルク（リヴィウ、現ウクライナ領内）の行政紙である『*Amtliche Lemberger Zeitung*（レンベルク公式新聞）』でジャーナリストとして働き始めた。その後、オーストリア政府の官報であるウィーンの『*Wiener Zeitung*（ウィーン新聞）』でジャーナリストとしてのキャリアを積んだ。この定期刊行紙のスタッフとして、メンガーはオーストリア首相府の報道部門に所属する公務員となった。市場を分析してレポートを書くのが彼の仕事の一つだった。この経験は、彼の経済の理解に大きな影響を与えた。彼は話をした専門家や商人、そして彼らの情報提供者が、古典的な教科書に書かれていることとは別の要因により商品価格は変動すると考えていることに気づいたのだ。そこで、彼は研究し、考え、執筆し始めた。そして、1871年に彼の努力は実を結び、『国民経済学原理』(1871年、邦訳：1999年、日本経済評論社)を出版した。1873年には、33歳という比較的若い年齢でウィーン大学の経済理論学教授のポストに就任した。しかし、30~40人の学生が彼の講義を受けるために支払う授業料は、給料として全く十分ではなかったので、彼は公務員仕事を続けた。その2年後の1875年、ウィーン新聞を辞め、オーストリア・ハンガリー帝国の皇太子ルドルフの家庭教師という、これまでにない、困難だがやりがいのある新しい仕事に就いたのである。

ヨーロッパの王族の子弟は、公立の学校に通わなかったため、個人的に指導を受けなければならなかった。オーストリア皇帝でハンガリー王でもあったフランツ・ヨーゼフは、息子に、厳格でサディスティックですらあるレオポルド・グラーフ・ゴンドルクール将軍による軍事的教育を受けさせようとした。出生と同時に大佐に昇進した6歳の少年ルドルフは、毎日決まって朝からピストルの音で起こされ、冷たいシャワーを浴びせられ、土砂降りの雨のなかで何時間も軍事訓練をさせられ、夜は森のなかに一人で置き去りにされた。繊細で怖がりな少年だったルドルフは、この恐ろしい訓練によって心身ともに悪影響を受けた。さらに悪いことには、ルドルフの母であるエリザベート皇后（国民にはシシィの愛称で知られていた）は心身症を患っていたが、旅行をしたり、宮廷や息子との間に距離を保ったりすることで、それをコントロールしていた。

しかし、ある内部告発者から、少年が受けていた過酷な指導法を知らされた彼女は、はっきりと将軍の解雇と、ルドルフに彼の希望に沿った教育を与えることを要求した。力のある君主でさえも妻の最後通告には逆らえず、冷淡な将軍は解任された。ゴンドルクール将軍よりもかなりリベラルな考えをもち、実際の内部告発者であったジョゼフ・ラトゥール・フォン・トゥルムブルグ将軍が、その後ルドルフの教育を担当することになった。彼は何十人もの家庭教師を採用したが、そのなかには学術界で地位の高い人物も含まれていた。帝国自然史博物館の館長クリスチャン・ゴットリープ・フェルディナンド・リッター・フォン・ホッホシュテッター、ドイツ鳥学会会長オイゲン・フェルディナンド・フォン・ホーメイヤー、著名な動物学者アルフレッド・ブレム、そしてもちろんウィーン大学の政治経済学教授カール・メンガーなどである。

生徒と教師の関係から始まったこの関係は、少しずつ深い友情へと発展していった。メンガーは皇太子を指導し、彼の父の独裁的な統治方法とは反対の自由主義的な傾向を助長させていった。週に9時間から14時間の授業のなかで、教授は皇太子に、国民が自らの福祉に興味をもつことが健全な経済の基盤となるという原理を印象づけた。そのためには、国民が自らの意思に従って選択し、行動する自由が与えられなければならず、個人の利益による活動を国家が代替すべきではない、と。

1年間の勉強の後、19歳の王子と教授は、経済関係を理解するために、ヨーロッパ、北アフリカ、中東をめぐる教育の旅に出かけた。ルドルフは中東の旅について書いた本により、すぐにウィーン大学の博士号を取得したが、彼自身も認めているように、その本は旅行記のようなもので、学術性に乏しく、決して学位が得られるようなものではなかった。今や彼は、大佐であるだけでなく、博士でもあった。また、鳥類学に関する別の研究により、帝国科学アカデミーの名誉会員となった。このような学問を2年間続けた後、王子の保護者たちは、メンガー（および他の家庭教師）が学者ぶったルドルフに与える自由主義的な影響に耐えられなくなり、フランツ・ヨーゼフ皇帝はこの教育を中止した。家庭教師たちは解雇され、それ以降、ルドルフは鹿狩り、乗馬、犬の繁殖に明け暮れ、女性を追いかけてばかりいるようになった。

この不幸な若者は、自分のリベラルな傾向と、父の宮廷で行われる保守的な政治との間で葛藤していた。彼の恋愛も同様に苦しいものだった。彼が愛した唯一の女性は、美しく魅力的なポーランド系ユダヤ人の女性で、彼女とつき合うことは許されていなかった。ルドルフの母が「醜いラクダ」とまで呼んだベルギーのステファニー王女との結婚を余儀なくされた彼は、女好きになり、宮廷のさまざまな遊びに耽るようになった。そして、その終わりはすぐにやってきた。１８８９年1月のある夜、ニーダーエスターライヒ州のマイヤーリングにある狩猟用ロッジで休養中だった彼は、女男爵である17歳の愛人マリー・ヴェッツェラとともに寝室に戻った。翌朝、つき人が彼を起こしに来ても、返事はなかった。ルドルフの狩猟仲間と一緒にドアをこじ開けてみると、そこには女男爵と王子の息絶えた姿があった。ルドルフは愛人のこめかみを撃った後、自殺したのである。

この知らせがオーストリアの首都にいる両親のもとに届くまでにはしばらく時間がかかった。勅使が特別列車でウィーンに送られたが、その際、典礼により、ある侍女が呼び出された。なぜなら、皇后にこの悲報を伝えることができるのは彼女だけであり、また、皇后は皇帝にこの急な知らせを知らせることのできる唯一の人物でもあったからだ。興味深いことに、ウィーンの証券取引所は、皇帝夫妻よりも数時間早くルドルフの死を知っていた。マイヤーリングの鉄道駅の駅長が、同名の銀行のトップであるナサニエル・メイヤー・ロスチャイルドにそのニュースを電報で伝えたのだ。

ルドルフの死は歴史の流れを変えた。彼はフランツ・ヨーゼフ皇帝のひとり息子であったため、フランツ・ヨーゼフの弟であるカール・ルートヴィヒが次の継承者となった。しかし、カール・ルートヴィヒは息子フランツ・フェルディナンド（1914年に暗殺され、それが原因で第一次世界大戦が勃発したことで有名）のためにその権利を放棄した。フランツ・フェルディナンドは、ハプスブルク家が結婚を認めた家系ではない伯爵夫人と結婚したため、彼の子供たちは後継者から外された。１９１６年に皇帝シャルルとなったのは、フランツ・フェルディナンドの甥《おい》のカールだった。彼は、最後のオーストリア皇帝、最後のハンガリー王となり、ハプスブルク家最後の王族となった。

まだルドルフの経済・社会面での教育を担当していた当時、以前ジャーナリストをしていたメンガーは、ルドルフに新聞への投書の仕方を教えた。それからの数年間、皇太子は宮廷の陰謀に関する匿名のエッセイを『*Neue Wiener Tagblatt*（新ウィーン日報紙）』に数十回掲載したが、ほとんどが父の政治を批判するものだった。その新聞の編集者であるモーリッツ・ツェップスは親しい友人となったが、当時のオーストリアでは反ユダヤ主義が蔓延《まんえん》していたために、皇太子とユダヤ人編集者との親交は極秘にされなければならなかった。

最も注目すべき作品は、ルドルフとメンガーが共同で作成したと思われる「*Der österreichische Adel und sein constitutioneller Beruf: Mahnruf an die aristokratische Jugend*（オーストリアの貴族とその憲法上の使命：貴族階級の若者へのアピール）」と題したパンフレットだった。1878年に「あるオーストリア人」によって匿名で出版されたこのパンフレットは、貴族の息子たちが怠惰で無能であり、学校のカリキュラムを修了することができず、どんな有用な仕事もする気がないと非難した。若い貴族たちは、公務や議会活動に参加する気はなく、春は狩猟や乗馬、隣人訪問などに明け暮れ、夏はスイスやオーストリアの山間部や温泉で退屈のなか、ぶらぶらと時間を費やし、秋は舞踏会や夜会、演劇などの企画に捧げ、冬はそれらに参加していたのだ。

広範にわたる全くの無能力の例として、この匿名の出版物は、最近のオーストリア軍の対プロシア戦での不振の原因を、オーストリアの士官の地位にある貴族が、わざわざその地位を得る必要があったとしても、軍事ドクトリン(軍隊の作戦・戦闘における行動指針)や兵法を学ぶことによってではなく、騎士道や馬術に秀でていることにより、その地位に就いたことにあるとしている。ルドルフは、赤ん坊のときに大佐の地位を得たのだから、当然、自分の言っていることがわかっていた。この記事は、20歳の皇太子がすべて構成したのではなく、メンガーが手を貸したのではないかと推測される。

ここで、カール・メンガーの話に戻ろう。1867年に法学の学位を取得したメンガーは、さまざまな出版物に寄稿しながら[*3]、『国民経済学原理』の執筆に励んでいた。この本は、ジェヴォンズの『経済学の理論』と同じ年に、ワルラスの『純粋経済学要論』の3年前に出版された。

メンガーは、専門家が市場で取引する様子に感銘を受け、当時の経済学では経済行動の基礎を分析・探求することができないことを嘆いた。実務家がそれまでに発展した経済原理を捨てて、日常的に自分の直感や経験だけに頼っていたのは、決して軽薄や無能だったからではない。彼らが当時の最新の経済理論に興味がないと公言しているのは、経済理論から役立つ経験的知識を得ようとする試みがすべて不毛であったことに起因すると彼は書いている。

メンガーは第1章で、ある物体が商品として認識されるために必要な特性を論じてい

＊3　『Presse』『Botschafter』『Debatte』『Allgemeine』『Volkszeitung』『Wiener Tagblatt』（メンガーが創設）『ウィーン新聞』『Neue Wiener Zeitung』など。

る。商品と認識されるためには、次の四つの前提条件が満たされていなければならない。「1：人間のニーズが存在すること」「2：そのニーズを満たすことができる対象物であること」「3：その対象物が実際にそのニーズを満たすことを人々が認識していること」、そして最後に、「4：その対象物が自由に使えること」である。前提条件の2と3は、対象物がその所有者に有用性を与えなければならないと言っているに等しい。もちろん、例外もある。魔除けや怪しげな万能薬のように、想像上のニーズを満たすだけであったり、ニーズを満たすと思われているが実際は違うものだったりするなど、商品ではないのに商品であるかのように見えるものである。一方、著作権、特許、営業権、独占権など、無形の商品もある。

第2章では、商品と経済全体の関係について議論されている。人間が繁栄するためには、自分のニーズを予見し、それに応じて行動できなければならない。自然のなかに暮らすインディアンが数日先のことしか考えていないのに対し、遊牧民は数ヵ月先のニーズを予見し、それに合わせて準備するので、一歩進んでいるとメンガーは書いている。一方、最良の人間である文明人は、来るべき冬のためだけでなく、さらに先の未来に必要な物を予測し、何年か先までの準備をし、さらには子孫の人生までも計画する。人々がどのようにして将来のニーズを決定し、どのようにして各期間に必要な量を計算し、最も効率的な方法でニーズを満たすためにどのような活動を行うのかを彼は論じている。

メンガーがここでの主題である「物の効用」に目を向けるのは第3章である。彼は、いくつかのニーズはある物によって満たされるかもしれないと書いている。その物の価値を決定するためには、これらのニーズを重要度の高い順に並べる必要がある。そして、できるだけ多くのニーズを満たすように、自分が持っている物の量を利用して、最も重要なものから順にリストを当たっていく。メンガーはすべての必需品に穀物を必要とする農夫を例として挙げて、このことを説明した。農夫は最初の穀物の一群をパンを作るために使って、自分と家族の生活レベルを最低限生活できるレベル以上に維持する。次の一群は、健康を維持する目的で他の焼いた食べ物を作るために使われる。その後の一群は来年の収穫のための種として使う。穀物がまだ残っていれば、その農夫はそれを使ってビールやブランデーを作るだろう。そして、残った穀物はすべてペットの餌になるであろう。

さて、これらすべてのニーズを満たすのに十分な量の穀物がない場合、農夫はそれぞれのニーズに比例して食べる量や焼く量を減らすのではなく、むしろただペットに餌を与えるのをやめてしまうだろう。したがって、最後に満たされる欲求（この例ではビールを作る欲求）が穀物の価値を決定する。農夫が家族を飢えから守るのに必要な量の穀物をほとんど持っていないならば、穀物の価値は非常に高くなる。飼い犬に食べさせるのに十分な量の穀物があれば、それはあまり価値がない。

もちろん、この例はまさに限界効用逓減理論を表しており、ジェヴォンズと、その後にワルラスが同時に表したものである。ある物品や商品をより多く所有すればするほど、追加の一つに支払う金額は少なくなる。なぜなら、それはわずかな効用しかもたらさないからである。したがって、物の価値は、最後の限界単位の効用によって決まる。ある物が最大の効用をもたらすのは、生存を確実にするために利用される場合である。幸福のための手段を得る目的で利用される場合、効用はより少なくなり、贅沢を得るために利用される場合は最も少なくなる。もちろん、すべての単位は同一であるため、１

番目、２番目、３番目のユニットは存在しない。すなわち、利用できる量を考慮すると、すべての単位は同一の価値をもつ。つまり、生存を保証するのに十分な量しかない場合には最大になり、幸福を保証するのに十分な量がある場合にはより低くなり、贅沢をするために利用できるほど豊富な場合には最低になるということだ。

メンガーは、この農夫と穀物の話で、彼のVolkswirthschaftslehre（経済学）の、そして彼の教育の主要なテーマの一つを表現した。このテーマは彼にとって非常に重要なものだったため、彼はたった一つの例を示すだけでは満足しなかった。続くページで、彼は限界効用逓減の法則を何度も何度も、しかもとても詳細に繰り返し述べている。読者のなかには、この繰り返しに飽きてしまう人もいるかもしれないと彼は認めているが、自分の実証がより明確になるのであれば、その代償を払う価値があると主張している。そのため、岩だらけの島の水、遭難船のビスケット、アパートの居住空間、金、ダイヤモンドなどについて詳しく説明している。これらの事例を検討し終える頃には、限界効用逓減の法則はすべての読者に十分に明らかになっているはずだ。

興味深いことに、メンガーは全２８５ページの著書のなかで、方程式や数学記号を一つも使っていない。ジェヴォンズやワルラスとは対照的に、彼は伝統にしっかりと則り、物語や逸話を用いて理論を構築した。たとえば、ある物の最後の1単位を考えるとき、彼は単に「最後の1ポンドの穀物」や「最後の1バケツの水」と言った。彼は、必然的に微積分を使用することになるような、限界に微小な量を考慮することはなかった。弁護士として訓練を受けたメンガーは、明らかに数学には疎く、自身のような非数学者が理解できる概念に固執していたので、数学的に洗練されていないのは当然であった。ちなみに、一つのグラフや方程式を使えばより簡単に理解できることに、たくさんの例を挙げる必要があったのはこのような理由からである。[2]

とはいえ、メンガーの限界効用逓減の記述は、1870年代に発展していた数学的手法を用いたものと論理的に密接に関連しており、これが彼が限界効用論の創始者の一人とされる所以《ゆえん》である。ジェヴォンズが『経済学の理論』第2版のために「数学的経済学の著作」の書誌を編さんした際、議論の性質が数学的であるだけにもかかわらず、メンガーの『国民経済学原理』をリストに入れた。のちの経済学者が言うように、メンガーの著作は「数学的性質が記号や図で明示されていない」作品の一つである。モリエールの『町人貴族』の主人公が、自分がずっと散文を話していたことに気づかなかったのと同様に、メンガーも自分の限界効用逓減の法則が本質的に非常に数学的であることに気づかなかったのだ。

西に８００km離れたローザンヌで、レオン・ワルラスは１８８３年までメンガーの仕事を知らなかった。知らせてくれたのは、またしても勤勉で人脈の広いヨハン・ダルニス・ド・ブルイユだった。１８８３年６月22日付の手紙で、彼はワルラスに、ワルラスの研究をよく知っているウィーンの教授のことを伝えた。彼はその教授から、出版から12年経っていた非常に興味深い『国民経済学原理』という本をちょうど受け取り、その明快さ、論理性、説明のシンプルさに魅了されたと言った。ワルラスは常に自分の著作を広めることに熱心で、この機会を利用してメンガーに自分の出版物の一つを送ったが、メンガーは好意としてそのお返しに『国民経済学原理』を返信で送ってきた。添えられた手紙のなかで、メンガーはワルラスの研究を何年も続けていることを認めた後、経済学において数学的方法を使用することについての非難を始めた。彼は、数学的手法には同意できず、憤慨していた。数学的手法は、使えるとしても、研究ではなく、証明目的にしか使えない。せいぜい定量的な関係を発見するのに役立つ程度である。経済法則は、数学用語で表現したり、グラフで示したりすることができるかもしれない。したがって、数学は非常に有用ではあるが、研究の本質に近づくことはできず、政治経済学の補助的な学問以上のものではない。さらに傷口に塩を塗るように、メンガーは、このような研究を長年続けてきた多くの人々が、ワルラスの著作のどこにも引用されていないことを指摘し、やや見下したような態度で手紙を締めくくっている。

ワルラスはすぐに返信した。メンガーの手紙と本に感謝し、政治経済学の研究において、方法は違っても、二人とも「合理的」なアプローチをとっていると指摘した。そして、「知識は論理的な推論ではなく、感覚的な経験によってのみ得ることができる」という経験主義が支配的なドイツで、彼らのアプローチが受けている抵抗を克服するために、二人が手を組むことを提案した。数学についての発言について、ワルラスは両者の違いをそれほど重要視しなかった。というのも、一方の価格と他方のそれを決定する要因との間の関係は、メンガーが許容していた量的関係に他ならないからだと彼は書いている。さらに彼は、研究のための道具としての数学と、説明のための方法としての数学に違いはないと考えていた。彼自身、研究のために数学を使った後、説明のために数学を使ったのだ。実際、自分が扱った問題を明らかにできるのは、数学だけだと彼は書いている。つまり、彼は自分のことを、何が何でも数式を使おうとする数学者ではなく、厳密に証明されうる理論的な意見を得ようとする経済学者だと考えていた。数学の助けを借りたから成功したと彼は主張した。

メンガーはワルラスに対して、時に辛らつではあるが、敬意を込めた丁寧な口調で接したが、その裏には、皇太子ルドルフとの共著『オーストリアの貴族とその憲法上の使命：貴族階級の若者へのアピール』以来顕著だった、激しくて冷笑的な傾向が隠されていたのである。メンガーは、ベルリンのアカデミックな競争相手と同様に、論争を楽しんでいるようだった。

ワルラスがメンガーへの手紙で言及したドイツでの抵抗とは、単なるちょっとした学術的な意見の相違ではなかった。それは、ドイツにおける政治経済学の研究に長年にわたって影響を与えることになる大きな論争であった。当時、ドイツの学術界で最も優れた社会科学者であり、大指導者として君臨していたのは、いわゆる歴史学派の提唱者の一人であるグスタフ・フォン・シュモラーであった。普遍的に有効な経済法則は、第一原理や公理（限界効用逓減説など）から論理的に推測できるというメンガーの考え方は、その当時普及していた、シュモラーとその弟子たちが提唱した理論とは全く対照的なものだった。シュモラーらの考えは、時に**合成論**とも呼ばれたが、経済事象は歴史、地理、地域の伝統、心理およびその他の特有な要因が相互作用してもたらされるとした。経済行動はケースバイケースで精査されなければならないし、多くの類似した出来事を観察した後には、その類似性が真実を表しているとある程度の自信をもって推論することができ、そこから一般的な結論を導き出すことができる。[3]

この二つのアプローチの賛同者の間の論争（激しい侮辱の応酬と言った方が正確だが）は1883年にメンガーが『経済学の方法』（1883年、邦訳：2004年、日本経済評論社）を発表した後、本格的に始まった。これまでの学術論争ではめったに見られなかったこの激しい論争は、のちに方法論争（Methodenstreit）と呼ばれるようになる。メンガーの思想は、彼の本で述べられているように、経済学の基本となるメカニズムを理解するために抽象的・理論的に第一原理を分離した後、そこから派生する一般法則を定式化しなければならないというものであった。物理学者が第一次近似で摩擦を無視するのと同じように、経済行動にある程度影響を与える可能性のあるノイズ要因（取引コスト、臨時利益、価格バブル、または異常な出来事）は無視されるべきである。歴史的な証拠に基づいた結論は、たとえ統計的な証拠で立証されたとしても、否定されなければならない。

この論争は、単なる些細《ささい》な学術的な議論ではなく、その影響は非常に大きかった。一方、シュモラーの考えが正しく、経済法則が歴史に依存するとすれば、制度や政治の設計が経済の重要な調整手段となるだろう。一方、メンガーの考えが正しく、経済法則が第一（人間）原理に由来するとすれば、制度や規制は長期的には何の効果ももたらさないだろうし、私利私欲がすべての規制の努力に取って代わるだろう。革命でさえも何も違いは起こせないだろう。

『社会科学の方法の研究』の序文で、明らかに論争を楽しんでいたメンガーは、これから攻撃しようとしているドイツの科学者たちを、陰険ではあるが、十分に評価した。

彼は、自分の議論好きなスタイルが一部の人の感情を逆なですることは十分承知していたが、いわゆる歴史主義の支持者たちを揺さぶり彼らを自己満足から引きずり出すためには、それが不可欠だと信じていたと彼は書いている。何年にもわたって反省のない高圧的な態度を取り続け、同時に自分たちの理論に対する批判的な評価を無視してきた結果、政治経済学の手法に関する全く意味のない用語が出現してしまった。このような状況下で、彼は自分の議論好きなスタイルが正当化されると考えたのだ。

歴史学派がどんな反対意見も抑圧していたというメンガーの指摘は正しかった。ドイツ社会学の主唱者として認められていたシュモラーは、ポストを割り当て、教授職への任命を監視し、自分に疑念を持つ者を遠ざけておく権限をもっていた。それなのに、よりによってオーストリアから来た無名の人物が、彼の支配に挑戦してきたのだ。シュモラーはそれを許すわけにはいかなかった。シュモラーは、『*Zur Methodologie der Staats- und Sozial-Wissenschaften*（政治・社会科学の方法論）』と題した辛らつなレビューを発表することでそれに対応した。冒頭から、メンガーが反論で自分を攻撃したからといって、自分も引き下がったりはしないと公言した。案の定、そのレビューには

「学術的な問題」「抽象的な体系」「精神的な病」といった言葉が並んだ。

　シュモラーは、一般論の必要性を否定したわけではないが、旅行記や展示会のレポートや統計データのような記述的な説明は必要な前提条件であると主張した。そのような重要な要素を無視することは、科学的方法論の最も基本的な原則の判断を誤ることになるだろう。確かに、条件を正確に再現することはできないし、したがって一般的な理論を推論することはできないことを彼は認めた。しかし、数学的正確さを用いれば、人間のニーズや利己主義といった基本的な原理から社会科学に関する一般的な法則を導くことができるというのは甘い考えであり、他の世界の机上の空論を扱う学者に任せるのが一番だと彼は主張した。他のすべての動機を無視することは、現実を無視して架空の意思決定者で間に合わせることと同義である。確かに科学には抽象化が必要だが、人が科学的真理に到達するためには正しく抽象化しなければならず、メンガーがやったと主張するように夢想的なロビンソンネード[*4]や非現実的な幻影を追いかけてはいけない。シュ

＊4　主人公が無人島に一人取り残され、自分の知恵で生き残らなければならないようなフィクションのジャンルのこと。

モラーは、メンガーが反証のない仮説から出発し、最も複雑な現象がたった一つの要因で説明できると信じるのはうぬぼれたことだと述べている。メンガーは、世の中の多くの事象の理解につながる、心理学、言語学、法哲学、倫理学などの分野での進歩を知らなかったか、あるいは意識的に無視した。それどころか、経済学は自己中心的な利害関係のゲームとして理解できるという理解しがたい信念に固執していた。一方で、歴史学派の本質を理解するための「器官」が欠如しているだけなのかもしれない、と結論づけた。まさに、シュモラーは遠慮なくものを言う人であった。

批評の最後の方で、「この本について述べることはもうない」という見下げるような言葉の後に、彼は生ぬるい賞賛をした。メンガーは優れた弁証家であり、論理的思考の持ち主であり、並外れた学者だとシュモラーは認めていた。しかし、彼には総合的な哲学的、歴史学的訓練が不足しており、さまざまな視点から経験や考えを吸収するために必要な心の広さがなかった。「ドイツの経済学者の歴史学派を非難する内容の多くは正しいが、明らかに彼は改革者ではない」とシュモラーは述べている。メンガーは、経済学のほんの一角にしか精通しておらず、それがすべてであると考えていた。

それまでシュモラーは、学術論文らしくレビューの論調を辛らつではあるが控えめにしていた。しかし、今度はメンガーに対する嫌悪感が勝ってしまったのである。メンガーの考えに腹を立てているわけではないと彼は言った。結局のところ、それは学術的な議論を盛り上げたのだから。彼は、メンガーが自分と異なる意見をもつ人を学校の先生のように叱ったその口調に腹を立てたのだ。シュモラーのオーストリアの新参者に対する憤りは明白だった。

メンガーは、このような侮辱を甘んじて受けるつもりはなかった。１万８０００語の反論に着手し、シュモラーに利子をつけて返したのである。そのパンフレットの題名がすでにその論調を表していた。架空の友人に宛てた16通の手紙をまとめた『*Die Irrthümer des Historismus in der deutschen Nationalökonomie*（ドイツ政治経済における歴史主義の過ち）』（１８８４年）において、メンガーはシュモラーの哲学について長々と述べ立てた。この反論には、声のトーンを数オクターブ上げた以外には、あまり目新しいものはなかった。彼が選んだ独特の文体によって、メンガーは、シュモラーが提起した、あるいは提起できたかもしれない、あるいは提起したかもしれない反論に論駁《ろんばく》した。この尊敬に値するドイツ人教授の名前は139回も言及された。

では、彼はどのように言及されたのか？　メンガーは言葉を惜しまなかった。シュモラーの議論は、反省がなく、無知で、何の根拠もなく、悪口で満ちており、無責任で、理解できず、野蛮で、誤解・ゆがんだ説明・誤りに満ちていた。彼は混乱した考えや、困惑させるような概念に賛同しており、言葉は下品で見苦しく、嫌悪感と不条理が半分半分だった。彼は科学の最も単純な概念さえもわかりにくくし、見境なく手段を選択し、理解力を欠いていた。彼の知識は、歴史的・統計的資料を用いた原始的なものに限られており、彼は科学出版物を乱用し、偏った考えの党員のように振る舞い、政治的な争いの悪い癖を科学的な議論に持ち込んだ。

メンガーは、学術上の礼儀として、「著者より」と銘打たれた自分の小冊子のコピーをシュモラーに送った。メンガーは、影響力のある『*Jahrbuch für Gesetzgebung, Verwaltung und Volkswirthschaft im deutschen Reiche*（ドイツ帝国における立法・行政・政治経済の年鑑）』の編集者であるシュモラーが、自分の雑誌でこの小冊子をレビューすることを本当に望んでいたのだろうか？　シュモラーは望まなかった。それどころか、もっとひどいことをした。本を読まずに返送し、そのような仕事をするほど落ちぶれることはないという非常に失礼な手紙を添えたのである。さらに、それでは不十分だとでも言うかのように、ドイツの学者の議論では初の試みであったに違いないことを仕上げとして行った。彼はその拒絶をそのまま年鑑に掲載したのである。このレビューの絶妙に無礼な調子は、非常に激しい学術的な議論においてもまれであり、ここにその全文を翻訳して掲載する価値がある。

年鑑の編集部はこの本に関するレポートを載せることはできない。すでに次のようなコメントとともに著者に返却されているためだ。拝啓　私は貴殿の小冊子『ドイツ政治経済における歴史主義の過ち』を郵便で受け取った。この小冊子には「著者より」という手書きのメモがついており、これはつまり、この小冊子を送ってくれたあなたに個人的に感謝しなければならないということを意味している。この小冊子には主に私に対する攻撃が含まれていると、さまざまな情報源から聞いていたが、最初のページを一目見ただけでそれが確認できた。あなたが私に執着し、私を啓発しようとしてくれていることに感謝しているのと同じくらい、私はこのような言葉のやりとりに関する私の原則に忠実でありたいと思う。今からそれを明らかにするが、真似することをお勧めする。そうすれば自分の時間と怒りを節約できる。私はこのような個人攻撃を、特に私がその著者からさらなる進展を期待できない場合には、現物を見ずに、暖炉やゴミ箱に捨てる。このようにして、私は、争いを企てるドイツの一部の教授のように、このような確執を延々と続けて、世間を退屈させたくなるようなことはないだろう。しかし、あなたの手できれいに整えられた本を壊すような無礼なことはしたくない。そこで、感謝の気持ちを込めて、この本をお返しし、どこか他のところで活用していただくことにした。ところで、「敵が多ければ、栄光も多い」ということわざがあるように、さらなる攻撃はいつも歓迎するところである。

ジェヴォンズ、ワルラス、メンガーが経済学の議論に持ち込んだ最重要の新基軸は、意思決定者は総効用の最大化に努めるということであり、ダニエル・ベルヌーイが

150年前にすでに提案していたように、品物がその所有者にもたらす効用は、すでに所有している量が増加するにつれて減少する。現在、この現象を表す用語として使われているのが限界効用逓減である。メンガーの最も優秀な生徒の一人であったフリードリヒ・フォン・ヴィーザーが、ドイツ語で「限界での効用」あるいは「限界で」を意味する「Grenznutzen」と呼んだのが始まりだった。

メンガーは、シュモラーやその弟子たちが実践している政治経済学を何度も「ドイツ的」だと言った。それは、軽蔑的に、北の同業者たちの頭脳が、何も得るところのない古臭くて時代遅れのパラダイムにとらわれていることを示していると言いたかったのだ。これに対し、シュモラーは「オーストリア学派」という言葉を作った。この言葉により、田舎臭さや停滞した科学を見下すことを意図していた。メンガーの弟子たちは、立派なブランディングを行ってその意味を逆転させ、オーストリア的という言葉はすぐに際立って優れていることの印として受け止められるようになった。現在では、多くの人がオーストリア学派というラベルを名誉の証としている。

歴史的データは経済がどのように機能するかについて何ら指し示さず、したがって経済制度を設計したり、規制を設けたりすることには役に立たないというメンガーの信念は自由放任主義信奉者の心に訴えた。政府の干渉を全く受けることなく、効用を最大化することによって経済を形成するのは人々自身だという考え方は、自由主義者には魅力的に映る。そのような人たちには、アイン・ランドとして知られている作家のアリーサ・ジノヴィエヴナ・ローゼンバウムに始まり、経済学者のルートヴィヒ・フォン・ミーゼスやノーベル賞受賞者のフリードリヒ・ハイエク、そしてアメリカの元大統領候補のロン・ポールやアメリカの副大統領候補のポール・ライアンなどがいる。

第5章

忘れられた先駆者たち

スタンレー・ジェヴォンズとレオン・ワルラスが優先順位について議論することに熱中している間(方法論争にとらわれたカール・メンガーはこの問題にはそっぽを向いていたようだが)、突然、二人の新星が現れた。パリのジュール・デュピュイとケルンのヘルマン・ハインリヒ・ゴッセンである。そして、誰が誰に先行していたかという問題は、無意味なものとなった。[1]デュピュイは、1804年生まれのフランス人で、エコール・ポリテクニークで数学を、国立土木学校で工学を学んだ後、フランスの県の主任土木技師、パリ水道課の主任技師に就任した。彼は、シャンゼリゼ通りなどの道路や橋の設計のほか、パリの下水道の建設を監督したことで有名になった。

1846年にロワール川で起きた大洪水を目の当たりにしたデュピュイは、洪水対策に目を向けた。彼が経済学の分野で有名になったのは、1844年に『*Annales des Ponts et Chaussees*(土木年報)』で発表した論文である。『De la mesure de l'utilité des travaux publics(公共事業の有用性の測定について)』と題して、今日では**費用便益分析**と呼ばれる手法を工学の問題に導入した。彼はその過程で、現在では**資本予算**と呼ばれている財務的手法を用いて投資資金をどのように配分すべきか説明している。その際、30年後にメンガーがすることになるのと同じように、水の使用量を例に挙げている。しかし、メンガーとは異なり、デュピュイは下降する需要曲線から、限界効用逓減の法則を導き出した。彼はその考えを経済学の分野で最初に述べた人であるため、自分のやりたいように理論を展開することができた。

デュピュイはまず、需要曲線は下降すると述べた。「ある商品の価格が下がると、より多くの消費者がその商品を利用するようになり、さらに以前からいた消費者は、今度は前よりも多い量を消費する」。彼はこの条件の正当性を示す必要はないと考えた。数学を学んだ技術者から発せられた言葉としてはやや驚くべきものだが、彼は「これは統計的観察によってしばしば確認される実験的事実であるため、これ以上の証明は必要ない」と主張した。ここから彼は限界効用逓減の法則を導き出し、次のように説明した。毎日１ヘクトリットル[*]の水を配達する定額料金が年間50フランの場合、家を持っている人は１ヘクトリットルを注文するが、料金が30フランの場合は２ヘクトリットルを注文

＊　100リットル。

する。したがって、最初の1ヘクトリットルの水は、その価格で買うことに同意したので、少なくとも50フランの効用がある。追加の1ヘクトリットルの効用は50フランに満たないが(価格がそれだけ高かったらその人は買わなかったので)、効用は少なくとも30フランである(そうでなければ、価格が下がった後に水をもっと買ってもよいと思わなかっただろう)。デュピュイは、50フランや30フランの価格では、その家の人は自分が必要とする分の水しか買わない、と続けた。しかし、価格が20フランになると、毎日家の壁を洗うようになり、10フランになると庭に水を撒《ま》くようにもなり、5フランになると地面を掘ってプールを作り、それに水を溜めるようになり、1ヘクトリットルあたり1フランになると、プールに常に水が流れ込んでいるようにするために必要な量の水を買うだろう。これが限界効用逓減の原理である。

フランスの工学雑誌に掲載されたものの、デュピュイの研究はフランス国外ではあまり知られていなかった。その後、1847年に同僚が『土木年報』に寄稿し、その2年後にデュピュイが長い追加的な論説を掲載した。しかし、それ以外にはあまり興味を引かなかった。デュピュイの画期的な研究を認識していたのは、フランス語を話すワルラスだけだった。しかし、彼は、悔しいことにジェヴォンズの研究が自分の研究に先行していることを知った後、自分の考えがさらに他の思想家に予測されていたことを断固として認めたくなかった。だが、先人の仕事を軽視しようとして、彼は過ちを犯してしまった。自分がそのフランス人技師の影響を受けているという疑惑を払拭したいがために、１８７７年に不注意にもデュピュイの存在をジェヴォンズに警告してしまったのだ。誠実な科学者であるジェヴォンズは、すぐにデュピュイの研究を、彼が頻繁に手紙を交わしていた他の経済学者に知らせた。彼は『経済学の理論』第2版の序文で、ジェヴォンズはデュピュイの功績を次のように大いに讃えた。「効用理論を最も早く完全に理解した功績を認められるべきは、おそらくフランス人技師デュピュイであろう」。

このようにデュピュイの発見が明らかになったことは、その後の展開の序章にすぎなかった。限界効用逓減の理論は、工学的な問題に隠れてはいるものの、デュピュイの研究に暗黙のうちに示されていた。しかし、出版後に完全に無視されていたより大部の著作において、その理論は政治経済学の文脈ではっきりと示されていた。その著者のヘルマン・ハインリヒ・ゴッセンは、プロイセン人の徴税人の息子として1810年に生まれ、父の強い勧めで公務員になった。しかし、彼の関心は政治経済にあり、20代半ばから、人間の相互作用を支配するルールの研究に着手した。1854年には、『*Entwickelung der Gesetze des menschlichen Verkehrs, und der daraus fliessenden Regeln für menschliches Handeln*（人間の商業の法則およびその結果としての人間行動のルールの開発）』というタイトルの本を出版した。これはデュピュイの論文から10年後のことだが、ジェヴォンズ、ワルラス、メンガーの3人が画期的とされた著作を発表する20年前のことである。

ゴッセンは、謙虚さを重んじる人ではなかった。「コペルニクスが天体間の相互作用を説明するために成し遂げたことを、私は地球上の人々の相互作用を説明するために成し遂げられると信じている」と、彼は序文で述べた。「私の発見により、人々が人生の使命を最も充実した方法で達成するために従うべき道が絶対的な確信をもって示された」。本当に、ここには謙虚さのかけらもない。

ゴッセンは、この本を批判的に、しかし公平に読んでほしいという願いを表してこの序文を締めくくった。彼の研究は、その当時まで真実だと思われていた多くの間違った考えを覆すものだったので、公平に読んでほしいという願いは特に重要だった。彼自身、断腸の思いでその考えを捨てざるを得なかったと彼は書いている。その考えは、人々にとって大切なものとなっていたし、多くの人々がその考えの正しさに職業上の名声を賭けていたからなおさらだった。人々がその考えを今捨ててしまうと、ゴッセンと同じ場所（つまり、人生の最盛期に新しい職業を探さざるを得なくなること）にいることに彼らは気づくだろう。実のところ、彼は国の役人でいることが全く好きではなく、父の死後、公務員のキャリアを捨ててしまった。その後は、農家に雹《ひょう》の脅威や家畜の死に備える保険を販売することで生計を立てていた。

ゴッセンは、政治経済学の研究には数学が不可欠であるという確固たる信念をもっていた。実際、政治経済学が広く混乱しているのは、数学的処理がなされていないためだと確信していた。彼の研究には二つの重要な公理があった。一つ目は、人は一生の間に効用の総和を最大化しようと努力するというもので、彼はこれを「快楽」と呼んだ。二つ目は、ある特定の品物によってもたらされる追加の効用は、消費すればするほど減少し、最後には満足して追加の効用は得られなくなるというものだった。[2]

もちろん、この公理は限界効用逓減の法則に他ならず、ダニエル・ベルヌーイの時代から知られていたものだった。しかし、ゴッセンはこの原理を具体的に政治経済の分野に導入した最初の著者であり、この原理は現在ではしばしば「ゴッセンの第1法則」と呼ばれる。ゴッセンは、この法則を三つのなじみのない例で説明した後、より身近な例を紹介している。ある美術品の楽しみは、それについて考えれば考えるほど減っていき、ある問題について考えることは、それに夢中になればなるほど、どんどん退屈になり、ある発見を説明することは、最初はウキウキするが、やがて退屈な指導になり、最後にはつまらない仕事になる、と彼は書いた。そして彼は補足するかのように、パンや牛肉を食べるという、より一般的な例に目を向けた。

この第1法則を土台として、彼はさらに考えを深め、現在はしばしば「ゴッセンの第2法則」と呼ばれ、口語的には「お金から最大のインパクトを得ること」と表される経済学の基本原理を初めて導き出した人物となった。それは、ある人がいくつかの商品のなかからどれを買うかを決めるとき、自分のお金で最も多くの効用が得られるものを選ぶというものだ。量が追加されていくと効用は減少していくので、次に選ぶときは違う商品がより大きなインパクトを与えるかもしれず、その人はそのような商品を選ぶだろう。そして、その人は有り金を使い果たすまでこのような選択を続ける。その時点で、あと1ドル使えば得られる追加の効用は、その人がどの商品にお金を使うかにかかわらず、全く同じになる。

ゴッセンは、宇宙を維持する自然法則だけでなく、人間の相互関係を規制する効用逓減の法則をも創造した神の知恵の前に、畏敬の念を抱いていた。神は、人間に自由意志を与えたけれども、無限の知恵をもって、公共の利益を得るために邪魔になりそうな障害物（すなわち、人間の利己主義）を共同体の幸福を妨げるのではなく、最大化するように配置したのだ。

これは画期的な発見であり、序文でコペルニクスに言及していることからもわかるように、ゴッセンはこのことを十分認識していた。しかし、この本には問題があった。グラフや数式がふんだんに盛り込まれていたが、肝心の要素が欠けていたのである。章もなく、キャプションもなく、一つの見出しもなかったのだ。この本は、全278ページを一度に最初から最後まで読まなければならない、一つの長い議論であった。しかも、本来ならば物事を明確にするはずの数学までもが、時に邪魔になっていた。といっても、使われている数学は簡単なものだった。微積分や微分方程式のような大層なものではなく、たまに最大値や最小値を求める以外は、四則演算だけである。ただ、それが何ページも何ページも続くのである。さらに悪いことに、基本的な計算すらも嫌いな読者の助けになるように作られた数値例の表は、果てしなく続くものであった。

文章も長ったらしく、全くシンプルではなかった。70語、80語にわたる文も多く、最も熱心な読者でさえも敬遠してしまうのに十分だった。ゴッセンは出版社を見つけられず、1854年にこの本を自費出版した。しかし、この本には買い手も読者もほとんどつかなかった。1858年、ゴッセンはこの本の流通を止め、残った本を破棄した。失意のどん底にあったゴッセンは、翌年、結核のため47歳で亡くなった。

忘れ去られていたゴッセンの仕事がそれにふさわしい評価を得るまでには、さらに20

年を要した。ジェヴォンズとワルラスが優先権について議論し、ワルラスがジェヴォンズに譲歩している間に、もしかしたら自分たちの知らないところで、他の人たちも同じ考えを思いついているのではないかという考えに至った。そのような事実を示すものを最初に発見したのは、マンチェスターのジェヴォンズの同僚、ロバート・アダムソン教授だった。ただし、彼が見つけたのは、ある本に記載された、ゴッセンの研究に関する言及だけであった。彼はそれを探していると広告を出したが、長い間、希少本となっていたゴッセンの本を手に入れることはできなかった。１８７８年にドイツの書店のカタログにその本に関する情報が掲載されて、ようやく彼はその本を注文することができた。

ドイツ語に不慣れで、アダムソンの説明と訳読に頼らざるを得なかったジェヴォンズが、ワルラスに対する自分の優位性が一瞬の勝利にすぎなかったことを再認識するのに時間はかからなかった。『政治経済の理論』第2版の序文で、「経済学の理論の一般的な原理と方法に関して、私を完全に先取りしている」とジェヴォンズは認めている。彼はその被害を最小限に食い止めようとして、ゴッセンは、経済学における関数が完全に線形であることはまれであるが、単純化のために人の効用が線形に減少すると仮定したことを指摘した。他にもいくつか欠点とされるものを挙げた後、ゴッセンに触発されたのではないかという疑念を払拭するために、かなり長く次のように述べた。「私は、1878年8月以前にゴッセンの本を見たこともないし、その存在を少しも聞いたこともない……ということを、はっきりと述べたいと思う[3]」。自分の指摘を補強するために、彼は自分と同様にゴッセンを知らなかった人を何人か引用した――1865年に大英博物館の図書館にゴッセンの本が所蔵されていたことを脚注で示したけれども。しかし「1862年に私の理論の概略が初めて発表されたときから、私はしばしば、それが斬新かつ重要な理論であると考えて喜んできた」と、彼は物思いに沈んで結論づけなければならなかった。「今、この序文で述べたことから、この理論の主要な特徴にはもはや新規性がないことは明らかである。多くは明らかにデュピュイによるものであり、残りに関しては大部分がゴッセンによる功績である」。

ワルラスはこの問題を難なく乗り越えた。ジェヴォンズ、メンガー、そしてデュピュイに先を越されたのを知っていた彼にとって、別の先駆者を発見したことは大きなショックではなかった。それどころか、科学的に間違っていると思ったことを自分から正そうとしたのである。また、ジェヴォンズの発見によって非常に苦しめられたことから、そのジェヴォンズ自身が、予想外の先駆者に少なくとも先を越されていたことに、かすかな満足感を覚えていたのかもしれない。

ワルラスは調査を行い、ゴッセンの唯一の親戚と思われる、ボン大学の数学教授であるヘルマン・コルタムという名の甥《おい》を見つけた。コルタムはこのプロイセン国家の課税評価官の生涯について詳細な情報を提供し、ワルラスは１８８５年に『*Journal des économistes*（エコノミスト誌）』にこの忘れられた思想家への賛辞を25ページにわたって掲載した。コルタムはワルラスに宛てた手紙のなかで、以下のように、おじの著書が発見されなかったことは驚きではないと述べた。「この国では、オイラーからリーマン、ワイエルストラスに至るまで、優れた数学者が何人もいたにもかかわらず、天文学者、物理学者、および少数の技術者を除けば、専門家の間に数学的な文化が定着することはなく、今日でも方程式を目にするとあなたの同業者の大半が逃げ出してしまうような国ですから、このように日の目を見なかったことは驚きではありませんでした[4]」。

メンガーは、ゴッセンの仕事に関するこの知らせをどう受け止めたのだろうか？ 彼はそのことに全く気づいていないようだった。彼はシュモラーとの目先の方法論争にとらわれていて、過去の他の出来事は知らないままだったのだ。しかし、偉大なるシュモラー自身は、ゴッセンが意思決定の基礎として効用を主張したことに嫌悪感を抱き、彼は「独創的な愚か者」であり、その本がさまざまな悪影響をもたらしたとして一蹴した。歴史学派の第一人者であり、メンガーからも嫌われていた人物からの不当な批判は、かえって称賛と受け取ってよいのかもしれない。[5]

第6章

自分の信念に賭ける

限界効用逓減理論を「数学的」と呼ぶにふさわしい設定で取り上げた最初の人物の一人が、ケンブリッジの哲学者・数学者のフランク・ラムゼイである（図6・1）。ラムゼイは、そのあまりにも短い生涯（27歳に満たずに亡くなった）のなかで、彼の専門分野だけでなく、経済学の分野でも、何人もの学者のキャリアに相当するほどの貢献をした。ラムゼイは1903年、数学や物理学の教科書を執筆し、のちにケンブリッジ大学マグダレン・カレッジの学長となったごく普通の大学教師の長男として生まれた。オックスフォード大学の卒業生だった母親は、熱烈なフェミニストで、フランクの人生における支柱だった。一家にはさらに二人の娘と一人の息子がいた。後者のマイケル・ラムゼイはのちにカンタベリー大司教になるが、兄弟のなかで唯一キリスト教徒であり続けた。妹の一人は医学博士に、もう一人は経済学の講師になった。

ラムゼイは若い頃から気概を示した。ケンブリッジ大学トリニティ・カレッジに全額奨学金で入学し、20歳でシニア・ラングラー（数学の成績が大学でトップの生徒）として卒業した。しかし、彼はそれよりも前に、並外れた偉業で名を馳《は》せた。18歳の学部生の頃、彼はほとんど独学でドイツ語を勉強し、20世紀初頭の最も重要な哲学論文の一つ

図6.1　フランク・プランプトン・ラムゼイ（1903〜1930）（出典：パトリック・L・ガレゴス画（2017年）、ウィキメディア・コモンズ）

であり、難解で有名なルートヴィヒ・ウィトゲンシュタインの『論理哲学論考』（１９２１年、邦訳：２００３年、岩波文庫）をドイツ語から英語に翻訳した（ウィトゲンシュタインは、オーストリアのとても裕福な家庭の末っ子で、１９１１年に哲学者のバートランド・ラッセルに師事するためにケンブリッジに来た。彼は『論理哲学論考』の初版を、勇猛果敢な将校として活躍した第一次世界大戦の最中、戦場の塹壕《ざんごう》のなかや、のちにイタリアの捕虜になっている間にも書いた。１９２３年の秋、ラムゼイはオーストリアに渡って2週間滞在したり、当時プフベルク村で学童を教えていたウィトゲンシュタイン本人と『論理哲学論考』について議論を交わした)。

その1年後、ラムゼイはフェミニストで産児制限の活動家であるマーガレット・パイクと恋に落ちた。少なくともラムゼイにとっては残念なことに、マーガレットは既婚者だった。彼女は、ジャーナリストで発明家の男の妻であった(夫の発明は型破りでしばしば実現不可能だったので、今日であれば「オタク」や「メカマニア」と形容されるだろう)。しかし、ラムゼイはそれで落胆することはなかった。彼は、年齢の割にはかなり知的でありながら、心は少年のままだった。あるとき、彼女と湖畔を散歩した後、休憩しているとき(彼女は本を読んでいて、彼は本を読むふりをしていた)、ラムゼイは「マーガレット、僕とやってくれないか?」と、確実に哲学的でない質問を投げかけた。彼女は同意する気はなかったようで、「一度したら何か変わると思う?」と答えた。彼女の無関心さは、適切ではあったが、彼の心にはいつになく冷淡な印象を与えたに違いない。

10歳年上の既婚女性への愛は報われることはなかったため、彼は20世紀初頭の知識人の間で流行していたものに傾倒していった——精神分析である。彼は再びオーストリアを訪れ、今回はジークムント・フロイトの最初の弟子の一人であるテオドール・ライクという心理学者のもとで分析を受けた。手の届かない年上の女性への欲望は、フランクが敬愛し、４年後に交通事故で亡くなることとなる母との関係を物語っていたのではないかと推測される。

不運な恋から立ち直ったラムゼイは、ケンブリッジに戻った。著名な経済学者であるジョン・メイナード・ケインズの尽力により、１９２４年にキングス・カレッジのフェローに選ばれ、２年後には数学の講師となった。同時に、心理学の学生であり、のちに著名な肖像写真家となるレティス・ベイカーと交際した。その時代の習慣に従い、あるいは自分たちの罪を隠すために、二人はこの交際を秘密にすることを余儀なくされた。彼の母親やキングス・カレッジのフェローに見つかるのを恐れて、二人はトリニティ・カレッジのレティスの部屋でこそこそと密会していた。

ラムゼイの不安は十分根拠のあるものだった。ケインズはラムゼイに、以前のマーガレットとの不倫でさえもフェロー選出の障害になる可能性があると伝えていたのだ[1]。結局、ラムゼイの母親が彼とレティスの関係に気づき、それがこの若いカップルの結婚の決断を急がせることとなった。しかし、彼らの結婚は伝統的なものではなかった。二人の間では、他の人との恋愛を自由にしてもよいという合意があり、二人はその自由を利用したのだ。ラムゼイは、この合意が他の女性に対する秘めた思いをレティスに報告しなければならないことを意味すると理解していた。結婚式から2年後、ラムゼイはレティスの友人で、マーガレットと同じく10歳近く年上の社会改革者、エリザベス・デンビーと恋に落ちた。

ラムゼイは、人から批判されることよりも人を批判する方が得意だった。一度、ラムゼイがエリザベスとフランスでクリスマス休暇を過ごしているときに、レティスがアイルランド人の作家と仲良くなり、習慣としてラムゼイにその交際のことを伝えたことがある。彼は激怒した。彼は愛人とのちょっとした上質な時間を過ごしていたとはいえ、妻との平穏な生活を再開することを常に楽しみにしていたのに、彼女はそれを台無しにしたのだ。傷ついたとして同情を期待した彼は、「エリザベスをあきらめると決断した。彼女がどれほど私にとって大切か君は知っているだろう」ともの悲しげに嘆いた。やや時間がかかったものの、「このような一妻多夫に耐えられないので、一夫一婦に戻りたい」という結論に彼は達した。実際、彼の願いはすぐに叶った。レティスとアイルランド人との情事は、数週間後に終わりを告げたからだ。彼女がどれほどみじめに感じていたかを彼に伝えたとき、彼は歓喜と安堵を隠そうとはしなかった。彼女は皮肉を込めて答えた。「私が不幸であることが、あなたの助けになっているみたいね……もっとあなたを励ましてあげられるわ。私は今でもとても暗い気持ちで憂うつなんだから」。

ウィトゲンシュタインは、１９２９年にケインズとラムゼイに誘われてケンブリッジにやって来た。有名であったとはいえ、このオーストリアの哲学者はまだ学位をもっていなかったので、教壇に立つためには論文を提出する必要があった。ラムゼイはまだ26歳で、教養学士号しかもっていなかったが、40歳の友人の名目上の博士論文の指導者となった。それは、二人の関係に厳しい試練が訪れた後のことだった。会話のなかで、ウィトゲンシュタインが「フロイトは非常に賢いが、道徳的に欠落している」という意見を述べて以来、二人は長い間お互いに口をきかなくなっていたのだ。ウィトゲンシュタインが最終的に提出した論文は、『論理哲学論考』であった。この論文は最初、序文も脚注もなかったため、学士号を授与するには不十分だと考えられていた。その学位審査の審査員にはバートランド・ラッセルがいた。

翌年、ラムゼイは重篤な病気にかかった。ラムゼイは黄疸《おうだん》*1を発症したが、当初は胆のうの閉塞が原因だと考えられていた。しかし、ロンドンの病院で行われた手術は失敗に終わり、彼は自分でも気づかないうちに肝臓と腎臓の病気を患っていたことが判明した。手術の数日後、レティスと二人の娘を残して彼は亡くなった。彼がもっと長生きしていたら、経済学はともかく、哲学や数学はどのように発展していたのだろうか？我々は想像することしかできない。

ラムゼイがキングス・カレッジで師事したジョン・メイナード・ケインズは、20世紀で最も影響力のある経済学者となる運命にあった。ケインズは、公務員として、また第一次世界大戦後のベルサイユ講和会議でイギリス代表として活躍した。１９２６年、23歳のラムゼイは、５年前に出版されたケインズの『確率論』に異議を唱えた論文『Truth and Probability（真理と確率）』でケインズの目に留まった。ラムゼイは、確実な結論を導くなじみのある演繹《えんえき》論理を、部分的な結論を導く帰納論理に拡張した。そうすることで、確率論を、物理学者や統計学者のように頻度やすべての結果に対する最も起こりそうな結果の割合としてではなく、17世紀のドイツの偉人ゴットフリート・ヴィルヘルム・ライプニッツの精神に基づいて、論理学の一分野、すなわち「部分的な信念とはっきりしない議論の論理」として定義した。

ラムゼイはこの論文の後、ケインズの勧めもあって、優れた頭脳を経済学に向けるようになった。しかし、彼のような才能ある哲学者にとって、それは単なる気晴らしにすぎなかった。ラムゼイが経済学の分野で発表した論文は2本だけである。1927年3月の『A Contribution to the Theory of Taxation（課税理論への貢献）』、および1928年12月の『A Mathematical Theory of Saving（貯蓄の数学的理論）』である。ケインズは、自身の『*Economic Journal*（経済ジャーナル）』にその二つの論文を掲載したが、

＊1　皮膚や白眼が黄色くなる病気。

賛辞を惜しまなかった。ラムゼイへの追悼文には、「後者(「貯蓄の数学的理論」のこと)は、これまでになされた数理経済学への最も優れた貢献の一つであると思う」と書かれている。確かにこの論文は最高レベルのものだったが、この褒め言葉はやや言いすぎである。いずれにせよ、この論文は、経済学の分野では、本当に数学的という名にふさわしい最初の論文の一つだった。だから、「今までで最も優れた貢献」というのは、どうもトートロジーに聞こえてしまう。しかしながら、この論文の画期的な重要性が理解されるまでには1970年代まで半世紀を要したとはいえ、ケインズの総評は正しかったのだ。[*2]

とはいうものの、ここで我々が興味をもっているのは『真理と確率』の方である。残念ながら、ラムゼイの文体はやや複雑で、少し尊大なところがあった。たとえば、ケインズの確率の解釈に言及するとき、彼は次のように自分の意見の相違を表現している。「私がすでに述べたことは、(ケインズの理論は)異なる観点からこの問題を扱おうとする試みを無駄にできるほど完全であるとは言いがたいことを示すのに十分であると思っている」。

確率が信念の度合い（すなわち、ある結果に対してどれだけ確信があるかの度合い）であるならば、それはどのようにして測定できるのだろうか？　ラムゼイは「確率を測定するだけでは十分ではない」と述べた。「自分の信念を確率に正しく割り当てるためには、自分の信念を測ることができなければならない」。確信や自信は人の主観的な印象に起因するものなので、心理学的なアプローチを取らなければならず、また、信念の度合いは心理学的に測定されなければならない。しかし、どうやって？　いくつかの基準となる数値には同意することができる。ある結果を完全に確信していることは1・0、その反対の結果を完全に確信していることは0、その命題とその逆を等しく信じることは$\frac{1}{2}$と表される。しかし、$\frac{2}{3}$の信念とはどのような意味をもつのか？　ある結果が起こる信念が、起こらないという信念の強さの2倍あるということだろうか？

＊2　この論文の成果は、現在でもマクロ経済動学の基本的なモデルとして使われているラムゼイ＝キャス＝クープマンスモデルとして結実している。

順序尺度(どちらの信念の方が大きいかをシンプルに示すもの)では確実に対応できない。順序尺度とは、19世紀初頭にドイツの鉱物学者フリードリヒ・モースが物質の硬度を表すために考案した尺度のようなものであり、どの物質が他の物質に傷をつけることができるかを十分に示すことができる。順序尺度とは、その名の通り順序を示すもので、ここでは硬度がだんだん高くなっていくように物質を並べる。モースは単純に硬いものほど大きい数字をつけ、柔らかい鉱物であるタルクには1・0、当時最も硬いとされていたダイヤモンドには10・0という値を任意に与えた。

しかし、彼の順序尺度には重大な欠点があった。硬度が高くなるように物質を並べることはできても、石英の硬度(7)に方解石の硬度(3)を加えたものがダイヤモンドの硬度であるとか、石膏《せっこう》の硬度(3)がタルクの硬度の3倍であるとかということはできないのだ。ラムゼイが求めたのは、長さや重さを測るように、信念を基数的に測る方法だった。基数尺度では、数字が大きいほど長さが長く、重さが重くなるだけでなく、その物体がどれだけ長く、どれだけ重いのかも明確に表す。順序尺度と基数尺度の違いは、基数尺度は足したり引いたりできるという点にある。

そして、これがラムゼイの求めていたものだった。彼が求めたのは、足し算と引き算ができる測定プロセスだった。彼の究極の目的である、確率の測定の代用として彼が最初に考えたのは、感情の強さを評価することだった。ある結果が起こると強く感じれば感じるほど、その確率は高くなる。しかし、ラムゼイは加算できるかをチェックする前に、この選択肢を却下した。人は自分の感情の強さを数字で表すことはできない。結局のところ、「私たちが最も強くもっている信念でさえ、実際には全く何の感情も伴わないことが多い。つまり、自分が当然だと思っていることに関して強い感情をもつ人は誰もいないのだ」。

ラムゼイは、人の信念の強さを測るためには、それに基づいて行動する準備がどの程度できているかを測ればよいと結論づけた。「信念の強さについて判断するということは、仮定の状況においてどのように行動すべきかということだ」。その強さを評価するために、ラムゼイはダニエル・ベルヌーイの戦略を採用した。「人の信念を測る昔ながらの方法は、賭けを提案して、その人が受け入れる最低オッズを確認することだ」。これらの方法にも欠点があり、ラムゼイはそのうちの二つを挙げている。まずは、お金の限界効用は減少することである（その当時には、この現象は「誰もが認めるところ」になっていたため、彼はこのことをさらっと述べるにとどまっている）。そのため、潜在的な利益や損失が非常に大きく、ギャンブラーの富が急激に増減するような場合には、測定値がゆがめられる可能性がある。また、賭けてもよいと思っている金額によっては、ある結果に対する信念は、お金がないときよりもあるときの方が強いという誤った結論になることもある。

彼が挙げる二つ目の欠点は、特別熱心に賭けをする人もいれば、賭けをするのをためらう人もいるということだ。驚くべきことに、ラムゼイはここでやや超然としている。前の段落でラムゼイがお金の限界効用の逓減を引き合いに出したことを述べたが、第1章で見たように、これはリスクを嫌うことを伴うため、彼の述べたことは単なる余談以上の価値がある（実際、余談以上のものを要求する）。したがって、理論的には、賭けに消極的であることは限界効用の逓減と同義であり、一方、賭けに熱心であることは矛盾として排除されるべきである。ラムゼイは、人間の心理（すなわち、ギャンブルに伴う興奮に対する喜びや嫌悪感）の観点からの説明を提案している。のちの第8章では、リスク回避と、同時に起こる賭けへの熱望という二項対立についてじっくりと考えることにする。

ラムゼイは、先にあげた二つの弱点を避けるために代替案を提示し、詳しい例を挙げてそれを説明した。「私は十字路にいて道がわからないが、どちらかの道が正しいと思っている。したがって、正しいと思う道を行き、誰かに道を尋ねるために注意して見ておくことにする。さて、野原の半マイル先の向こうに誰かを見つけた場合、彼に道を尋ねるために道をそれるかどうかは、わざわざ道を外れて野原を横切ることと、今進んでいる間違った道（間違っているとすれば）を進み続けることのどちらが相対的に不便かによる。しかし、それは自分が正しいとどのくらい自信があるかにも左右され、自信があればあるほど、自分の意見を確認するために道から離れてもよいと思う距離は短くなるはずだ。そこで私は、自分の意見の自信を測る尺度として、道を尋ねるために行く覚悟のある距離を使うことを提案する[2]」。つまり、自分の信念（すなわち、自分が正しい確率）の尺度は、それを確かめるために差し出すことを惜しまない努力ということだ。

ラムゼイの例では、信念の度合い（選んだ道が正しいという確率）をマイルの分数で測っている。

ラムゼイによれば、確率の法則とは、形式論理を部分的信念理論に拡張したものである。そのため、人の信念の度合い（確率を測定する代わりのもの）は、少なくとも理論的には論理的に矛盾のないものでなければならない。結局のところ、測定システムに矛盾があれば、それは役に立たない。当然のことながら、これは信念の強さを測る場合にも同様に当てはまるはずである。たとえば、「明日は晴れになる」という信念が「明日は曇りになる」よりも強く、「明日は曇りになる」という信念が「明日は雨になる」よりも強ければ、「明日は晴れになる」という信念は「明日は雨になる」よりも強いはずだ。ラムゼイは、測定値の整合性を保つために必要ないくつかの定義と公理を明示し、そこから彼が基本的と考える、信念の四つの法則を導き出している。

第1の法則は、ある事象に対する信念とその逆の信念は足して1（すなわち、100%）にならなければならないというものだ。[3] たとえば、「明日は雨が降る」という信念と「明日は雨が降らない」という信念を足すと、すべての可能性を使い果たすため、この式は1になる。第2の法則は次のように説明できる。「雨が降ったらニックス[*3]は明日の試合に勝つ」という信念と、「雨が降ったらニックスは負ける」という信念を足したら、同様に１００％にならなければならない。第３の法則はもう少し難解だ。「私は１２０歳まで生きて億万長者として死ぬ」という信念は、「私は１２０歳まで生きる」という信念に、「１２０歳まで生きた場合、私は億万長者になって死ぬ」という信念を掛け合わせたものに等しい。最後の法則である第４の法則は、次のように説明できる。「私は１２０歳まで生きて、億万長者として死ぬ」という信念と、「私は１２０歳まで生きるが、億万長者の富は所持していない」という信念を足すと、億万長者の富の有無にかかわらず「私は１２０歳まで生きる」という信念に等しくなる。[4]

　自分の信念が首尾一貫していないために法則に従わない人は誰でも、ずる賢い賭け屋によってだまされやすくなる。たとえば、第４の法則が破られた場合、抜け目のない賭け屋は、世間知らずのギャンブラーを利用することも可能だ。証明のための例を挙げると、たとえば、いくつかのサッカークラブの間で争われるトーナメントの勝者に賭けて

＊３　ニューヨーク・ニックス。ニューヨークに本拠を置くＮＢＡのバスケットボールチーム。

もよいというギャンブラーがいたとする。グラスホッパークラブが勝てば、彼は50ドルを受け取る。また、彼はバタフライズクラブに賭けることもでき、そのチームが勝てば50ドルを受け取る。ギャンブラーの信念は、二つの単一な賭けのそれぞれに5ドルを支払うことをいとわない程度だと仮定する。三つ目の賭けもある。グラスホッパーズとバタフライズのどちらかが勝った場合に50ドルが支払われる複合式の賭けである。このギャンブラーは、複合式の賭けに対する自分の信念を12ドルと評価している。ここで賭け屋は、複合式の賭けを12ドルで販売し、二つの単一の賭けをそれぞれ5ドルで購入しうる(合計10ドル)。そして、残った2ドルをすぐにポケットに入れる。もしグラスホッパーズが勝てば、ギャンブラーは単一の賭けの一つに負けたために賭け屋に50ドルを支払うが、複合式の賭けに勝ったために賭け屋から50ドルを受け取る。バタフライズが勝った場合、もう一方の単一の賭けに負けたので50ドルを支払うが、複合式の賭けに勝ったので50ドルを手に入れる。他のチームが勝った場合、お金のやり取りはない。すべてのケースで、利益と損失(もしあれば)はとんとんになる。しかし、賢い賭け屋は2ドルの利益をキープすることができるが、何も知らないギャンブラーは、第4の法則に違反したため、確実に負けることになる。[5]

ラムゼイは、この法則は非常に基本的なものであり、「もしある人の精神状態がこの法則に違反していたら、その人の選択は、選択肢が提示されるまさにその形式に依存することになり、それは不条理なことだ」と述べている。さて、これは不条理かもしれないが、残念ながら非常によくあることなのだ。実際、質問の仕方、あるいは選択肢の提示の仕方によって、人々がどのように答え、判断し、行動するかが決まることがよくある。信念の度合いを原則的に支配する法則は、ラムゼイが思っていたよりもずっと頻繁に破られている。このような逸脱については、本書の第3部で取り上げる。

ラムゼイの論文により、限界効用の逓減に代表されるように、人間は主観的な金銭観をもつだけでなく、人の信念の強さで表されるように、確率を主観的に評価するということが理解されるようになった。そして、ラムゼイによると、その人の信念の強さは、その信念に基づいて行動してもよいとその人がどの程度思うかによって表される。

しかし、確率の本質をめぐっては、さまざまな解釈があり、混乱が続いていた。その騒動が落ち着くまでには、さらに数年を要した。１９３０年代初頭、ロシアの数学者アンドレイ・コルモゴロフが、ラムゼイのような主観的なものではなく、数学的に厳密で客観的な確率論を展開した。コルモゴロフは、1933年に出版した『*Foundations of the Theory of Probability*（確率論の基礎）』（邦訳：2004年、岩波書店）のなかで、確率を測るための三つの公理を規定した。すなわち、非負性（確率は常にゼロ以上である）、標準化（必ず何かが起こる）、有限加法性（重なりのない複数の事象の一つが起こる確率は、個々の確率を合計することで求められる）である。[6]

コルモゴロフの理論は、感情を排除したドライなものだった。しかし、人間はそのような理想（たとえそれが理想だとしても）には従わないのである。フランク・ラムゼイは、心理学が確率の研究に影響を及ぼすようになると認識していた。しかし、ラムゼイでさえ、人間はそのもろさゆえに、合理的でなければならず、また、個人の信念は一貫していなければならないと規定している。実際にはそうではないということが、この本の第3部のテーマである。

第7章

経済学者が行うゲーム

1926年12月7日、23歳のフランク・ラムゼイがケンブリッジのキングス・カレッジで講義をしているときに、22歳のハンガリー人ポスドク（博士研究員）がドイツのゲッティンゲンの数学協会で講演をした。高名なダビッド・ヒルベルトが率いていたゲッティンゲン大学の数学科は、その当時、ドイツのみならず、全世界で最も有名な数学科だった。現在のプリンストン高等研究所のように、ゲッティンゲン大学には世界中から数学者志望の人たちが大挙して集まってきていた。

その一人がハンガリー出身の青年、ジョン・フォン・ノイマンだった（図7・1）。彼は、すでに優れた才能のある数学者として知られており、1957年2月に53歳の若さで亡くなるまで、世界を代表する天才数学者として君臨した。彼が残した功績は、数え切れないほど多く、重要なものばかりであるため、それにふさわしい適切な評価を贈ろうとすることさえできないであろう。そのなかには、純粋数学（関数解析および公理的集合論）、物理学（量子力学の数学的理論）、コンピュータサイエンス（デジタルコンピュータの最初の概念）の進歩への数え切れないほどの功績や、マンハッタン計画への関与などがある。また、フォン・ノイマンは、ゲーム理論の生みの親でもあり、それは

図7.1　ジョン・フォン・ノイマン（1903～1957）（出典：ウィキメディア・コモンズ　ロス・アラモス科学研究所）

１９２６年に協会で行った講演でのトピックだった。

　フォン・ノイマンがゲッティンゲンで発表した論文は、チューリッヒ工科大学で化学工学の学位を取得してからわずか６週間後に発表されたもので、２年後に数学の権威ある雑誌『*Mathematische Annalen*（数学年鑑）』に『Zur Theorie der Gesellschaftsspiele（室内ゲームの理論）』という何の変哲もないタイトルで掲載された。フォン・ノイマンは、そのような室内ゲームの例として、ルーレット、チェス、ブリッジ、バカラ、ポーカーなどを挙げた。フォン・ノイマンのような優秀な数学者が、室内ゲームのようなありふれたものを扱うのは、少々馬鹿げて聞こえるかもしれない。しかし、これ以上に真実に迫るものは他にはない。フォン・ノイマンは、室内ゲームは、経済学の基本的な問題に光を当てることができると指摘している。つまり、「ある特定の外的環境下において、完全にエゴイスティックなホモ・エコノミクス（経済人）はどのような行動をとるのか？」というものである。[1] このような問いに対する答えは、経済学だけでなく、政治学、社会学、心理学、法律学、さらには生物学など、とても多岐にわたる分野に影響を与える。

より高い次元から見てみると、すべての室内ゲームのルールは非常にシンプルだ。ゲームの状態を決定するイベントには、三つの種類がある。まず、サイコロを投げる、コインを裏返す、カードを配るなど、確率がわかっていてランダムに発生するイベントがある。ルーレットや、サンクトペテルブルクのパラドックスにおけるコイン投げゲームなどがそうだ。これらの理論的な分析は確率論の領域に属しており、意思決定の観点からはあまり興味深くはない。一方、チェスやじゃんけんは、相手が動作をするので、それを出し抜く努力をしなければならない。相手や自分の判断が結果に影響するが、偶然に頼らないという意味ではこのゲームは決定論的である。最後に、モノポリー、バックギャモン、ポーカー、ブリッジなどのゲームでは、偶然と相手の意思決定の両方が結果に影響する。いずれのゲームも、勝てば報酬が得られ、負ければ損失を被る。

フォン・ノイマンが基本的に仮定していたのは、プレイヤーはお互いにしか支払いをしないということだった。外からお金は入ってこないし、外へ出ていくこともない。つまり、授受される金額は全体としては合計でゼロになる。そのため、このようなゲームは**ゼロサムゲーム**と呼ばれる。

プレイヤーが自分の支払いをどのように考えて評価するかが極めて重要だとここまで述べてきた。しかし、フォン・ノイマンの論文ではそうではなかった。フォン・ノイマンは、効用を考慮せず、プレイヤーが利己的であることのみを想定した。フォン・ノイマンが分析した問題は、他のすべてのプレイヤーも同様に利己的であり、自分の期待される配当を最大化しようと努力するとした場合、プレイヤーはゲームで何をしたらよいかということだった。

彼の主な成果は、二人のプレイヤーによるゼロサムゲームに関する有名な「ミニマックス定理」だった。このゲームでは、一方のプレイヤーの損失が他方のプレイヤーの利益となるため、相手の最大獲得額を最小化することは、自分の最小獲得額を最大化することに等しい。したがって、合理的なプレイヤーは、自分の獲得額の最小値ができるだけ大きくなるようにするだろう。フォン・ノイマンは、あるプレイヤーの最小獲得額を最大にする、つまり同時に相手の最大獲得額を最小にする戦略が存在することを証明した。フォン・ノイマンがプリンストン大学で、ナチス・ドイツ占領下のヨーロッパからの亡命者である経済学者オスカー・モルゲンシュテルン(図7・2)とチームを組むまで、この問題はここで約20年間止まったままだった。

1902年、ドイツのゲルリッツで、フォン・ノイマンやラムゼイよりも1年早く生まれたモルゲンシュテルンは、簿記係で小さなビジネスをしていたヴィルヘルム・モルゲンシュテルンと、1888年にわずか99日間ではあったが在位したプロイセン王兼ドイツ皇帝のフリードリヒ3世の非嫡子であるマルガレーテ・タイヒラーとの間に生まれた。

図7.2　オスカー・モルゲンシュテルン（1902～1977）（出典：ウィーン大学アーカイブ）

王は死後、彼女にわずかな財産を残したが、ヴィルヘルムはそれを無謀な事業に浪費してしまった。

　モルゲンシュテルンは、ウィーンで育ち、１９２５年にウィーン大学で博士号を取得した。彼は自分を「オーストリア経済学派の産物」と考えており、彼の論文は限界生産性に関するものであった。その後、ロックフェラー財団の助成により、ハーバード大学で３年間のフェローシップを得た。帰国後、モルゲンシュテルンはウィーン大学の経済学教授に就任した。

彼は、哲学者・物理学者・論理学者であるモーリッツ・シュリックが主宰する有名な討論会「ウィーン・サークル」に積極的に参加した。このサークルの毎週の会合で、モルゲンシュテルンは、カール（Karl）・メンガー（カール（Carl）の息子）、ルドルフ・カルナップ（熱力学で有名）、クルト・ゲーデル（不完全性定理で有名）、カール・ポパー（反証可能性で有名）、そして、おそらくは著名な哲学者ルートヴィヒ・ウィトゲンシュタインとも会っていた。

そのような会合の一つで、モルゲンシュテルンは、ある経済学の難問を提示した。彼は、予測が、その予測された出来事にどのような影響を与えるかを考えていた。そして、彼は驚くべき結論に達した。それは、一般均衡と完全予知は両立しないというものだった。モルゲンシュテルンは、このパラドックスを、アーサー・コナン・ドイルの短編小説『ホームズ　最後の事件』（1893年、邦訳：2011年、岩崎書店等）のなかの一節を使ってウィーン・サークルに説明した。モリアーティ教授に追われていたシャーロック・ホームズは、ロンドン発ドーバー行きの列車に乗るが、モリアーティがドーバー行きの、後発だがより速いノンストップ列車に乗って追いつこうとするだろうと推

図7.3　ジョン・フォン・ノイマン（右）とオスカー・モルゲンシュテルン（左）（写真：ドロシー・モルゲンシュテルン・トーマス。出典：ニュージャージー州プリンストン高等研究所シェルビー・ホワイトおよびレオン・レビーアーカイブス・センター）

測して、人目を忍んで中間のカンタベリー駅で下車する。こうして、彼は邪悪な教授から逃れることに成功する。しかし、もしモリアーティが裏をかいて、ホームズの行動を予見し、それに合わせて中間駅に停車する列車に乗っていたとしたらどうだろうか？　そして、ホームズが、モリアーティがそう予見することを予見していたとしたら？　二人の男はどちらも相手を出し抜くことはできず、均衡に到達することはない。

　この件に関するレクチャーの後、モルゲンシュテルンのもとに、数学者のエドゥアルド・チェッヒがやってきて、ジョン・フォン・ノイマンという人が1928年に発表した、同様の問題を扱った論文のことを話した。それがまさに、フォン・ノイマンが1926年にゲッティンゲンで発表したゲームに関する論文であった。

　経済学者のモルゲンシュテルンは、この数学者との出会いを切望していたが、この二人の出会いまでにはさらに4年を要した。モルゲンシュテルンは、ロックフェラー財団が出資したオーストリアの景気循環研究所の所長として、[2]パリ、ロンドン、ジュネーブにある国際連盟などに頻繁に出かけ、多忙を極めていた。1938年1月、カーネギー国際平和財団の招きで、モルゲンシュテルンはアメリカの四つの大学を訪問した。滞在が2ヵ月に及んだ頃、事態は一変した。

3月、悪名高き「アンシュルス（ウィーンでのナチスによる政権奪取）」が行われた。モルゲンシュテルンは「政治的に許容できない」という理由で大学の職を解かれ、彼の研究所は前副所長であったナチスの人間に引き継がれた。この解雇は人種差別によるものではなく、モルゲンシュテルンのリベラルな態度（彼の祖父とされるフリードリヒ3世から唯一受け継いだ考え方）が原因だった。モルゲンシュテルンは、賢明にもアメリカに残ることに決めた。いろいろな大学から誘いを受けたが、ついにフォン・ノイマンと出会えることを期待して、プリンストン大学での3年間の任期を受け入れた。プリンストン大学での給料の半分は、そう、ロックフェラー財団から支払われたのだった。

その後、モルゲンシュテルンはフォン・ノイマンに会っただけでなく、ニールス・ボーアやアルバート・アインシュタインなど、世界有数の経済学者、数学者、物理学者たちと知り合いになった。特にボーアが没頭していた、量子力学の基本問題の一つである「観測者による実験への干渉」により、モリアーティ教授の先読みの有無が、ある出来事の結果にどのように影響を与えうるかについて、よいアイデアを得た。また、アインシュタインの晩餐会《ばんさんかい》での「実験よりも理論が優先される」という言葉も心に響いた。モルゲンシュテルンとフォン・ノイマンの関係は、仲介者を必要としない、「一瞬にして心が通じ合い、自然に共感を得る」ものであった。モルゲンシュテルンは、フォン・ノイマンがオリジナルの論文を発表して以来、あまり時間を割いてこなかった主題であるゲームへの関心に再び火をつけた。二人は自分たちの論文の複製を交換した。このようにして、20世紀で最も重要で実りある科学の共同研究の一つが始まったのである。

まだ未完成な形ではあったが、ゲーム理論のはかり知れない可能性を確信したモルゲンシュテルンは、経済学者にとってのゲーム理論の重要性を説いた論文を書き始めた。この原稿を初めて読んだ際、フォン・ノイマンは、ゲーム理論を知らない読者には説明が足らなすぎると指摘した。数学者でなくても理解できるように内容を拡張しなければならなかった。モルゲンシュテルンは再度仕事に戻り、改訂版をフォン・ノイマンに見せたが、彼はまだそれに満足しなかった。そこで、彼は「この論文を一緒に書かないか？」と提案した。モルゲンシュテルンは大喜びだった。偉大な数学者との出会いを期待してプリンストンに来て、何と共同研究をすることになったのだ。これほど素晴らしいことはない。「ジョニー（フォン・ノイマンの愛称）は私と一緒に仕事をしたいと思っていた。私たちは二人で広大な新分野に突き進み、その挑戦、困難、将来性を疑うことはなかった」。

二人の学者は１９４０年の秋にプロジェクトに着手した。二人はドイツ語で会話し、英語で書いていたが、すべての作業は共同で行われ、草稿の執筆者は同一ページ内で2、3回変わることもあった。しかし、試行錯誤しているうちに、論文はどんどん長くなっていった。ある日、フォン・ノイマンは、「これでは、論文になるどころか、2部構成の論文としても成立しない。内容を分割して小冊子にした方がよいかもしれない」と言った。彼らは数十ページ程度の冊子を作り『*Annals of Mathematics Studies*（数学研究年鑑）』に掲載する計画を立て始めた。しかし、さらにボリュームが増えたので、彼らはプリンストン大学出版局に１００ページ程度の冊子の提案をした。局長は快く引き受けてくれ、彼らは契約書にサインした。そして、ページ数の制限のことなどすぐに忘れてしまったのだ。

彼らはその後も頻繁に会って、長い散歩をしたり、休暇を一緒に過ごしたり、夜遅くまで語り合ったりしながら、常にゲーム理論のことを考え、議論していた。実は、ゲーム理論のことを四六時中考えていたのはモルゲンシュテルンで、フォン・ノイマンは、原子爆弾、コンピュータ、量子力学、セルラーオートマタ[*1]など、他の事柄についても考えをめぐらせていた。彼らはよく朝食をともにし、何をすべきかを議論した。そして、午後になるとまた集まって仕事をし、夜になるとモルゲンシュテルンが毎日の議論で出てきたアイデアをタイプしたものだった。彼らは１９４２年のクリスマスまでの２年以上の間、時には週末を返上して激務をこなした。モルゲンシュテルンは、この仕事を苦にしたことはなかった。逆に、仕事に完全に没頭して、仕事を進めるなかで発見する喜びを味わうのはやめられない楽しみだったと後年の記事に書いている。

　彼らの仕事について議論を続ける前に、モルゲンシュテルンの青年時代について、彼を美化するほとんどの伝記ではあまり語られることのない、不愉快な内容に触れておかねばならない。若い頃のモルゲンシュテルンは、そのユダヤ人のような名前にもかかわらず、ルター派の信仰をもっていて、ユダヤ人のことは全く好きではなかった。現在、デューク大学のアーカイブに保管されている彼の日記には、反ユダヤ的発言の例がいくつか見られる。「昨日、反ユダヤ主義に反対するユダヤ人のデモがあったが、何と生意気なことだろう」とあるコメントで彼は述べている（もし彼がユダヤ人だったら、ドイツ語のUnverschämtheit（厚かましさ）ではなく、chutzpah（大胆さ）という言葉を使っていただろう）。また、時には「この傲慢なユダヤ人社会」と言い、時にはある人を「忌々しいユダヤ自由主義者」と評した。また、ビルをいくつか所有していたユダヤ人経済学者の「豚」ことルートヴィヒ・フォン・ミーゼスが、ロックフェラーのフェローシップの競争相手であることを知って彼は激怒した。

ウィーン大学の学問上の敵対者であったオスマー・シュパンが、何を隠そうモルゲンシュテルン自身がユダヤ人であるという噂を流したが、それは、彼のユダヤ人への不当な扱いを自分も受けたという小気味よい応報だと思えるかもしれない。また、彼がオーストリア実業家協会の要職に立候補した際にも、右翼紙からユダヤ人だと攻撃された

＊1　空間に格子状に敷き詰められたセルが近隣のセルと相互作用する中で、自らの状態を時間的に変化させていく「自動機械」のこと。

が、彼はこれらの根拠のない非難に対して、自分の家系にユダヤ人の血が入っていないことを父親に確認してもらうことで反論した。ある友人は、冗談交じりに、今後は自分の著作に「モルゲンシュテルン、アーリア人」と署名して、自分の血筋に対する疑念を払拭するよう提案したという。

しかし、大人になるにつれて彼は自分の考えを改めたのかもしれないし、フォン・ノイマンをはじめとするプリンストン大学の著名なユダヤ人教授陣との親交を考えると、自分の考えを隠す方が好都合だと単純に思ったのかもしれない。いずれにしても、その後の彼が反ユダヤ的発言をしたという事実はない。

1940年のクリスマスの時期に、モルゲンシュテルンはニューオリンズのアメリカ経済学会で講演を行い、その後すぐに近くのビロクシに移動して、フォン・ノイマンと彼の妻のクラリと一緒に休暇を過ごした。休暇といっても、二人の共同作業が中断されるわけはなく、「ゲームの報酬には何を使えばいいのか？」という根本的な問題を議論し始めたのはビロクシにおいてだった。室内ゲームでは通常、価値のないチップを使ってプレイするが、それは問題を脇へ置いているだけである。賞金は現金であるべきなのか？　両プレイヤーにとって平等なお金は、両者の間で自由にやりとりできるという利点もあった。効用概念の重要性を認識していたモルゲンシュテルンは、あまり満足していなかったようで、もっと掘り下げるべきだと主張した。

彼らは、200年前のダニエル・ベルヌーイの著作のことはもちろん知っていたし、おそらくエルンスト・ハインリヒ・ヴェーバーやグスタフ・フェヒナーの研究も知っていただろう。二人のドイツ人科学者の名前を出しこそしなかったが、彼らは「すべての測定は、光、熱、筋肉の力など、何らかの感覚に基づいていなければならない」と著した。効用の場合、この感覚とは好みを認識することだろう。しかし、これでは序数的な順位づけ（「私はオレンジよりもリンゴが好きだ」など）しかできず、基数的な順位づけ（「私はオレンジの2倍リンゴが好きだ」など）はできない。

序数的順位づけにおいては、同じ人物に対して二つの効用を足すことはできず、他人の効用と比較することもできない。従来、経済学者は、いわゆる無差別曲線を仮定することでこの厄介な問題を回避していた。つまり、「ジョンは、（a）リンゴを6個持つか、(b)リンゴ4個とオレンジ1個を持つか、(c)リンゴ3個とオレンジ3個を持つか、(d)リンゴ2個とオレンジ6個を持つかにおいては特に好みはない。しかし、これらのいずれの組み合わせに対しても、ジョンは8個のリンゴと2個のオレンジを好む。さらに、彼は(e)8個のリンゴと2個のオレンジ、(f)6個のリンゴと3個のオレンジ、(g)3個のリンゴと5個のオレンジの間では特に好みはない」。

このような無差別曲線の集まりと、リンゴとオレンジの価格、そして予算上の制約を用いると、ジョンが最適と考える財の集合(この場合はリンゴとオレンジ)を見つけることができる。しかし、別の人は全く異なる無差別曲線をもっているかもしれないし、金銭的な支払いは関係しないので、本当の問題はまたしても回避される。ゲーム理論には効用という概念が必要である。

具体的には、フォン・ノイマンとモルゲンシュテルンが求めていたのは、選好を数値に変換する方法で、それにより、ある特有の確率をもつ複数の異なる結果を組み合わせて**期待効用**を得ることだった。人の選好が数学の関数を使用して数値に変換できるとした場合、それは**効用関数**と呼ぶことができるだろう。

それが可能か見てみよう。たとえば、気象予報士が、明日は30％の確率で２インチ、70％の確率で３インチの雨が降ると発表した場合、単純に加重平均を計算するだけで、期待される降雨量は２・７インチだと主張することもできるだろう。一方で、降水確率30％、晴天確率70％という予報をまとめて一つの「予想される天気」にすることはできない。降雨量はまとめて予想される結果にできるが、天気はできないからだ。

つまり、天気と同じように、効用を測定して数値を割り当てるような納得のいく方法は存在しないのかもしれない。第１章でダニエル・ベルヌーイが効用関数として対数を提案したことを思い出してほしい。彼は妥当であるという以外には特に根拠もなくそれを提案したのであるが、それはいささか、帽子からウサギを出す手品のようなものだった。つまり、まずは許容できる何かを決めなくてはならないのだ。

モルゲンシュテルンとフォン・ノイマンは、熱の理論は当初、「ある体が別の体よりも暖かく感じるという直感的に明確な概念に基づいていたが、どのくらい暖かいか、何倍暖かいか、どのような意味で暖かいか、有意に直接表現する方法がなかった」と回想した。のちになってようやく、熱は二つの数字（つまり、その量と温度）で表現しなければならないことがわかった。前者はエネルギーであり、加算することができる。後者も数値であり、厳密な尺度をもっているが、大きな違いがある。気体の挙動やエントロピー定理の公式化によって、温度は決して加算できないことが明らかになった。たとえば、「華氏40度は華氏20度よりも暑い」ということはできても、「2倍暑い」ということはできないのだ。[3]

効用についても同様のことが言えると彼らは結論づけた。効用の尺度は、一見すると非常に非数値的な概念に見えるが、考案可能であることを示した。一方、その尺度は、人の好みを数値的に比較する基準にはなり得ないし、異なる人の間での比較にも使えない。温度の場合のように、そのような尺度とは違うものになるだろう。

効用に関する足場を固めようと、モルゲンシュテルンとフォン・ノイマンは、A、B、Cの三つの起こり得る事象を考えた。少々ややこしいが、CはAよりも好まれ、AはBよりも好まれる。これを簡素化して表すとC＞A＞Bとなる。ここで、確実に発生する事象Aと、ある程度の確率で発生する事象CやBを比較してみよう。たとえば、事象Aは「りんごをもらう」、事象Bは「バナナをもらう」、事象Cは「キャンディをもらう」を表すとする。したがって、キャンディはりんごよりも好まれ、りんごはバナナよりも好まれる。そして、ある被験者（スーザンとしよう）に次のように質問をする。「キャンディかバナナのどちらかを半々の確率でもらうより、確実にリンゴをもらう方がいいですか？」。彼女が「いいえ」と答えた場合、確率は80対20、40対60と調整されていく。これは彼女が「どちらでも構いません」と言うまで続く。たとえば、確実にリンゴがもらえる場合と、65％の確率でキャンディが、35％の確率でバナナがもらえる場合のどちらでも構わないと彼女が言ったとする。そして、フォン・ノイマンとモルゲンシュテルンは、スーザンのバナナに対するキャンディの好みを1・0と規定した場合、この質問に対する彼女の答えは、彼女のバナナに対するりんごの好みは、バナナに対するキャンディの好みの0・65倍であることを示していると示唆した。

今回はフォン・ノイマンとモルゲンシュテルンが帽子からウサギを取り出しているように読者には思えるかもしれない。しかし、彼らは単に数字遊びをしていたわけではない。彼らは、自分たちが数字を扱うことを正当化する必要があるとわかっていて、そのためにいくつかの公理を用意した。

数学者にとっての公理とは、シェフにとっての基本的な食材のようなものであり、数学理論（あるいはスフレ）を構成する重要な要素である。どれか一つが欠けても成り立たないが、それがあれば全宇宙を創造することができる。ユークリッドの五つの公理は、この概念の最上の例であり、平面幾何学[*2]のすべてを構築するのに必要十分である。一方、一つ平行線定理を除くと、全く別の世界（つまり、双曲幾何学や楕円幾何学[*3]）が現れる。

そこで、二人の教授がどのような公理系を考案したのか見てみよう[4]。第一の問題は、人はいつも確固たる選択をすることができるわけではないということだ。読者のなかには、子どもの頃、困った親戚に、「ママとパパ、どっちが好きなの？」とひどく頭にくる問い詰めをされたことを覚えている人も多いだろう。「どっちも同じくらい好きだよ」と答える子もいるだろう。しかし、多くの子どもたちは、面食らってしまい、答えることを拒否する。単純に決められないのだ。ゲーム理論では、このようなことは許されず、常に明確な答えが求められる。だから、それを公理にしよう。こうして、フォン・ノイマンとモルゲンシュテルンの最初の公理が誕生した。

1．完備性：任意の二つの事象AとBに対して、人はAをBより好むか、またはBをAより好むか、二つの間に好き嫌いはない（数学的な表記では、$A>B$、または$B>A$、または$A=B$のいずれか）。

次に以下のことを考えてみよう。キャンディがりんごよりも好まれ、りんごがバナナよりも好まれるのであれば、当然キャンディはバナナよりも好まれる。これは道理にかなっている、とあなたは思うだろう。しかし、もう一度考えてみてほしい。これは必ずしも真実ではないかもしれないということがわかる。たとえば、ピーター、ポール、メアリーの3人が食後のお酒を何にするか決めなければならないとする。ピーターはグラッパよりアマレットを、リモンチェッロよりグラッパを好む。ポールはリモンチェッロよりグラッパを、アマレットよりリモンチェッロを好む。最後に、メアリーはアマ

＊2　平面上の図形の性質を研究する数学分野。
＊3　非ユークリッド幾何学の一種。

ピーター	アマレット > グラッパ > リモンチェッロ
ポール	グラッパ > リモンチェッロ > アマレット
メアリー	リモンチェッロ > アマレット > グラッパ

レットよりもリモンチェッロを、グラッパよりもアマレットを好む。

これを表にすると上のようになる。

この3人の客は、民主的な価値観をもっていたので、多数決で決めることにした。投票してみると、すぐに好みが明らかになった。一方の多数派であるピーターとメアリーはグラッパよりアマレットを、もう一方の多数派であるピーターとポールはリモンチェッロよりグラッパを好むという結果になった。この二つのラウンドに基づいて、彼らはアマレットを一箱購入するという決定を下すことができる。ところが、おやおや、ポールとメアリーが抗議してきたのだ。何が起こったのか？　最も合理的な選択方法である一人一票を採用したのに、彼らはまだ満足していないと？　彼らはゲームの途中でルールを変えようとしているのだろうか？

まあ、彼らの不満はもっともだ。ポールとメアリーは、アマレットよりも最下位のリモンチェッロの方がよいと指摘している。なぜこうなるのか？　それはこうだ。もし、３人が、リモンチェッロとアマレットの間で３回目の投票をしていたら、過半数がリモンチェッロを選んでいただろう（ポールとメアリー）。だから、彼らにリモンチェッロを買わせればそれでおしまいだ。

だが、ちょっと待て。リモンチェッロを買えば、ピーターもポールも（そう、ポールはアマレットが嫌で３回目の投票を主張した張本人）、同じように激しく抗議するだろう。彼らはリモンチェッロよりグラッパが好きなのだ。さあ、このようにパラドックスが生じる。味については争ってはおらず、ピーター、ポール、メアリーの好みは完全に合理的である。どんなに努力しても、最終結果は、アマレットがグラッパよりも、グラッパがリモンチェッロよりも、リモンチェッロがアマレットよりも、アマレットがグラッパよりも、グラッパがリモンチェッロよりも……（以下永遠に続く）好まれるというものになる。

このような状況は、フランスの貴族、数学者、哲学者、政治家であるマリー・ジャン・アントワーヌ・ニコラ・ド・カリタ（コンドルセ侯爵）にちなんで、**コンドルセ・サイクル**と呼ばれている。どのような選択であっても、多数派は常に異なる選択肢を好むのだ。数学用語で、「多数派の意見は推移的ではない」という人もいる。これは民主主義にとっては残念なことだ。[5] また、これはゲーム理論にとっても問題だ。そこで、もう一度、実績のある方法に戻って、別の公理を作ってみよう。

2. 推移性： AがBより好まれ、BがCより好まれる場合、AはCより好まれる（数学的表記では、$A>B$かつ$B>C$なら、$A>C$）。

先ほどの問題のスーザンに話を戻そう。スーザンは、「確実にリンゴをもらえる」のと「65%の確率でキャンディを、35%の確率でバナナをもらえる」のとではどちらでも構わないと言った。果たしてスーザンはそのように正確にどちらでもよいと言えるのだろうか？　キャンディーが63%でバナナが27%ではどうだろうか？　このような宣言をするのは非常に難しい。しかし、心配することはない。第3の公理を仮定すればよいだけだ。

3．連続性：AがBよりも好まれ、BがCよりも好まれる場合、意思決定者がBとAおよびCの加重平均の間で好みの差がなくなるような確率が存在する（数学的な表記では、$B=pA+(1-p)C$となるような0と1の間の数pが存在する）。

四つ目の公理は、おそらく最も奇妙なものだろう。これは通常、「**無関係な選択肢からの独立性**」と呼ばれている。二つの選択肢の間の選択は、無関係な要素に影響されないというものだ。AがBよりも好きな場合、Cが突然現れても、AとBの間の選択に影響を与えてはならない。この状況は次のようなレストランの場面で説明できる。[6]ウェイターが、「本日ご提供しているのはアップルパイとブラウニーです」と客に伝え、客は、限られた選択肢しかないことにコメントした後に、アップルパイに決定した。数分後、慌てた店員が戻ってきて、アイスクリームも提供していることを言い忘れていたと客に伝える。客は少し考えた後に「それならブラウニーにします」と言う。

かわいそうなウェイターは大混乱したが、実際にそのような混乱を起こすような状況だったのだ。アイスクリームが提供されていても選ばなかったのだから、その人はどちらにせよアイスクリームに関心がなかったことは明らかだ。しかし、アイスクリームが突然提供されたことで、アップルパイとブラウニーという二つの他の選択肢の間の選択が逆転してしまった。私たちは直感的に、このようなことは起こりえないとわかる。高級レストランでこのような非合理的な振る舞いをする人がいるとは思わないだろう。合理的な人は、ランクの低い、つまり無関係な選択肢が選択可能になったからといって、自分の選択を覆すことはないはずだ。そうだろう？

いや、間違っている！　大統領選挙では、事前に他の候補者よりも順位が低かった候補者が、第3の当選資格のない候補者が現れたために当選したという例もある。[7] このような直感に反する状況を避けるためにはどうすればよいと思うだろうか？　そう、それを公理にしてしまえばよい。

4. **独立性**：あるものに対する好みは、他のどのような選択肢からも独立して存在する。数学的な表記では、$A>B$ならば、任意のCと0から1の間の任意の数αに対して、$\alpha A+(1-\alpha)C>\alpha B+(1-\alpha)C$となる。

言葉で表現すると、ＡがＢよりも好まれるのであれば、ある程度の確率で別の事象が発生したとしても、ＡはＢよりも好まれるはずということだ。この公理は、一見すると無害のように思われるが、考案されてからわずか数年後に学者たちを悩ませることになった（第９章参照）。

私が、第２の公理と第３の公理の動機づけのために、個人の選択ではなく、人々の集団における多数決による決定に頼る状況を提示したことに読者は留意すべきである。個人の嗜好を集約させて集合的な選択にすることにより、多くの新たな問題が生じるが、それはここでは議論しない。ここに挙げた例は、単に、公理に反した場合に生じる可能性のある逆説的な状況を説明するためのものである。

思い返してみると、この公理の選択は自明であるように思われる。モルゲンシュテルンは、フォン・ノイマンの驚きを回想し、こう語った。「我々がこの公理を設定したとき、ジョニーはテーブルから立ち上がり、『誰もわからなかったのか？』と驚嘆の声を上げた」。フォン・ノイマンとモルゲンシュテルンはこの公理を確立した後、これらの公理に一つでも違反する者は非合理的であると定めた。これはちょっと厳しいかもしれない。「絶対にカプチーノが飲みたい」と思うか、「26％の確率でホットチョコレート、74％の確率でミントティーが飲みたい」と思うかどちらかを決められない人は、実際には非合理的ではない。しかし、彼らは科学者であったがゆえに、「個人が合理的なのは、四つの公理すべてに従う場合だけだ」と断言した。ここではもう少し慎重に、公理に忠実な人をｖＮＭ[*4]-合理（フォン・ノイマン、モルゲンシュテルンが言うところの合理的）と定義し、人はいくつかの公理に時には反することがあり、したがってフォン・ノイマン、モルゲンシュテルンが言うところの非合理的と見なされる人であっても、実生活では必ずしも愚か者ではないということを示す。実際、続く章では、私やあなたのようなごく普通の人がｖＮＭ-合理から逸脱している多くの例について議論していく。

公理を特定した後に、本当の仕事が始まった。つまり、これらの公理が効用関数を導くことの証明である。フォン・ノイマンとモルゲンシュテルンは、１９４４年の初版では、原稿を書き終えた時点で証明ができていたにもかかわらず、証明を載せなかった。

二人は「近いうちに科学雑誌に発表する」と約束したが、その機会は訪れなかった。3年後の第2版になって初めて、16ページの付録がつけられ、この公理を忠実に守ることが、人が効用関数をもつための必要十分条件であることを、この二人の科学者は数学的に厳密に証明した。

この証明は「かなり長ったらしく、数学を学んでいない読者には少々疲れるものかもしれない」と彼らは謝罪した。彼らは頭がよすぎたのだ。この証明は、数学を学んだ読者にとって疲れるものである。数学を学んだことのない人にとっては、全く理解不能だ。さらに、数学者にとっても、この証明は「満足できるほどたいして美しいものではない」し、「深いものとはいえない」と、最高級に軽蔑されている。何ページにも何ページにもわたって退屈なステップ・バイ・ステップの導出が続き、人の好みが与えられれば、「関数が存在する」(すなわち、効用関数)、そして最後には、そのような二つの関数は互いに線形変換できると結論づけている。

＊4　「von Neumann Morgenstern」の略。

後者について、華氏と摂氏という異なる尺度で測った温度を比較して詳しく説明してみよう。「華氏73度は華氏69度よりも暖かい」けれども、「華氏１０５度が摂氏１００度よりも暖かい」とはいえない。しかし、華氏と摂氏の関係は線形であり、華氏32度が水の凝固点、華氏２１２度が沸点に相当するため、この問題を回避する簡単な方法がある。摂氏に係数１・８を掛け、定数32を加えることで、その相当する華氏の温度を求めることができる。したがって、水の凝固点と沸点を摂氏で表すと、それぞれ０度と１００度になる。[8]

　ノイマンらの本の付録は十分にそのすべき役目を果たした。すなわち、すべての合理的な人は、係数と定数以外は一意に決まる効用関数をもっていて、それは結果を数字に変換することを証明したのだ。最も重要なのは、効用関数の概念が明確に定義されたことで、確率論の重要な概念が意思決定の理論に引き継がれたことだ。金銭の賭けの場合、期待される結果は、可能性のあるすべての結果とその確率を比較し、合計することで算出できる。たとえば、80％の確率で50ドルを獲得し、20％の確率で１００ドルを獲得すると、期待値は60ドル（＝0.80×50＋0.20×100）となる。この賭けを何度も繰り返し行った場合、平均して1回あたり60ドルの利益を得るだろう。同様に、結果の効用をその確率で比較し、その結果を合計して期待効用を求めることができる。vNM-合理な意思決定者は、いくつかの選択肢に直面した場合、期待効用を最大化する行動を選択する。

モルゲンシュテルンとフォン・ノイマンの理論により、誰もが効用関数をもっているため選択肢を比較することができ、したがって、どの選択肢がより多くの効用を与えるかを決めることができるということが確証される[9]。しかし、異なる人の効用を比較することはできないということは強調しておかなければならない。また、何人かの効用を足して共同の効用関数を作ることもできない。すべての人がその人個人の効用関数をもっており、それは他の誰とも比較不可能なのだ。また、ある人の効用を別の人の効用に変換するための定数や係数を見つけるというような単純な問題ではない。その効用関数は全然違う形状をしていさえするかもしれない。要するに、「人の好みはそれぞれ」ということだ。

フォン・ノイマンとモルゲンシュテルンが提唱した効用関数の傾きは上向きか？　上

向きだ。好ましい選択は、より多くの効用（すなわち、より大きな数値）を示すからだ。傾きは小さくなっていくのか？　いや、必ずしもそうではない。フォン・ノイマンとモルゲンシュテルンは、公理のなかだろうがどこだろうが、それを要求していない。したがって、ゲーム理論の目的においては、限界効用が減少することは要求されていない。リスクを取る行動は非合理性を示すものではないのだ。

１９４２年のクリスマスが近づくなか、フォン・ノイマンとモルゲンシュテルンは、原稿の仕上げ作業をした。１９４３年1月には序文を書いた。こうして本は完成した。ここで、１００ページの小冊子が膨れ上がり、グラフや数式が満載の１２００ページの原稿になったことをプリンストン大学出版局に説明する時期が来た。幸いなことに、出版局の編集者は寛大で、第二次世界大戦の最中で資源が限られていたにもかかわらず、この本を出版するために最善を尽くすと言ってくれた。プリンストン大学と高等研究所の2カ所からそれぞれ５００ドルの助成金を得て、清書原稿をタイプし直した。当時、敵国人と呼ばれていた日本の若い数学者に元原稿に書かれているすべての数式を入力させた。１９４３年に印刷所に持ち込まれ、組み板、製図、編集、校正、修正と１年がかりで作業が進められた。

１９４４年９月18日、匿名の寄付による助成を受け、６００ページに及ぶ『ゲームの理論と経済行動』（邦訳：２００９年、ちくま学芸文庫等）が印刷・出版された。モルゲンシュテルンとフォン・ノイマンが共同研究を始めてから５年後のことだった。モルゲンシュテルンは、二人のチームのなかでは間違いなく貢献が少ない方であり、自分の理論的能力は限られたものだったことを自ら認めていた。しかし、二人が出会わなかったとしたら、ゲーム理論が発展していたかどうかは疑問である。モルゲンシュテルンの果たした重要な貢献は、面白くて挑発的な質問をすることにより、フォン・ノイマンの天才性を引き出す刺激になったことだ。確かに、知性に関してはこの先輩研究者との間に差はあったが、それは実質的に誰にでも当てはまることである。だから、フォン・ノイマンがゲーム理論の父であり母であるとすれば、モルゲンシュテルンはその助産師であると、ゲーム理論家のハロルド・クーンは二人の大作の記念出版の序文で述べている。

フォン・ノイマンの場合、この経済学への脱線は、彼の数学、コンピュータサイエンス、物理学、および原子爆弾への他の貢献に比べれば、取るに足らないものであった。

この本は一夜にしてベストセラーになったわけではなかった。従来の経済学からの逸脱があまりにも大きかったのだ。『ゲームの理論と経済行動』は、通常の最大・最小問題を扱うものではなく、また実際の経済学の観点からも、通常の交換や単純な独占・寡占の状況に限定しなかった。搾取、差別、代替、補完、連合、権力、プレイヤーの特権などを扱っていて、経済学の枠を超えて、政治科学や社会学にまで踏み込んでいた。この本は、当初はあまり受け入れられず、二人の著者は、自分たちの理論が認められるのは一世代後になるだろうと覚悟していた。ドイツの物理学者マックス・プランクがかつて言ったように、「新しい科学的真理は、それに反対する人たちを納得させ、啓発することで勝利を得るのではなく、反対者がやがて死に、その新しい心理に精通した新しい世代が育つことで勝利する」。フォン・ノイマンとモルゲンシュテルンは、プランクの死後、1950年に出版された自叙伝のなかで初めて活字になったこの言葉を知らなかったかもしれないが、これは非常に的を射たものだった。

しかし、幸運なことに、それは一世代どころかわずか1年半しかかからなかった。1946年3月、ニューヨーク・タイムズ紙は、日曜版の一面に『ゲームの理論と経済行動』の長文の書評を掲載した。それはこのように始まる。「ポーカー、チェス、ソリティアなどの戦略ゲームの新しい数学的理論を開発して応用することで、これまで解決できなかったビジネス戦略の問題を解決しようとする経済分析の新しいアプローチが、プロの経済学者の間でセンセーションを巻き起こした」。

すごい褒めようだが、ソリティア？　そう、ソリティアは、相手がいないとはいえ、一人で行う戦略ゲームであり、たとえば、確率論だけに支配され、そのためゲーム理論にとっては面白みがないルーレットなどとは異なる。ニューヨーク・タイムズの記事の著者は、その当時、『*American Economic Review*（アメリカ経済評論誌）』に掲載されたレオニード・ハーヴィッツ（2007年にノーベル経済学賞を受賞）の17ページにわたる論文から一部を引用して、非常に説得力のある概要を述べている。ハーヴィッツは、「この本のほとんどすべてのページに示されている、大胆なビジョン、細部へ至るまでの根気、そして思考の深さに感嘆せざるを得ない」と書き、「『ゲームの理論と経済行動』のような優れた本の登場は、まさに稀有《けう》な出来事である」と結論づけている。1946年4月の『*Journal of Political Economy*（政治経済ジャーナル）』では、ジェイコブ・マルシャックがこの本を「非常に優れた本」と呼び、『*American Journal of Sociology*（アメリカ社会学ジャーナル）』では、ハーバート・サイモン（1978年にノーベル経済学賞を受賞）が、すべての社会科学者に「人間の合理的な行動の理論を体系的かつ厳密な方法で」発展させようとしている『ゲームの理論と経済行動』をマスターすることを強く勧めた。リチャード・ストーン（1984年にノーベル経済学賞を受賞）は、『*Economic Journal*（経済ジャーナル）』に掲載された16ページの書評で、この本を「計り知れない力をもち、興味を引く作品」と評した。この本の影響は数学の世界にも及んだ。アーサー・コープランドは、『*Bulletin of the American Mathematical Society*（アメリカ数学会会報）』で、「後世の人々は、この本を20世紀前半の主要な科学的業績の一つとみなすかもしれない」と称賛している。

『ゲームの理論と経済行動』がすぐに売り切れたのもうなずける。1947年、プリンストン大学出版局は、効用関数の存在を証明した付録をつけた第2版を出版した。続いて1953年に第3版が出版され、さらにその後、多くの版が出版された。2004年には60周年記念版が出版された。現在、Google Scholarでは、この版だけで3万5000件の引用がなされており、ゲーム理論に関する学会や専門誌、そして文字通り何百冊もの書籍が出版されている。『ゲームの理論と経済行動』は、アイザック・ニュートンの『プリンキピア』やチャールズ・ダーウィンの『種の起源』と並んで、科学を代表する画期的な書物の一つとして位置づけられるに違いない。

第8章

波打つカーブ

『ゲームの理論と経済行動』の出版を機に、今日に至るまで衰えることのない大量の研究が生み出された。一つの疑問に答えるたびに、新たな疑問が生じる。最初に出てきた疑問の一つは、「人はなぜギャンブルをするのか？」というものだった。ダニエル・ベルヌーイは17世紀に、人の効用は逓減的に上昇するため、人はリスクを嫌い、リスクを回避するためにプレミアム（保険料）を支払ってもよいと思うことを明らかにした。人が家や車などの持ち物に保険をかけるのはそのためだ。保険会社が要求する支払い額は予想される損失額よりも高いことから、プレミアム（割増料金）という言葉がしっくりくる。保険料は、保険統計上予想される損失の額を上回るため、保険会社は存続し、利益を上げていけるのである。

しかし、人々のリスクに対する振る舞いには別の側面もある。それは、「ギャンブル好きな人が多い」ということだ。これは実際、意外に思われるかもしれない。一般的に人はリスクを嫌うことを考えると、誰がお金を賭けてまでリスクを負いたいと思うだろうか？　これは直感に反する。

実は、これはそれほど驚くべきことではない。人間は太古の昔からギャンブルをしてきた。人がゲームを好んできた先史時代の証拠としては、メソポタミア（現在のイラク）で発掘された紀元前3000年頃のサイコロがある。また、ほぼ同時期のエジプトの石版にも、ギャンブルを示す記述があるようだ。ギリシャの詩人ソフォクレスは、紀元前5世紀の文献でサイコロについて言及している。また、紀元前3世紀の中国では、戦争や万里の長城建設の資金調達のために宝くじが使われていたという証拠がある。

その魅力とは裏腹に、賭け事は一般的には評判のよくないものと考えられていた。仏教の開祖の釈迦《しゃか》は『八正道《はっしょうどう》』のなかで賭け事を厳しく非難したが、のちのインドの思想家である宰相カウティリヤ（紀元前371～紀元前283）は、賭け事を許可するにとどまらず、管理もした。彼は、賞金の5％と引き換えに、賭博の運営者に賭博行為の監督を任せた。

初期のローマ人は、ビザンツ帝国（東ローマ帝国）の皇帝で、キリスト教徒のユスティニアヌス1世（482～565）が、法律学の基本書である『ローマ法大全』でギャンブルを禁止するまでは、ギャンブルを認めていた。実際、ほとんどの宗教がギャンブルの悪習には非難の目を向けている。しかし、そのような非難にもかかわらず、多くの教会はためらいもなく、ビンゴなどの運任せのゲームで資金を集めている。同様に、国家も公共事業や教育などのサービスのために宝くじを後援している。事実、ハーバード大学、イェール大学、プリンストン大学などのエリート教育機関は宝くじの支援を受けて設立された。

そこで、先ほどの問いに戻る。お金を賭けてまでリスクを負う人がいるだろうか？カーレース、バンジージャンプ、ロッククライミング、オフピステスキー[*1]など、危険な身体活動でアドレナリンを放出させるのが好きな人がいる。しかし、ベルヌーイの時代からの常識として、人間はお金を払ってまでリスクのある金銭的な冒険を進んで行うことはないとされている。では、普通の人は、なぜお金を出して宝くじを買うのだろうか？　当然のことながら、期待される配当は宝くじにかかるお金よりも低い。結局のところ、ギャンブル会社がビジネスを続けられるのは、予想される賞金以上のプレミアム（割増金）があるおかげなのだ。

さらに驚くべきことは、あらゆるリスクに対して保険をかけておきながら、それと同時に、あくせく働いて稼いだ小銭を使ってギャンブルをする人がいることだ。どういう

図8.1　ミルトン・フリードマン（1912～2006）（出典：ウィキメディア・コモンズ、the Friedman Foundation for Educational Choice）

ことなのだろうか？　人はリスクを避けるためにお金を払うと同時に、リスクを負うためにさらにお金を払うのか？

　この難問に最初に取り組んだのは、経済学者のミルトン・フリードマン（図8・1）と、彼のシカゴ大学の同僚で統計学者のレナード・サベージだった。時は1948年。36歳のフリードマンは、第二次世界大戦末期を

＊1　スキー場外の、人の手の入っていない雪面で行うスキー。

コロンビア大学で過ごし、兵器設計、軍事戦術、冶金学《やきん》の問題に取り組んでいたが、何よりも、理論経済学の世界の新星として注目されていた。

フリードマン家は、その当時オーストリア・ハンガリー帝国のハンガリー領であったベレグザシュの出だった。人口約1万人のこの町は、フリードマン家を含めてほとんどがユダヤ人であった。[1] 1890年代後半、二人のティーンエイジャーが別々にアメリカに移住し、数年後にニューヨークで出会って結婚し、ブルックリンに居を構えた。そこが1912年にミルトンが生まれた場所である。父はしがない貿易商、母は低賃金で長時間労働を強いられる工場で働いていた。早熟だったフリードマンは、16歳でラトガース大学に奨学金を得て入学した。彼は、小売店の店員をしたり、レストランの給仕をしてタダで昼食をもらったり、夏休みのアルバイトなどでわずかな資金を工面していた。保険計理士を目指していた彼は、いくつかの試験には合格したが、落ちてしまった試験もあった。しかし、そのとき、シカゴ大学の経済学部から奨学金を得て大学院に進学する機会を提示され、彼は決心した。

シカゴ大学では、多くの優秀な経済学者のもとで研究を進めるという幸運に恵まれた。また、内気で引っ込み思案だが、非常に優秀な経済学の学生、ローズ・ディレクターと出会い、その6年後、世界大恐慌への不安が解消された頃、二人は結婚した。博士号を取得したコロンビア大学、全米経済研究所（NBER）、米国財務省、ミネソタ大学などを経て、シカゴ大学に戻った彼はそこで30年間、経済学部の偉大な知性として活躍し続けた。退職後は、２００６年に亡くなるまでの30年間、スタンフォード大学フーバー研究所で研究・執筆活動を続けた。ローズは夫とともに過ごした期間はずっと、積極的に仕事のパートナーとして夫の仕事に関わった。

　フリードマンはマネタリズム（貨幣の供給が国家の生産量に影響を与え、インフレを抑制することができるという理論）の提唱者で、政府の介入を最小限に抑えた自由市場を支持していた。フリードマンは、自由な変動為替相場、教育バウチャー[*2]、義勇軍、および医師免許の廃止などを提唱した。[2] 彼は、シカゴの経済学部の紛れもないリーダーだった。オーストリア経済学と同様に、シカゴ学派という呼び名も特徴的な印となっ

＊2　学校教育に使用を限定したクーポンを支給し、学費負担の軽減や学校選択の幅を広げることを目的とする補助金政策。

た。1976年、フリードマンはノーベル経済学賞を受賞し[3]、1988年には大統領自由勲章とアメリカ国家科学賞を受賞した。

ここで取り上げるのが、フリードマンの論文の共著者で、彼より5歳年下のレナード・サベージ（図8・2）、通称ジミー（彼のミドルネーム）である。彼の祖父母の姓はオグシェビッツで、それをジミーの父親が、少し凶暴な響き[*3]ではあるが、よりありふれた名前のサベージに変えたのである。

学校では、ジミーは学業面で目立つところはなく、それどころか、教師からは頭が弱いと思われていた。しかし、それは彼の目が非常に悪かったからだった。「彼は学校で何が行われているか見えなかったために、学校で行われていることには何の注意も払わなかった」と彼の兄弟はインタビューで回想した。その少年は実は聡明で、おそらく平凡な授業に退屈していたため、教師はさらに誤解を深めたに違いない。

ジミーの成績は大したものではなかったものの、父親は彼をミシガン大学へ入学させ、化学工学を学ばせた。しかし、残念なことに事態は再び悪化した。視力が悪かったため、化学実験室で火事を起こしてしまい、退学になってしまったのだ。もう一度、父

図8.2　レナード・サベージ（1917～1971）（出典：レナード・ジミー・サベージ・ペーパー（MS 695）。イェール大学　原稿およびアーカイブス）

親が介入し、彼は大学に戻ることを許された。しかし、今度は、少なくとも大学という場所では、化学よりも安全な物理学を学ぶことになった。結局、彼は数学に没頭し、学士号を取得し、結婚して、3年後に純粋数学の博士号を取得した。

優秀なポスドク（博士研究員）として認められた彼が次に向かったのは、プリンストン高

＊3　彼らの姓であるサベージ（Savage）には英語で「獰猛な」「野蛮な」という意味がある。

等研究所だった。彼はジョン・フォン・ノイマンの統計アシスタントとなったが、ノイマンは彼の才能を認め、統計学に専念するよう助言した。その後、コーネル大学、ブラウン大学、コロンビア大学、ニューヨーク大学、シカゴ大学、ミシガン大学を経て、イェール大学に移った。イェール大学での在職期間はわずか7年で、1971年に54歳を待たずして亡くなった。

サベージの代表作は、1954年に出版された『*Foundations of Statistics*（統計学の基礎）』である。フランク・ラムゼイの画期的な研究（第6章参照）やフォン・ノイマンとモルゲンシュテルンのゲーム理論（第7章参照）に影響を受けた彼は、主観的効用の理論だけでなく、自分の信念の度合いに基づく個人的確率の理論も提唱した。この理論は一連の公理に基づいており、そのなかの一つは、フォン・ノイマンとオスカー・モルゲンシュテルンの一見したところ無害な「無関係な選択肢からの独立性」という公理だった。のちの第10章で説明するように、この公理は期待効用理論全体に暗雲をもたらした。

経済学の教授だったフリードマンと、その当時統計学の研究員だったサベージが、のちに有名になる論文を共同執筆したのは、シカゴ大学でのことだった。その1年前には、『ゲームの理論と経済行動』の第2版が出版され、フォン・ノイマン－モルゲンシュテルンの公理に従うことが、人が効用関数をもつための必要十分条件であるという極めて重要な証明がなされていた。

意思決定者がいくつかのリスクのない選択肢のなかから選択しなければならないときは、どんなときであれ、支払金を最大化するものを選択することがわかっている[4]が、それはこの場合、効用を最大化することと同義である。しかし、リスクがある場合には、最大化される要素は支払金の期待効用であり、これは、期待される支払金の効用と同じものではない。貨幣の限界効用は富の増加とともに減少するので、期待効用を最大化することは、期待される支払金を最大化することには相当しなくなってくる。そして、お金の限界効用は誰においても減少し、限界効用の減少はリスク回避と同等であるため、誰もがリスクを回避することは明らかである。果たして、そうであろうか？

フォン・ノイマンとモルゲンシュテルンは、ベルヌーイの時代から妥当とされてきたこの理論を正当化したが、フリードマンとサベージは、私がこの章の冒頭で言及した次のような難解なパラドックスに戸惑った。あらゆるリスクに備えるために保険に加入するような、リスクを嫌う人々の多くが、なぜギャンブルにも手を出すのか？　なぜ、自分の財産に保険をかけるような家所有者が宝くじも買うのだろうか？「一見すると、同じ人が保険に加入することとギャンブルをすることは矛盾しているように思える。一方ではリスクを回避するために、他方ではリスクを負うためにお金を快く払うのだから」と彼らは書いている。しかし、このような逆説的な現象は決して珍しいことではなく、「多くの政府が、宝くじは歳入を確保する効果的な手段だと思っている」と彼らは述べた。

彼らは、人間がリスクを取る傾向があることを示すあらゆる行動を検討した結果、「貨幣の総効用曲線にかなり特殊な形を与えれば、これらの経験的観察は、その（フォン・ノイマン－モルゲンシュテルンの）仮説と完全に一致することが判明した」と結論づけた。さて、その「かなり特殊な形」とは何なのであろうか？

ここまで、本章でも前章までの章でも、富に対する限界効用は富が増えるにつれて減少するということを何度も何度も繰り返し述べてきた。つまり、富に対する効用は上昇するが、富の増加に伴ってその増加量は少なくなっていく（言い換えると、効用曲線の傾きはどんどん平らになっていく）。結局のところ、すでに述べたように、アイスクリームの2すくい目は1すくい目よりも得られる喜びが少なく、大富豪が1ドルもらったときに得られる効用は、貧困者が得られるものよりも少ない。方眼紙に描くと、効用関数の曲線は上昇するが、下に向かって曲がる、あるいは専門用語で言うと、効用関数の形は下から見ると凹になっている。しかし、もしかしたら、富の領域全体がそうではないかもしれない。もしかしたら、1ドルから100万ドルの間のどこかに、富に対する限界効用が増加する領域があるかもしれない。

これがまさに、フリードマンとサベージが主張したことである。彼らは、たとえば、ワーキングプアの人が、あるまとまったお金をもらうことで、突如中流階級の仲間入りができるかもしれないと主張した。これは本当に価値のあることだ。このまとまったお金がその人の人生を変えるかもしれない。つまり、1ドルを得ることはほとんど注目すべきことではないが、1万ドルを得ることは、1ドルを得ることの1万倍以上の効用をもたらす可能性があるのだ。したがって、この富の領域では、限界効用が増大するということが暗示される。そして、それはもちろん、その人が自分に不利なオッズであっても、喜んでギャンブルに参加することを暗に意味する(ところで、これに関連して、フォン・ノイマンとモルゲンシュテルンは、限界効用が減少すること、すなわち効用曲線の傾きが平坦になっていくとは規定していないことを思い出してほしい)。

たとえば、10万ドルの家と5万ドルの預金口座を持つ、そこそこ裕福な女性、シーラの場合を考えてみよう。0から約15万ドルの間では、彼女の富に対する効用を表す関数が凸であるため、彼女はおそらく家に保険をかけるだろう。しかし、彼女が本当に望んでいるのは、「25万ドル以上」の層に入ることだ。この目標を達成するために、シーラは10ドルを払って、10万ドルの当選のチャンスがある宝くじを買ってもよいと思っている。おそらく投資した額を失うことになるとわかっていても。彼女のギャンブルをしても構わないという気持ちは、彼女の効用関数が約15万ドルから25万ドルの間で凸であることを暗示する。

しかし、予想に反して、宝くじが当たって25万ドルを所有する金持ちになったとしても、彼女は再びリスクを回避することで、新しく得た地位を守るだろう。したがって、25万ドルを超えると、彼女の効用関数は再び凹になる(図8・3参照)。つまり、これは、

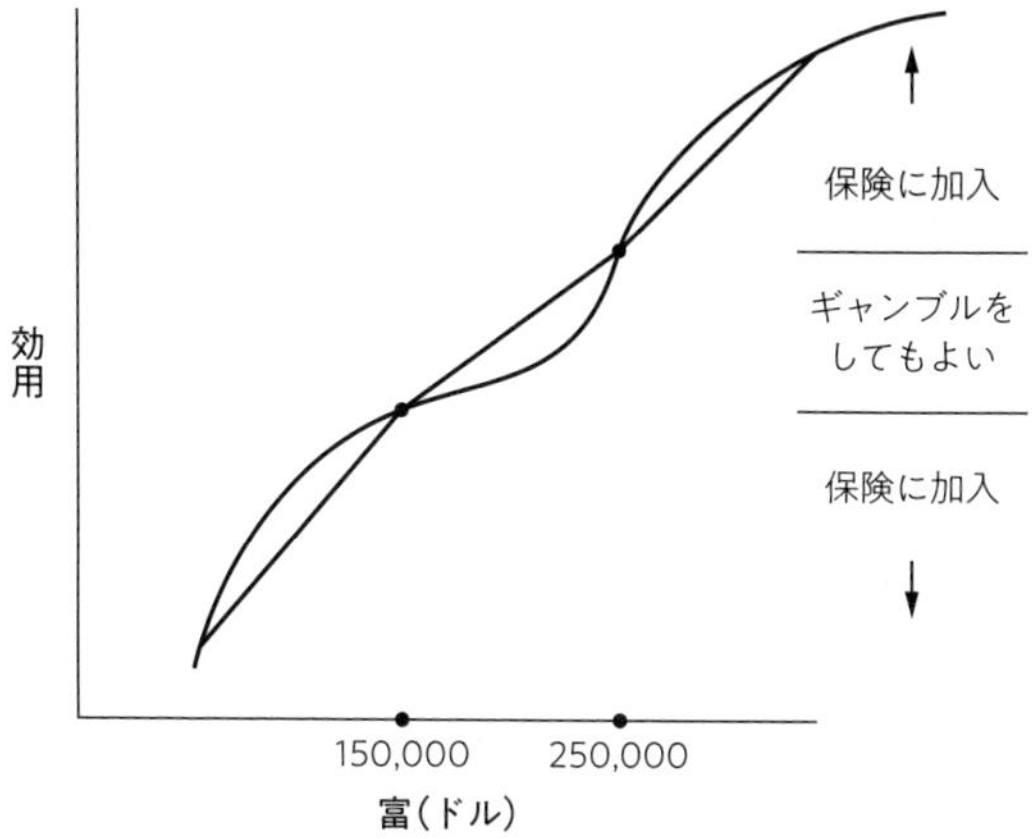

図8.3　シーラの富の効用関数

現在の彼女の所有する富である15万ドルの地点では、彼女は宝くじを購入することも、家の保険に加入することもいとわないということを意味する。パラドックスは解決した。

つまり、くねくねした効用関数(論文の著者らが言うところの「許容できる範囲の満足のいく解釈」が可能)は、なぜ多くの人が保険とギャンブルを同時に行うかを説明してくれる。くねくねしている部分は、社会経済的な階級差を表しているのかもしれない。初めと終わりの凹関数の部分は、低所得層と高所得層を示しており、その間の凸関数の部分は、高所得層に飛び込むためにリスクを冒す意思があることを示している。さらに、このようにくねくねしていることは、フォン・ノイマン－モルゲンシュテルンの公理とよく一致している。つまり、どの公理も破られておらず、効用のグラフはある領域では凸であるが、意思決定者はその効用を最大化している。

フリードマンとサベージが提唱した理論は、宝くじやカジノでのギャンブルだけでなく、投資判断や職業選択、企業の事業など、あらゆるリスク行動を説明してくれる。しかし、一つの難問が彼らを悩ませていた。「ギャンブルや保険に入る前に、個人がくねくねした効用曲線を参照し、ギャンブルに関わるオッズやオープンにされている保険プランを知り、ギャンブルや保険プランの期待効用を計算し、その期待効用の大きさに基づいて意思決定を行うと仮定することは、明らかに非現実的ではないか」と、彼らは自問していた。

確かに、それは明らかに非現実的だ。意思決定の前に自分の効用関数を調べ、複雑な計算をしたりする人はいないだろう。しかし、フリードマンとサベージによると、この反論は重要ではない。意思決定者があたかも効用関数を調べ、オッズを知り、期待効用を計算したかのように振る舞うことが重要だと彼らは主張する。ある理論の妥当性は、その仮説が扱う意思決定のクラスについて、十分に正確な予測が得られるかどうかだけにかかっている。それはまるで、ビリヤード選手が弾性衝突の方程式を知り、目で角度を正確に推定し、光の計算をして、ショットを打つようなものだと彼らは言っている。「論より証拠」ということだ。その点、くねくねした効用曲線は非常によくできている。

この論文が発表されて間もなく、ある聡明な大学院生が、保険とギャンブルのパラドックスを説明しようとしたフリードマンとサベージが、不注意にも別のパラドックスを導入してしまったと指摘した。彼らのモデルは、本当に現実に起こったとした場合、直感に反する行動を暗示したのだ。貧困と裕福のちょうど中間に位置する中程度の富を持つ、アルバータを例にとってみよう。フリードマンとサベージによれば、効用関数は、低所得と高所得では凹、その中間では凸となる。アルバータは、富の凸（すなわち、リスクを冒す）領域の真ん中にいることになる。ここで、アルバータに次のようなギャンブルを提示する。コインを投げて、負けた人は貧しくなり、勝った人は豊かになる。このギャンブルは、期待される支払いがゼロであるため、保険数理的には公平である。つまり、このギャンブルを何度も繰り返した場合、アルバータは平均して現在の富を維持することになる。

フリードマン-サベージのフレームワークでは、現在の資産でリスクを負うことをいとわないアルバータは、この機会に飛びつくはずである。しかし、実際には、中程度の富を持つまともな人は、自らを金持ちにも貧乏にもするような公平なギャンブルに参加することはないだろう、とその学生は主張した。なぜアルバータは賭けをするのだろうか？　平均するとスタート地点の金額になるだけなのに？　しかし、フリードマンとサベージの世界では、アルバータは好んでそのようなギャンブルをするだろう。そこで、この理論はさらに発展させる必要があった。

その大学院生の名前は、ハリー・マーコウィッツといった。1927年、シカゴでモリスとミルドレッドのマーコウィッツ夫妻の一人っ子として生まれた彼は、世界恐慌のなかで育った。両親は小さな食料品店を経営しており、食品や乾物を扱う商売をしていたので、国中が絶望に包まれていても大きな影響を受けることはなかった。食べるものはいつも十分にあり、少年には自分の部屋があった。彼は野球などを楽しみ、高校のオーケストラでバイオリンを弾き、よく読書をした。

大学では、マーコウィッツは哲学や物理学に傾倒していた。しかし、2年後、シカゴ大学を教養学士号を取得して卒業すると、経済学を選択した。ミクロ経済学やマクロ経済学にも興味をもっていたが、彼を本当に魅了したのは、不確実性の経済学だった。彼は『ゲームの理論と経済行動』を読み、期待効用に関するフォン・ノイマンとモルゲンシュテルンの議論、フリードマンとサベージの効用関数、そしてサベージの個人効用の考え方に夢中になった。シカゴでは、教師陣のなかにフリードマンとサベージがいるという幸運に恵まれた。

フリードマンとサベージの論文の矛盾に気づいてからというもの、マーコウィッツはさらに掘り下げる必要性を感じていた。彼は友人にアンケートを取り、次のような質問をした。

▼10セントを確実に手に入れるのと、10回に1回の確率で1ドルを手に入れるのとではどちらがいいですか？

▼1ドルを確実に手に入れるのと、10回に1回の確率で10ドルを手に入れるのとではどちらがいいですか？

▼10ドルを確実に手に入れるのと、10回に1回の確率で100ドルを手に入れるのとではどちらがいいですか？

▼100ドルを確実に手に入れるのと、10回に1回の確率で1000ドルを手に入れるのとではどちらがいいですか？

▼100万ドルを確実に手に入れるのと、10回に1回の確率で1000万ドルを手に入れるのとではどちらがいいですか？

「これらの質問に対する（私の中所得者の知り合いの）典型的な答えは、次のようなものだった」とマーコウィッツは記している。彼らのほとんどは、確実に10セントを手に入れるよりも、チャンスを活かして1ドルの賭けに挑むことを好んだ。また、1ドルを確実に手に入れるよりも、10ドルの賭けに挑む方がよいと思う人が大多数だった。しかし、その後、好みが分かれ始めた。１００ドルの賭けよりも確実に10ドルを得ることを好む人もいたし、その逆を好む人もいた。また、１００ドルが確実に手に入るのと１０００ドルの賭けをするのとでも意見が割れた。しかし、最後の選択肢（確実に１００万ドルもらえるか、１０００万ドルの賭けを行うか）では、友人たちは全員例外なく確実に１００万ドルを得ること好むということがわかった。

マーコウィッツは、次に趣向を変えた以下のような質問をした。

➤10セントを確実に支払うのと、10回に１回の確率で１ドルを支払うのとではどちらがいいですか？
➤１ドルを確実に支払うのと、10回に１回の確率で10ドルを支払うのとではどちらがいいですか？
➤10ドルを確実に支払うのと、10回に１回の確率で１００ドル支払うのとではどちらがいいですか？

▼１００ドルを確実に支払うのと、10回に1回の確率で１０００ドルを支払うのとではどちらがいいですか？

▼１００万ドルを確実に支払うのと、10回に1回の確率で１０００万ドルを支払うのとではどちらがいいですか？

概して、人は10回に1回の確率で1ドル支払うよりも、確実に10セント支払う方を好み、10回に1回の確率で10ドル支払うよりも、確実に1ドル支払う方を好んだ。その後は、また意見が割れ、大金になると、「一般的に人は、１００万ドルを確実に支払うよりも、10回に1回の確率で１０００万ドルを支払う方を好む」[5]。

マーコウィッツの調査で明らかになったのは、彼の友人たちが、何かを得ようとしているか、あるいは支払おうとしているかによって、異なる行動をするということだった。利益を得られるかもしれない状況に直面したとき、人は小さな金額ではリスクを取るが、大きな金額ではリスクを回避する。しかし、損失を被るかもしれない状況に直面した場合、人は少ない金額ではリスクを避け、大きな金額ではリスクを取る。

では、効用曲線の形はどうなるのだろうか？　フリードマンとサベージは、論文のなかで三つの領域を想定した。すなわち、富が少ない場合は凹、富が中程度の場合は凸、富が多い場合は再び凹である。マーコウィッツは、さらにくねりを加え、その人の現在の富を凹と凸の領域の中間点に固定した（３０９ページ図８・４）。現在の富の右側、つまり利益の場合、効用曲線は最初は凸である。左側、つまり損失の場合、効用曲線は最初は凹になる。しかし、さらに先へ進むと、もう二つの領域がある。利益が非常に大きい場合、効用曲線は再び凹になり、損失が非常に大きい場合は凸になる。

これらの事実は、「カードゲームやサイコロゲームなどでは、人は適度に負けている状況ではより保守的に（すなわち、リスクを嫌って）プレイし、適度に勝っている状況ではより自由に（すなわち、より多くのリスクを取って）プレイするという共通の観察結果」によって裏づけられるとマーコウィッツは主張した。

マーコウィッツは、効用曲線がどのような形を取るべきかについて、さらにいくつかコメントしている。効用曲線は、右側（利益）よりも左側（損失）に速く落ちること、上に有界かつ下に有界であり、裕福である場合は貧しい場合よりも最後のくねりが現在の富から遠く離れていること、などである。フリードマンとサベージの効用関数と同様に、マーコウィッツの複数のくねりをもつ形状は、人々が保険とギャンブルを同時に行うことがある理由を説明している。しかし、フリードマンとサベージとは対照的に、この関数は、貧乏にも金持ちにもなるような数理的に公平なギャンブルを受け入れるというアルバータのパラドックスを回避している。

マーコウィッツの論文は、現代の基準からすると、あまり厳密なものではない。彼の友人の間で行われたざっとした調査を除いて、彼の考えを実際に検証するものはなく、それがこの論文を出版物としては疑わしいものにしていた。マーコウィッツ自身もそのことを認識していたようで、論文の最後の段落でこう明かしている。「この論文の議論は、薄っぺらな証拠に基づいていると反論されるかもしれない。私は、ここで紹介した仮説の『真実』を『疑いの余地なく』証明していないことを自覚している。私は、リスクや不確実性のもとでの行動に関する現象を説明したり、実験を計画したりする際に心に留めておくべき仮説を提示し、動機づけ、そしてある程度まで正当化し、妥当性をもたせようと試みた」。このようなメッセージを査読者や読者に送ることは、正当性の主張

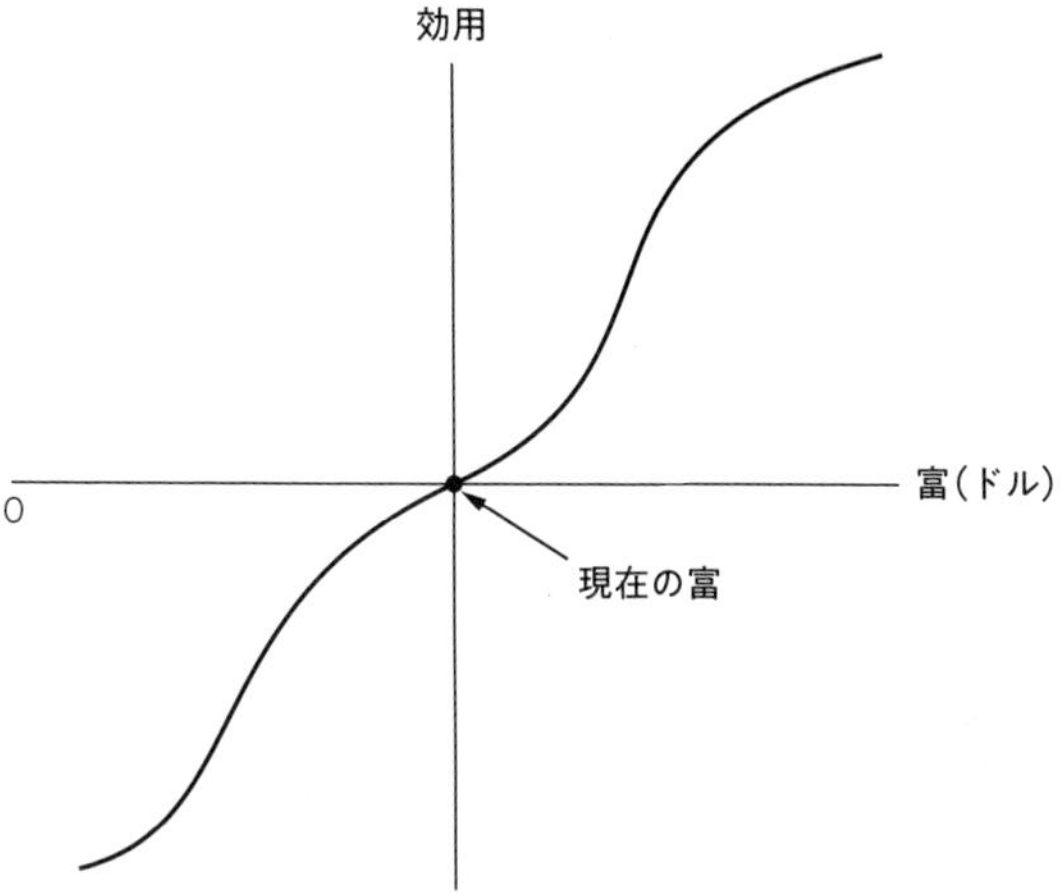

図8.4　フリードマンのくねり、マーコウィッツのくねり

という観点からすると、駄目なことになりかねなかった[6]。それにもかかわらず、フリードマンとサページが提案したような効用関数、あるいはマーコウィッツが提案したような効用関数は、保険とギャンブルのパラドックスに対する答えのように思われる。

いずれにしても、「富の効用」の論文は、マーコウィッツにとって副次的なものにすぎなかった。本当の意味でマーコウィッツの名を一躍有名にしたのは、同年に

『*Journal of Finance*（金融ジャーナル）』に掲載された『Portfolio Selection（ポートフォリオ・セレクション）』という論文であった。マーコウィッツは、まだ博士課程の学生であったけれども、数学的手法を株式市場に応用しようと思い立った。それは、同僚との会話のなかで偶然思いついたことだった。当時の常識に従うと、株式の価値とは、将来の配当金の差し引き後の現在の価値である。しかし、将来の配当金は不確実であることから、マーコウィッツは、株式の価値は、将来の期待される配当金の差し引き後の現在価値で決まると解釈した。「しかし、もし投資家が証券の期待値にしか興味がないのであれば、投資家はポートフォリオの期待値にしか興味がないだろう。そして、ポートフォリオの期待値を最大化するためには、一つの証券だけに投資する必要がある。これは、投資家の行動としてはあり得ないことだとわかっていた。投資家が投資を分散するのは、リターンだけでなく、リスクにも関心があるからだ」とマーコウィッツは指摘した。

こうして、現代ポートフォリオ理論が誕生した。第1章で述べたように、分散投資の考え方は3世紀前にダニエル・ベルヌーイによってすでに提案されていたので、ここで

図8.5　ノーベル賞を受賞するハリー・マーコウィッツ（左）。（ハリー・マーコウィッツ・カンパニー提供）

は現代という修飾語が必要になる。マーコウィッツは、この論文と、その後の金融経済学の発展への多くの貢献により、１９９０年にノーベル経済学賞を受賞した（図８・５）。

第9章

比較できないものを比較する

先に指摘したように、効用理論の弱点は、効用は個人間で比較できないということだ。測定が問題だ。何かを測定するには、一つひとつ数えるのが最も直接的な方法である。ドナルド・トランプの就任式の観客数は、「フェイクニュース」のツイートにもかかわらず、バラク・オバマのいずれの就任式よりも明らかに少なかった。重さや長さも、客観的に測って比較することができる。パリ近郊の国際度量衡局に保管されているキログラム原器である「Kilogramme des Archives」とメートル原器の棒である「Mètre des Archives」は、あらゆる種類の測定の基準となっており、測定される物質は重要ではない[1]。したがって、2kgのジャガイモは1kgのニンジンの2倍の重さがある。また、20cmの木製の定規は60cmの金属棒の3分の1の長さである。問題が発生するのは、人工的な尺度を用いた場合である。

モース硬度が、鉱物間の相対的な硬度や傷に対する抵抗力を測定するものであることは、第6章ですでに指摘したとおりである。したがって、ダイヤモンド（硬度10）は石英（硬度7）に傷をつけることができるし、タルク（硬度1）は他のどんな鉱物を用いても傷をつけることができる。しかし、モース硬度はあくまで相対的な硬度を測るものであるため、順位づけにすぎない。したがって、トパーズ（硬度８）は蛍石（硬度４）より硬いとはいえるが、２倍の硬さがあるという意味ではない。

温度は、少なくとも客観的な測定が可能である。しかしそれでも、たとえば、「華氏１００度のフェニックスは、華氏50度のボストンの２倍暑い」とはいえない。これは、気温を摂氏に換算すると一目瞭然である。フェニックスは37・４度でボストンは９・９度である。どちらの測定法でも、フェニックスはボストンより暑い。しかし、２倍暑いのだろうか？　そんなことはない。

効用は全く別の部類のものだ。群衆の多さ、重さ、時間、長さのように客観的に測定できないだけでなく、鉱物の硬度のように比較することさえもできない。心理学的な概念であるため、私たちが知っているような測定を受けつけないのだ。感情的な感覚は完全に主観的なものであり、客観的に測定することはできない。たとえば、痛みを例に取ろう。出産時の女性は、腎臓結石で苦しんでいる男性よりも苦痛を感じるのだろうか？　または、喜びの場合、元気のよい孫に会う喜びと、公園をゆったりと散歩する喜びはどう比較できるだろうか。

同様に、効用も数値で測ることはできない。ジョン・フォン・ノイマンやオスカー・モルゲンシュテルン（それ以前にはダニエル・ベルヌーイやガブリエル・クラメール）が提唱した、ある人の効用を表す関数やグラフは、その特定の人だけに関係する規則として定義されている。実際、効用は単調（つまり、常に上昇する）である限り、あらゆる数学的操作を行うことができる。たとえば、効用を2乗したり、10倍したりしても、その順序は変わらない。特に、ノイマンとモルゲンシュテルンが提唱した効用関数は、線形変換が可能である（すなわち、効用に定数を掛け、さらに別の定数を加えても、順序は変わらない）。摂氏温度は華氏温度の線形変換にすぎないことに注意されたい。[2] したがって、数値は直接比較はできないけれども、摂氏で暑くなったと感じた場合は、華氏でも暑くなったと感じることになる。

富の効用を表す指標として、ベルヌーイは対数を、クラメールは平方根を提案したことを思い出してほしい。どちらも正当な指標であるが、各人の意思決定は各人の効用関数で正確に記述される一方で、華氏と摂氏を比較するように人との間で比較することは許されない。ある人のオレンジに対する効用と、別の人のバナナに対する効用を比較することはできない。また、ある人のブドウに対する効用を他の人のその同じブドウに対する効用と比較することはできないし、ある人の最初のクッキーに対する効用と、その人の10番目のクッキーに対する効用を数値で比較することもできない。ただし、10番目のクッキーは最初のクッキーよりも追加される効用が小さいということはできる。

効用を人との間で比較することが不可能な理由は、効用はモース硬度のように序数の尺度（すなわち、ランキング）にすぎず、キロメートルやセンチメートルのように加算や減算が可能な基数の尺度ではないからである。したがって、１０００ドルは５００ドルよりもサムに多くの効用を与えるということはできても、それがどの程度であるかはわからない。また、２００ドルから得る効用は、トムよりもサムの方が多い、あるいは少ないと断言することもできない。

しかし、驚くべきことに、人との間で比較可能なものが一つある。リスク回避の度合いだ。西海岸と東海岸に住む二人の教授が、互いの研究を認識することなく、人々のリスクに対する姿勢を測る基準を開発した。スタンフォード大学の経済学教授であるケネス・ジョセフ・アロー（３１９ページ図９・１）と、ハーバード大学の経営学教授であるジョン・プラットである。

ケネス・アローはニューヨーク市で生まれ、少年時代と学生時代をニューヨークで過ごした。一家は、快適な暮らしをしていたが、世界恐慌で富の大半を失い、その後10年間は貧困にあえいだ。いよいよアローが大学に入学するときが来ると、彼の両親はかろうじてその費用を負担できる程度だった。幸いなことに、ニューヨーク市立大学シティカレッジ（ＣＣＮＹ）では、市内に住む者は授業料免除で高等教育を受けることができたので、アローはこの機会に一生感謝することになった。彼は、ＣＣＮＹで数学を専攻し、歴史、経済学、教育を副専攻した。そして、数学の教師になるつもりだった。しかし、成績最優秀者に贈られるゴールド・ペル・メダルを受賞して卒業したものの、その当時のニューヨーク市の学校組織にはポジションが空いていなかった。そこで、彼はコロンビア大学に入学し、数学の勉強を続けた。１９４１年に修士号を取得したが、その後何をしたらよいのかよくわからなかった。

幸運なことに、彼はコロンビア大学で、経済学部の統計学者であったハロルド・ホテ

図 9.1　ケネス・J・アロー（1921〜2017）（©Chuck Painter / スタンフォード・ニュース・サービス）

リングの数理経済学のコースを受講していた。この経験は、決定的なものとなった。アローは、数理経済学こそが以後、生涯を捧げる学問分野だと心に決めたのだ。その後、経済学部のフェローシップを得たが、学問人生は第二次世界大戦により中断された。１９４２年、気象将校としてアメリカ陸軍航空隊に入隊し、長期予報班で大尉に昇進した。ある日、アローとその同僚たちは、これまでに培った学問的素養を利用して自分たちの研究を統計学的にテストしてみようと思い立った。彼らは長期予報班の目的——1ヵ月先の雨の日数を予測する——を達成することができるか調査した。そして、予測はできないという結論になったことには何の驚きもない。彼らは、軍の元帥に宛てた手紙で長期予報班の解散を勧めた。その半年後、返事が来た。「元帥は、貴殿の予測が役に立たないことをよくわかっておられる。しかし、計画のためには必要なのだ」。そのため、当てずっぽうと同程度の予測力しかない手法を使って、晴れの日や雨の日を予測し続けたのである。1946年、アローは軍を去った。それでも、アローが従軍中に行った仕事で有用なものもある。1949年、『*Journal of Meteorology*(気象学ジャーナル)』に『On the Optimal Use of Winds for Flight Planning(飛行計画における風の最適利用について)』と題する、アローにとって初となる科学論文が掲載された。

戦後、アローはコロンビア大学で大学院の研究を続けた。彼は、世界恐慌で家族が味わった苦難を忘れず、堅実で地に足がついた職業を探していた。一時は、生命保険数理士にでもなろうかと考え、実際に一連の数理士試験に合格した。しかし、保険業界で職を探していたところ、先輩に止めるよう説得され、アローは研究の道に進むことにした。１９４７年、彼はシカゴ大学のコウルズ経済学研究財団に入所した。そこで彼は、「熱心な若い計量経済学者や数学に傾倒した経済学者たちのいる輝かしくて知的な雰囲気に出会った」のである。また、そこで若い大学院生のセルマ・シュバイツァーに出会い、のちに結婚することになる。彼女は、社会科学の分野で量的研究を行う女性のために設けられたフェローシップでコウルズ財団に在籍していた（元々、このフェローシップは「エピスコパル教会の女性」を優先的に採用することになっていたが、その後、宗派の指定はなくなった。これは、アローと同様にユダヤ人であったセルマにとって幸いだった）。

フォン・ノイマンとモルゲンシュテルンが『ゲーム理論と経済行動』を出版した数年後の１９４８年から、アローはカリフォルニア州サンタモニカにあるランド研究所で夏を過ごした。これは、独特な非営利のグローバル政策研究所であり、その後に続くすべてのシンクタンクの基準を示すこととなった。１９４９年、アローはスタンフォード大学の経済学と統計学の臨時助教授に任命され、その後昇進し、最終的には経済学教授とオペレーションズリサーチの教授になった。アローは、１９９１年に引退するまで、11

年間のハーバード大学への在籍、ケンブリッジ、オックスフォード、シエナ、ウィーンへの訪問を除いた全キャリアをスタンフォード大学で過ごした。彼が受賞した数々の賞のなかには、1957年に授与されたジョン・ベイツ・クラーク賞（毎年40歳以下の類まれな経済学者に送られる）や、もちろん、1972年、ジョン・ヒックスとともに受賞したノーベル経済学賞がある。また、米国科学アカデミー、アメリカ哲学協会の会員に選出されたほか、20を超える名誉学位を授与されている。バチカンでさえもアローに一目置き、教皇庁社会科学アカデミーのメンバーに選出している。アローはその豊かなキャリアのなかで、計量経済学会の会長も務め、米国経済諮問委員会のスタッフや、数多くの学会のフェローやメンバーとして活躍し、2017年に亡くなった。

アローの最も有名な業績の一つは、実は彼の博士論文に含まれていた。それは、「効用を人と比較する可能性を排除するならば、個人の嗜好から社会的嗜好に移行する唯一の方法で、満足でき、かつ個人の幅広い範囲の順序づけの一群に対して定義されるものは、押しつけか独裁のどちらかだけだ」という有名な不可能性定理である。換言すると、民主的に指導者を選出する合理的な方法は存在しないのである。あの多数決の原理でさえ、非常に深刻な欠点がある。[3] このような憂慮すべき事態を招いた理由は何であろうか？　それは、何を隠そう、効用が人と比較不可能なことである。

１９６０年代初頭、アローがスタンフォード大学で経済学、特に不確実性の経済学について講義していた頃、同じ国の反対側にあるハーバード・ビジネス・スクールで、ある若い教授が同様のテーマの研究に勤しんでいた。１９３１年生まれのジョン・ウィンザー・プラットは、プリンストン大学で教育を受け、１９５６年にスタンフォード大学で統計学の博士号を取得した。彼の論文『１パラメータ多変量ポーラ型分布の決定理論におけるいくつかの結果』は、彼が生涯にわたって意思決定へ関心を示すことを予感させた。１９６２年にはアメリカ統計学会のフェローに、１９８８年にはアメリカ芸術科学アカデミーの会員に選出された。１９９５年にマサチューセッツ工科大学出版局から出版された『*Introduction to Statistical Decision Theory*（統計学的決定論入門）』を共著し、全米科学アカデミーの、環境モニタリング、国勢調査の方法論、および統計学の将来に関する委員会の議長を務めた。決定分析の分野での貢献が認められ、彼は

1999年に決定分析学会から「フランク・P・ラムゼイ・メダル」を授与された。この賞は、同学会が授与する最高の賞で、第6章のテーマであるケンブリッジ大学の数学者を記念して設立されたものである。

特に、プラットの名を一躍有名にした論文がある。『Risk Aversion in the Small and in the Large（小規模および大規模なリスク回避）』と題されたこの論文は、1964年1月に『*Econometrica*（エコノメトリカ）』に掲載され、その当時、最も引用された経済学論文の一つとなった。近年は、この論文は頻繁には引用されなくなったが、それはその重要性が失われたからではなく、むしろ、プラットが論じた概念が主流となり、その都度言及する必要がなくなったからである。

論文の冒頭で「この論文は、貨幣の効用関数に関するものだ」とプラットは述べた。この論文は、「小規模のリスク回避の指標、任意のリスクに対するリスクプレミアムあるいは保険料」について論じている。これによって、彼は秘密を漏らした。効用はランクづけされるだけで、伝統的な意味での測定はできないが、プラットは、個人がリスクを回避するために支払ってもよいと思う保険料と関連づけることによって、人のリスク回避の度合いを測定することができると主張した。このアプローチは、確率の信念の度合いを、人が道を外れることをいとわない距離と関連づけたフランク・ラムゼイのものと類似している（第６章参照）。

プラットが提案したリスク回避の測定法を説明する前に、この試みにおけるアローの仕事を振り返っておこう。１９６２年、プラットがリスク回避の指標の開発に取り組んでいた頃、アローはスタンフォード大学の学生たちに「不確実性の経済学」という講義を行っていた。その講義の第６講では、流動性選好（すなわち、リターンが期待できるが、同時に損失が出る可能性もあるリスクの高い投資と比較して、利息はつかないがリスクのない現金を持つことを好むこと）が扱われた。特に、アローは、意思決定者が投機的事業に投資する一方で、残りの財産を現金で維持するための最適な資金量について議論した。彼は、この金額が投資家の裕福度によって異なることを示した。アローは、その誘導の過程で、投資家のリスク回避の度合いを測る数式を導入した。それは、プラットが発見したものと全く同じ数式であった。

指摘したように、プラットはアローの仕事に気づいていなかった。インターネットが普及する以前のことであり、スタンフォード大学のアローの学生以外は、実質的に誰もこの方法を知らなかったのである。その後まもなく、アローはヘルシンキで開催された第1回ユルヨ・ヤンソン講演会での講演の招待を受けた。この一連の講演会は、ビジネスで財を成したが若くして亡くなったフィンランド人の経済学教授にちなんで名づけられたもので、のちに10人の講演者がノーベル経済学賞を受賞したことで有名になった。アローは、リスク回避に関する自分の研究を発表することにした。1963年12月、「リスク負担理論の側面」というタイトルで講義を行った。プラットはこのとき初めて、アローの発見を知った。そして、自分の論文の出版を間近に控えていた彼は、何とかその最後に「アローの研究に関連する」というセクションを追加した。この二人の教授がお互いに独立して見つけた数式が、それ以後、リスク回避のアロー・プラット指標として知られていくことになる。こうして、効用は個人の間で比較できないが、リスクプレミアムは比較できることがわかった。

第1章の内容を思い出すかもしれないが、人のリスクプレミアムは、効用曲線と、ある富の水準から他の富の水準に傾斜する直線との間の水平方向の伸びで決まる。読者の皆様がページを戻る手間を省くために、その章の議論とグラフをここに再掲する（329ページ図9・2）。

たとえば、ピンポドゥー氏が2000ダカットか3000ダカットのどちらかを手に入れる確率が半々である局面に直面するとしよう。つまり、彼の富の期待値は、2500ダカットということになる（2000の50％と3000の50％）。リスクを嫌う彼は、確実にその金額が保証されるなら、2440ダカットで妥協するだろう。数学的説明は以下のようになる。

まず、$軸（横軸）上に2000ダカットの富の位置を表す（*a*）。この値を効用曲線（*b*）の方向にたどっていくと、*U*軸（縦軸）上の効用は7・6となる（*c*）。同じことを$軸上の3000ダカットについても行い（*d*）、効用曲線（*e*）までたどっていくと、*U*軸上の効用は8・0となる（*f*）。ここで、*U*軸上の期待効用を求めると、7・6と8・0の中間「すなわち、7・8（*g*）」になる（確率が半々だから中間地点になる。確率が半々でない場合は、U軸上の位置もそれに合わせて調整しなければならない)。問題は、効用7・8に対応するダカットの値はいくらかということである。期待効用レベル7・8から効用関数(h)をたどってみると、$軸上の値2440が得られる($i$)。しかし、数学的なギャンブルの金銭的価値の期待値は、2000ダカットと3000ダカットの中間「すなわち、2500ダカット(j)」にある。これで証明終了だ。最終的に、確実に2440ダカットの富の価値を手に入れることで、ピンポドゥー氏は、提案されたギャンブルから得られると期待される効用と同じ効用を得るのである。iとjの差額である60ダカットが、彼がギャンブルを避けるために支払う準備のある価格である。

同じ状況にある別の人は、70ダカット、あるいは55ダカットなど、出してもよいと思う金額は異なることがある。効用とは対照的に、払ってもよいと思うリスクプレミアムは人の間で比較することができる。したがって、意思決定者のリスク回避の度合いは、この水平方向部分の長さによって決定される。

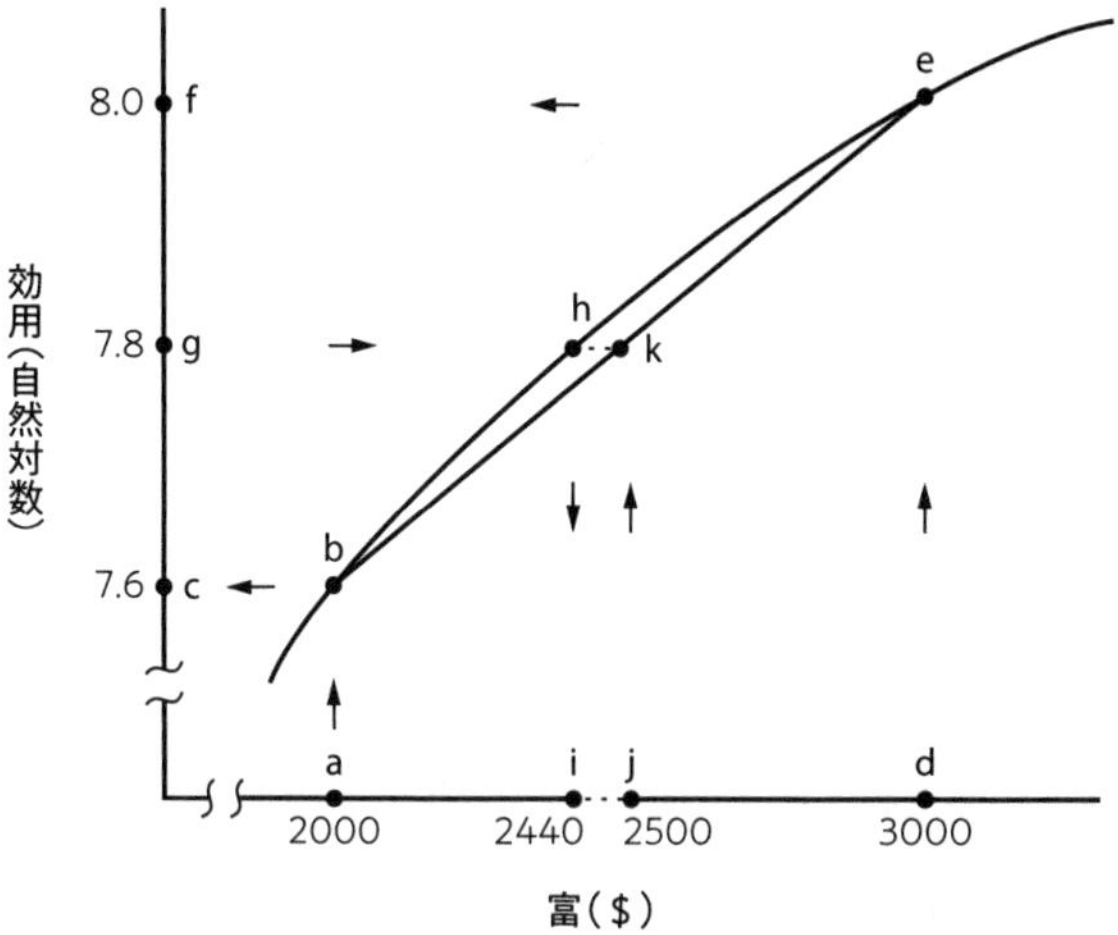

図9.2　富の効用

注：曲線（点*b*、*h*、および*e*を通る）は自然対数であり、点*b*、*k*、および*e*を通るものは直線である。

ここで重要なのは、効用関数のグラフが、この短い断片の長さをどのようにして決定するかということである。それは曲線の傾き、U'（富）なのか？　それとも曲率U''（富）なのか？　これらの問いの答えは両者ともノーである。なぜなら、傾きや曲率が異なっても、結果的に同じリスクプレミアムになることがあるからである。[4] したがって、傾きや曲率だけでは、リスク回避の度合いを決定することはできない。アローとプラットが発見したのは、以下のような、効用の傾きと曲率の両方を組み合わせた富の関数としてのリスク回避の指標だった。

富の関数としてのリスク回避＝－U''（富）/U'（富）

つまり、アローとプラットは効用関数の曲率を傾きで正規化したものをリスク回避の指標として定義したのである（言い換えれば、曲率は傾きの何倍か？ということ）。U''はリスク回避者にとって負であるのに対して、U'は誰にとっても正であるから、リスク回避度は一般に正の数である。[5] さらに、アローとプラットは、もう一つの指標、すなわち、ここで定義した絶対的リスク回避度に富を乗じた相対的リスク回避度を定義した。

興味深いのは、富が増えるにつれてリスク回避度が増すのか、減るのか、それとも一定なのかという点である。人は皆異なるので、正しい答えはない。裕福になるにつれてリスク回避度が下がる人もいれば、そうでない人もいる。その影響は重要である。プラットが論文で指摘したように、絶対的リスク回避度が低下するということは、意思決定者が裕福であればあるほど、あるリスクに対する保険として支払ってもよいと思う金額は少なくなることを意味し、その逆もまた然りである。あるいは、アローが講義で述べたように、絶対的リスク回避度が低下するということは、裕福になればなるほど、投資家はリスクの高いベンチャーに、より投資するようになることを示している。相対的リスク回避度についても同様である。相対的リスク回避度が低下するということは、投資家が自分の資産のより多くの割合をリスクの高い事業に投資するか、もしくは、自分の資産のある割合を脅かすリスクに対してより少ない保険料しか支払いたいと思わないことを意味する。

多くの研究により、人の絶対的リスク回避度は通常、富が増えるとともに低下し、相対的リスク回避度は一般的に１・０前後で推移することが判明した。これは、興味深い。なぜなら、いくつかの数学的操作の後には、ベルヌーイが１７３８年に主張したように、ほとんどの人の効用は対数関数で最もよく記述されることを意味するからである。そして、これは逆に、投資家がどれほど裕福であっても、一般的にその富の一定割合をリスクの高い事業に投資することを示唆している。[6]

第3部

……しかし、人間がすべての尺度である

第10章

さらなるパラドックス

1914年8月、モーリス・アレが3歳になったばかりのとき、彼の父親は第一次世界大戦に参戦するため兵役に召集された。この小さなフランス人の男の子が父親に会うことはもうなかった。ドイツ軍の捕虜となった父は、7ヵ月後、捕虜生活のなかで亡くなった。この喪失は彼にとって、幼少期だけでなく生涯にわたって忘れられない出来事となった。

母方の祖父は大工、父はパリに小さな店を持つチーズ屋という典型的なフランスの労働者階級の家庭にアレは生まれた。父の死後、母は貧困にあえぎながら息子を育てた。少年は早くから類まれな才能を発揮した。高校での成績はずば抜けていて、フランス語、ラテン語、数学など、ほとんどすべての科目でクラスで一番になるほどだった。しかし、彼が夢中になったのは歴史だった。アレは、はじめは卒業後に歴史を学ぼうとしていたが、数学の教師に、彼のような才能をもつ者は科学の道に進むべきだと説得され、断念した。フランスの高等教育制度はエリート主義だと批判されることがあるが、才能ある若者が裕福でなくても、人脈がなくても、一流の教育機関に入学できるのは、その賜物である。アレは、1931年にエリートで競争のかなり激しいエコール・ポリテクニークに入学し、2年後に首席で卒業した。

卒業と同時に、その青年はアメリカを訪れた。時は1933年、アメリカは世界恐慌の真っ只中であった。そこで見た惨状に愕然《がくぜん》とした彼は、どうしてこのようなことが起こりうるのか理解しなければならないと決心した。彼が経済学を学ぶきっかけとなったのは、「工場の墓場」の光景だった。「私のモチベーションは、世界が直面している多くの問題の解決策を模索することで、生活状態を改善できるのではないか、という思いでした。それが、経済学の道に進んだ理由です。経済学は人助けになると思ったのです」。

フランスに戻ると、政府の高官職に誘われたが、エコール・ポリテクニークの卒業生は皆そうであるように、アレもまず1年間の兵役に就かなければならなかった。彼は砲兵隊に従軍し、そして、パリ国立高等鉱業学校で工学の学位を取得するためにさらに2年間勉強した。1937年、この26歳の新米鉱山技師は、フランスの89の県のうち五つの県の鉱山と採石場、および鉄道システムの責任者に任命された。しかし、すぐに第二次世界大戦が本格化し、アレは再び軍に召集された。中尉としてイタリア戦線の重砲隊を指揮することになったが、パリがドイツ軍によって陥落した後、イタリアとの戦争は

1940年6月10日から6月25日までの2週間しか続かなかった。休戦後、アレは復員し、ドイツ占領下のフランスで元の職場に復帰した。

戦争末期の数年間と戦後の3年間、アレは行政の仕事をこなしながら、経済についての考えをまとめていった。独学で、しかも週に80時間も働きながら、アレは最初の基本的な著作である『*À la Recherche d'une Discipline Économique*（経済学的規律を求めて）』（1943年）と『*Économie et Intérêt*（経済と利子）』（1947年）の2冊と、3冊のそれほど重要でない本、そして各種ニュース記事を発表した。彼は、すべての著作を母国語であるフランス語で書き、出版することに決めたが、これは彼のキャリアにとって運命的な選択となった。

1948年、彼は政府の仕事を辞職し、以後、研究、教育、および科学に関する出版に専心することになった。1944年からのパリ国立高等鉱業学校の経済分析教授、1946年からのフランス国立科学研究センター（CNRS）の研究ユニット長を務めたほか、パリ大学統計研究所（1947〜1968年）、バージニア大学トーマス・ジェファーソン・センター（1958〜1959年）、ジュネーブ国際研究大学院（1967

～1970年)、そして再びパリ大学(1970～1985年)などでも教職についた。

彼の経済学への多くの貢献は、基本的に学生時代にアメリカを訪れた際の啓示によるものだった。彼は、あらゆる経済の基本的な問題、すなわち、許容できる所得分配を確保しつつ、いかにして経済効率を最大化するかという問題に対する解決策を見出そうとした。「このように、私の経済学者としての職業は、教育によってではなく、環境によって決定されました。その目的は、経済・社会政策が正しく構築されるための土台を築くように努力することでした」。

彼の数多くの科学的な仕事は、1988年に、「市場と資源の効率的利用に関する理論への先駆的貢献」に対するノーベル経済学賞の授与により完成した。アレは77歳であったが、多くの人はノーベル委員会がこのフランスの経済学者を表彰するのになぜこれほど時間がかかったのか、不思議に思った。特に他の受賞者(1970年にポール・サミュエルソン、1972年にジョン・ヒックスとケネス・アロー、1987年にロバート・ソロー)はすでにその仕事が表彰されていたが、それはアレがすでに行っていた仕事、あるいは彼が基礎を作った仕事だったからである。彼の教え子であるジェラール・ドブルーでさえも、5年前にノーベル賞を受賞していた。なぜなのだろうか？　理由は単純である。経済学の世界では、他のすべての科学の分野と同様、英語が共通語であるが、アレはフランス語で論文を書いていたのである。もし、彼の初期の出版物が英語で読めたなら、「経済理論の世代は違った方向に進んだだろう」とポール・サミュエルソンは言っている。

また、アレの関心は応用経済学（つまり、経済運営、税制、所得分配、金融政策、エネルギー、運輸、および鉱業など）にも及んだ。経済発展の要因、国際貿易の自由化、および国際経済関係の金融情勢などの研究に意欲的に取り組んだ彼は、欧州連邦主義者連合、欧州運動、大西洋連合運動、欧州経済共同体など、さまざまな組織で積極的に活動した。さらに、北大西洋条約機構（ＮＡＴＯ）や欧州共同体（ＥＣ）の設立を目指した多くの国際会議で審査官を務めた。

しかし、アレはヨーロッパ共通の通貨を作ることには反対の立場だった。それは、ユーロに反対だったのではなくて、ヨーロッパ諸国の完全な政治的統合がそのようなステップに先立って行われなければならないと考えていたからだ。また、リベラル派の名門シンクタンクであるモンペルラン・ソサイエティーの創立メンバーの一人でありながら、シンクタンクの設立文書への書名を拒否した。アレの個人的見解では、設立文書は私有財産権を重視しすぎているからである。

驚くべきことに、アレが活躍した科学分野は経済学だけではなかった。科学者としての教育を受けた彼は、物理学に魅了され続け、1954年の初夏に行った実験においては困惑させられるような結果を得た。彼は30日間にわたって、特別に設計された「パラコニカル振り子」の動きを記録した。その測定の最中に皆既《かいき》日食が起こり、月が太陽の前を通り過ぎたその瞬間に、振り子の速度が速くなったのだ。

この結果は、その後約20回の日食で再現されたが、非常に不可解であり、今日もなお解明されていない。可能性のある説明の一つとして、月が太陽の前を通過するときに、重力波を吸収するか曲げていることが挙げられる。それは、部分的に惑星の影響を受けているエーテルのなかを重力波が通過することで、空間が異なる軸に沿って異なる性質を示すことを示唆する。しかし、エーテル説は1887年以降、否定されている。それとも、それは正しいのだろうか？　アレの実験はこの疑わしい説を復活させ、アインシュタインの相対性理論の一部に疑問を投げかけるものだったのだろうか？　アインシュタインがアンリ・ポアンカレの研究を盗用したと確信していたアレにとって、後者であった場合はアレを喜ばせただろう。[1] もし、アレが、のちにアレ効果として知られるようになる現象の納得のいく原理も発見していたら、再びノーベル賞（今度は物理学賞）を受賞できたかもしれない。[2]

ここで興味があるのは、さかのぼること1952年に書かれたアレの初期の著作の一つである。アレはそれまでの著作で、市場経済の均衡が最大効率と等価であることを証明していた。今度は、彼はその理論を不確実性を伴う経済に拡張したいと思っていた。ジョン・フォン・ノイマンとオスカー・モルゲンシュテルンは、その5年前に『ゲームの理論と経済行動』の第2版を出版しており、そのなかで、四つの公理を守ることは人が効用関数をもつための必要十分条件であることを証明した。そして、彼らによれば、合理的な操作者は皆、自分の効用の数学的期待値を最大化するはずだ。

アレにとって、このスタンスは、人間の意思決定者は人間であるという事実を軽視していたため、受け入れがたいものであった。彼は、数学的な期待値が意思決定の際の中心的要素になることはあり得ず、重要な要素は心理的なものでなければならないと結論づけた。リスク理論の基本的な心理的要素を表すのは、平均値まわりの効用の確率分布ではなく、平均値まわりの心理的価値の確率分布なのだ。

効用関数がその増加率を減少させながら増加することを規定する際に、ダニエル・ベルヌーイはすでに人間の心理をかなり考慮していた。その後、フォン・ノイマン、モルゲンシュテルンをはじめ、ミルトン・フリードマン、レナード・サベージ、およびハリー・マーコウィッツらがこの理論を発展させ、フランク・ラムゼイやサベージは、確率という客観的尺度があるとしたら心理学的観点から考えなければならないことを前提とした。しかし、アレはさらにこれを飛躍させた。

期待効用理論の基礎となる仮定、特にその公理を検証するために、彼は確率論に精通した約100人の被験者を使った複雑な実験を考案した。どんな妥当な基準でも、彼らは合理的な行動をすると見なされるだろう。アレは、彼らに二つの質問をした。それを読みながら、自分ならどの答えを選ぶか自問してほしい。では、一つ目の質問。

次に挙げる状況のうち、どちらの状況を好むか？[3]

（ａ）確実に１００万ドルを手にする

または

（ｂ）５００万ドルを手にする確率が10％、１００万ドルを手にする確率が89％、何も手に入らない確率が１％

読者の皆様は、この二つの状況のうち、どちらを選ぶだろうか？

アレの被験者のほとんどは、（ａ）の１００万ドルを確実にもらえる方を選ぶと答えた。そこで、アレは二つ目の質問をした。

どちらの宝くじを選ぶか？

（ｃ）１００万ドルを手にする確率が11％で、89％の確率で何も手に入らない

または

（d）500万ドルを手にする確率が10％で、90％の確率で何も手に入らない

どちらがよいか自問してみただろうか？

回答者のほとんどは、かなり高い賞金を得られるがわずかに確率が低い方、つまり（c）よりも（d）を好んだ。

何と驚いたことに、大多数に選ばれた選択肢（b）より（a）、（c）より（d）は、「無関係な選択肢からの独立性」という、フォン・ノイマンやモルゲンシュテルン、そしてサベージやその他の「合理的」思考をしているふりをしたすべての人たちの有名な公理に矛盾しているのだ。

どうしてそうなるのだろうか？　これは即座に自明ではないので、状況（a）を宝くじ（a′）に書き換えてみよう。「確実に」とは89％＋11％に相当することに注意されたい。したがって、以下のいずれかの決断をすることになる。

(a′)11％の確率で100万ドルを手に入れるか、89％の確率で100万ドルを手に入れる

または

(b′)10％の確率で500万ドルを手に入れるか、89％の確率で100万ドルを手に入れるか、1％の確率で何も手に入らない

「89％の確率で100万ドルを手にする」というのは、どちらの宝くじにも共通しているので、この部分は宝くじには無関係であり、無関係な選択肢からの独立性によって、無視されるべきなのである。したがって、アレの問いは、結局次のようになる。

(a″)11％の確率で100万ドル手に入れる

または

(b″)10％の確率で500万ドルを手に入れ、1％の確率で何も得られない

アレの被験者、そしておそらく間違いなく読者の皆様も、（b″）よりも（a″）の方を選んだことだろう。この選択は得られる金額を最大化するわけではないが、富の限界効用の減少（すなわち、リスク回避）によって説明できることに注意してほしい。ここまではよいとして、次に（c′）と（d′）の比較について考えてみよう。これらを次のように表す。

（c′）11％の確率で100万ドルを手に入れ、89％の確率で何も手に入らない

または

（d′）10％の確率で500万ドルを手に入れ、89％の確率で何も手に入らず、1％の確率で何も得られない

今回は、どちらの宝くじにも共通するのは「89％の確率で何も手に入らない」というもので、これは無関係であり、無視されるべきである。したがって、アレの第2問は次のように簡略化される。

（c″）11％の確率で100万ドルを手に入れる

または

（d″）10％の確率で500万ドルを手に入れ、1％の確率で何も手に入らない

ほとんどの被験者が（c″）よりも（d″）を好んだ。鋭い読者の皆様は、（a″）と（b″）は（c″）と（d″）と全く同じであることにお気づきだろうか？　それにもかかわらず、非常に多くの人が（b″）よりも（a″）を好むと同時に、（c″）よりも（d″）を好むのだ。何というパラドックスだろうか。両方のくじに「89％の確率で100万ドルを獲得できる」とつけ加えると、人々は（b）よりも（a）を好む。しかし、両方のくじに「89％の確率で何も得られない」と加えると、（c）よりも（d）を好むのだ。

この罠にはまった一人が、レナード・サベージその人である。アレは、1952年5月にパリで「リスク負担の理論の基礎と応用」という学会を開催した。そこに経済理論界の有名人、著名人が参加した。もちろん、フリードマン（1976年ノーベル賞受賞）やサベージの他にも、ラグナー・フリッシュ（1969年ノーベル賞受賞）、ポー

ル・サミュエルソン（1970年ノーベル賞受賞）、ケネス・アロー（1972年ノーベル賞受賞）、その他多くの知識人が出席していた。

昼食をとりながら、アレはサベージにアンケートを見せた。合理的な意思決定について誰よりも詳しい統計学者が、その状況を考え、そして、即座に（a）と（d）を選択した。アレから「不合理だ」と指摘されたサベージは、深く動揺した。彼は自分の理論に反してしまったのだ！　しかし、アレは大喜びだった。この昼食時のクイズは、「無関係な選択肢からの独立性」という公理に異議を唱えるもので、フォン・ノイマン、モルゲンシュテルン、およびサベージがとても巧みに築き上げた「アメリカ派合理的意思決定理論」（彼はいくぶんか、軽蔑的にこう呼んだ）を混乱に陥れた。

アレは、このパラドックスを、確実性とほぼ同じくらい明らかに安全性を好むという、非合理的と思われるけれども意味深い心理的現実によって説明した。彼の実験が示すように、これはフォン・ノイマンとモルゲンシュテルンの第4の公理である無関係な選択肢からの独立性に取って代わるものだった。

期待効用理論には、このような合理性の欠如は許容されないので、何か修正を加える必要があった。「多くの人がこの公理を深く考えずに受け入れるとすれば、それは彼らがそのすべての影響に気づいていないからであり、そのなかには、合理的であるどころか、ある心理的状況においては結果として極めて非合理的であるものがあるかもしれない」とアレは述べた。リスクに直面したときに期待効用理論に従って行動する合理的な人間は、単純に存在しないのである。

その数年後、期待効用理論は別のパラドックスによりさらなる打撃を加えられた。その話は1971年の歴史的事件と結びついている。「ペンタゴン・ペーパーズ」と呼ばれる米国防機密文書がニューヨーク・タイムズ、ワシントン・ポストをはじめ十数社の新聞社に流出した悪名高き事件である。この文書は、アメリカ国防長官ロバート・マクナマラによって依頼された、アメリカのベトナム戦争への関与に関する調査であり、多くの大変恥ずべき事柄のなかでもとりわけ、どのようにしてアメリカ国民に知らせないままベトナムにおける戦争がカンボジアとラオスに拡大したか、どのようにしてアメリカのいくつかの政権が議会を欺いたか、そして、どのようにして数人の大統領が実際に国民に嘘をついていたかを指摘した。この調査は極秘にされ、15部しか作成されなかった。そのうちの2部は、1940年代後半にケネス・アローが夏を過ごしたカリフォルニアのシンクタンク、ランド研究所に渡された。その内容は、ダニエル・エルズバーグ（353ページ図10・1）という名の研究員に対する深い疑念を抱かせるものであった。

1931年、シカゴに生まれたエルズバーグは、非常に聡明な少年だった。両親はユダヤ系だったが、敬虔《けいけん》なクリスチャン・サイエンス信者*となった。エンジニアだった父親は、世界恐慌の影響でしばらく失業していたが、やがてミシガン州の有名な工務店に職を得た。家族の友人たちは、エルズバーグ家は、クリスチャン・サイエンスが物事の中心の冷たい家庭だったと記憶している。一家は毎朝祈り、毎週聖書のレッスンを受け、水曜日の夜の集会に参加し、毎週日曜日は教会に通っていた。少年は学校では優秀だったが、母親は彼をコンサート・ピアニストにしようと思っており、そう彼を駆り立てた。母親は彼に、平日は1日6～7時間、土曜日は12時間練習させた。しかし、ある

＊　1879年、メリー・ベーカー・エディによってアメリカのマサチューセッツ州ボストン市に創設されたキリスト教系の新宗教。

有名なピアノ講師に生徒としてとらないと断られると、母親は大変ショックを受けた。あまりの精神的プレッシャーに、後年、エルズバーグは「地獄のような日々だった」と言ったものだった。

しかし、15歳のときにひどい交通事故に遭い、すべての計画は中断された。ミシガン州からデンバーの家族イベントに向かう途中、何時間もの運転で疲れていた父親が居眠り運転をし、コンクリートの橋に激突したのだ。父親と息子は助かったが、母親は即死、エルズバーグの妹も数時間後に怪我で亡くなった。エルズバーグ自身は36時間、昏睡状態に陥った。意識が戻ったとき、彼はほとんど感情を示さなかった。それはまるで、母親の死によりプレッシャーがなくなったかのようだった。昏睡状態から覚めて最初に思ったことは、「もうピアノの練習をしなくていいんだ」ということだったといわれている。後年、彼が精神分析に頼る必要性を感じたのも無理はないが、この決定が予期せぬ結果を招くことになる。

彼は志望していたハーバード大学には難なく合格し、ペプシコーラの奨学金を得て経済学を学んだ。主席で卒業後、ウッドロウ・ウィルソン奨学金を受けてケンブリッジ大

図10.1　ダニエル・エルズバーグ（1931〜）（出典：ウィキメディア・コモンズ、写真：クリストファー・マイケル）

学に1年間在籍した。1954年、海兵隊に入隊し、スエズ危機の際に第6艦隊に6ヵ月間所属するなど、小隊長、中隊長を3年間勤めた後、中尉として除隊した。その後、ハーバード大学に戻り、ジュニア・フェローとして3年間、大学院で独立して研究を行った。1962年に『Risk, Ambiguity, and Decision（リスク、曖昧さ、および意思決定）』という論文でハーバード大学の経済学の博士号を取得した。

エルズバーグは、ハーバード大学で博士論文を書くかたわら、ランド研究所に戦略アナリストとして雇用された。この選択は偶然によるものではなかった。意思決定理論という新しい分野の最前線にあったこのシンクタンクは、非常に刺激的な知的環境を提供したからである。今日までこのシンクタンクには、30人以上のノーベル賞受賞者が関わっている。しかし、ランドのような環境のなかでも、エルズバーグは際立っていた。海兵隊の将校で、ハーバード大学の博士号をもち、栄誉ある科学雑誌に何本か論文を発表していた彼は、まさに理想的な新人だった。最高機密よりさらに高い使用許可を必要とする機密研究に携わった彼は、核戦争を開始するか否かなど、高度な意思決定プロセスに触れた。しかし、それは気持ちのよい発見ではなかった。彼がショックを受けたことには、「核戦争の危険は、どちらか一方からの奇襲の可能性ではなく、危機的状況のなかでエスカレートする可能性から生じる」という事実を知ったのである。この知識は、「それ以来、私の人生と仕事を形作る重荷となった」。

エルズバーグは、空軍と契約し、太平洋軍最高司令官のコンサルタントになった。それから、国防省、国務省、そして最終的にはホワイトハウスのコンサルタントとして、核兵器、核戦争計画、および危機における意思決定の司令および統制の問題を専門に担当した。1962年10月、彼はキューバ危機の勃発に伴いワシントンに呼ばれ、その後1週間、国家安全保障会議執行委員会に属する三つのワーキング・グループのうちの二つの委員となった。その後の任務により、彼はベトナム戦争拡大のための秘密計画に協力したが、彼個人としてはこの計画は間違っており、危険だと考えていた。

エルズバーグはベトナムへの兵役を志願し、1965年半ばに国務省に転属した。サイゴンのアメリカ大使館に2年間駐在し、前線での和平交渉を評価する任務に就いた。海兵隊での訓練を活かして部隊に帯同し、戦闘に参加した彼は、絶望的な戦争を間近で見た。その過程で、おそらくは田んぼでの活動で、彼は肝炎になった。

ランド研究所に戻ったエルズバーグは、のちにペンタゴン・ペーパーズとして知られるようになったマクナマラによる極秘研究「ベトナムにおける米国の意思決定、1945–68」に携わった。この研究により、4人の大統領（ハリー・S・トルーマン、ドワイト・D・アイゼンハワー、ジョン・F・ケネディ、リンドン・B・ジョンソン）のもとで行われた、秘密主義に覆われた政府の欺瞞《ぎまん》と愚かな意思決定の連綿と連なる記録について、彼は知ることとなった。さらに悪いことに、彼は「ホワイトハウスの関係者から、戦争の拡大の脅威を秘密裏に与える同じプロセスが、5人目の大統領リチャード・M・ニクソンのもとで進行中であることを知った」のである。彼の結論は、「より多く情報を得た議会と国民だけが、戦争の無期限延長とさらなる拡大を回避するための行動を起こせるだろう」というものだった。刑務所に入る危険があっても、間違っていると思われる戦争に徴兵されることを拒否するという良心的な反対者に会ったエルズバーグは、「刑務所に入る覚悟ができた今、この戦争を短縮させるために、私に何ができるだろうか?」と自問した。

1969年の秋、彼は重大な決断を下した。7000ページに及ぶマクナマラ研究の全文をコピーし、上院外交委員会の委員長であるウィリアム・フルブライト上院議員に手渡したのである。その上院議員は行政の報復を恐れてそれを公表せずに伏せておいた。1971年2月、憤慨したエルズバーグは、それをリークすることを決意した。まずはニューヨーク・タイムズに、次にワシントンポスト、そしてその他にも17の新聞社に送った。彼は、一生刑務所に入ることになると覚悟していた。

ニクソン政権はペンタゴン・ペーパーズの出版の差し止めを提訴し、本件はすぐに最高裁に持ち込まれた。修正第1条を引用し、裁判官は6対3で新聞社の出版権を支持する判決を下した。いら立った政権は、リークした人物の信憑性《しんぴょう》に疑義を投げかけたり、あるいはリークした人物を黙らせたりしようとした。ニクソン政権の命令で動くエージェントたち（彼らは「リーク（水漏れ）をふさぐ」のが仕事なので、自分たちのことを「配管工」と呼んでいた）は、エルズバーグの精神分析医の事務所に押し入り、彼に関するファイルを盗み出そうとした。おそらく、エルズバーグを脅迫するか、あるいは今後の暴露が信じるに値しないものになるように彼を貶《おとし》めたかったのだろう。医者はエルズバーグのファイルを偽名で保管していたため、何も見つからなかった。内部告発者を物理的に痛めつけるか、殺す計画さえあったのだ。

エルズバーグは、12件の連邦重罪で起訴された。起訴状には最高で115年の懲役が科されていた。この勇気ある聡明な若者は、学界や行政の最高位まで上り詰める見込みがあったが、政府が国民を欺いていることを暴露するために、自分のキャリアや自由、そして命さえも危険にさらすことをいとわなかったのだ。秘密文書の窃盗および所持罪で起訴された彼は、すべてを諦めるところだった。しかし、彼が揺らぐことはなかった。「アメリカ国民として、責任ある市民として、この情報をアメリカ国民から隠ぺいすることに加担することはもうできないと感じました。私は自分の危険を犯して告発しました。そして、この決断がもたらしたすべての結果に対して責任を取るつもりでいます」と彼は声明を発表した。

エルズバーグは幸運だった。裁判のなかで、裁判官が政府の代表者から、連邦捜査局（ＦＢＩ）で権力を与えることを条件に買収を持ちかけられたことを暴露したのだ。そのうえ、検察側が違法な盗聴の記録を紛失したと主張すると、判事はもう限界に達した。判事は無効審理を宣言し、すべての起訴は「確定力のある決定として」しりぞけられた。つまりこれは、エルズバーグは今回嫌疑をかけられた罪で二度と裁かれないということを意味した。

ペンタゴンペーパーで有名になる数年前、エルズバーグは全く別の状況で名を馳《は》せていた。まだハーバード大学のフェローであった彼は、人々が確率を扱う方法に問題があることを示す論文を発表した。『*Quarterly Journal of Economics*（経済学季刊誌）』に掲載された『Risk, Ambiguity, and the Savage Axioms（リスク、曖昧さ、そしてサベージの公理）』は、意思決定理論における画期的な仕事とされている。

アレにならって、エルズバーグはある実験を計画した。それはこのようなものだった。90個の玉が入った壺があるとする。30個が赤で、残りの60個は青か緑だ。緑の玉と青の玉が何個ずつあるのかはわからない。緑の玉が0個で青の玉が60個かもしれないし、緑が1個で青が59個かもしれない。あるいはその逆、またはその中間の数かもしれない。どのボールを引くか正しく予想できれば、賞品がもらえる。しかし、その前に、次の質問に答えなければならない。赤い玉と緑の玉、どちらに賭けようと思うか？[4]

もちろん正解はなく、緑を選ぶ人もいれば、赤を選ぶ人もいるだろう。そして、「赤」と答えた人には、次の二つ目の質問をする。「赤または青」もしくは「緑または青」どちらに賭けたいか？　ここでも正解はないのだが、多くの人が「緑または青」を選ぶ。

後者のグループは、それが多数派であれ、単に多くの人に選ばれたものであれ、パラドックスをもたらす。「もしあなたが（このグループに）いるのなら、あなたはサベージの公理の問題に見舞われる」とエルズバーグは言った。その理由を見てみよう。

壺のなかには30個の赤玉と、青か緑の玉がどのような組み合わせか不明で60個入っている。

バーサは赤または緑のどちらに賭けたいと思うか？　もし彼女が赤を選ぶなら（きっとそうする人もいるだろう）、彼女は明らかに、壺のなかの緑玉は30個より少ないと思っている。したがって、彼女自身の信念によると、壺には30個より多く青玉が入っているはずである。

さて、バーサは「赤または青」あるいは「緑または青」のどちらに賭けたいと思うだろうか。もし彼女が「緑または青」を選んだとしたら（そうする人たちもいるだろう）、彼女は合理的ではない。なぜか？　彼女は赤が30個あることを知っているし、最初の質問に対する答えが示しているように、青は30個より多くあると信じている。したがって、彼女は「赤または青」を選ぶべきだったのだ。これは、彼女の信念によれば、60個より多くのボールが含まれることになるからである。

なお、選択肢が赤と緑のときは、彼女は赤を選んだことに注意してほしい。選択肢が「赤または青」または「緑または青」のとき、彼女は後者を選んだ。つまり、単に選択肢に「または青」を加えただけでバーサの決定を180度変えてしまった。つまり、自分自身の信念に反する行動をしたのだ。

これはかなり驚くべきことだ。ラムゼイはすでに主観的確率論の基礎を確立していた。しかし、エルズバーグは、人は自分自身の確率の評価を考慮しても、非合理的に行動することを示したのである。

このような事態を招いた根本的な原因は、バーサが無関係な選択肢からの独立性という公理に違反したことである。合理的な人は、緑の玉の数についてどんな信念をもっていようと、赤と緑を比較するのと同じように、「赤または青」と「緑または青」を比較するはずだ。アレの実験で、両方の選択肢に「89％の確率で100万ドルを手にする」という文を加えてもその決定に影響を与えないのと同じように、「または青」というフレーズは無関係な選択肢であり、彼女の選択に影響を与えないはずである。また、デジャブを感じることになった。

エルズバーグは、自分よりずっと年長の同僚たちを、彼の実験に参加して失敗したから、あるいは自分たちの理論的研究に固執していたため、非難した。「このような状況でも公理を破らない人たち、あるいは破らないと言っている人たちがいる。……明るく、楽しげに公理に違反する人たちもいれば、……悲しげに、しかし粘り強く自分の心を見つめて、公理との矛盾を見つけ、……自分の好みを満足させ、かつ公理を満足させることに決めた人もいる。さらには、……直感的に公理に違反する傾向があるが、そのことに罪悪感を感じ、さらに分析をしに戻る人もいる。……教養があるだけでなく、理性的で、自分の選択を貫き通そうと心に決めている人もたくさんいる」。最後のグループには、公理に従っていると感じていたのに、自分が公理に違反しようとしていたことに驚いた(狼狽さえした)人々がいるとエルズバーグは指摘している。

ラムゼイとサベージは、確率は客観的なものだとは考えられないと推測したが、エルズバーグは、主観的な確率でさえも合理的でないことを証明した。そのような行動をとる人は不合理なのだろうか？　それは、**合理的**をどのように定義するかによる。いずれにせよ、彼らの行動は期待効用理論に従っていない。エルズバーグは、彼らは曖昧さを回避したいがためにその選択をしたと考えた。つまり、人は、確率が全く不明な状況よりも、確率がわかっている状況でリスクを負うことを好むようだ。「緑または青」を選ぶとき、確実に60個の玉があることはわかっている。仮に「赤または青」を選んでいたとしたら、玉の数は30個から90個の間のどこかの数だっただろう。[5] しかし、エルズバーグのように「曖昧さの回避」と呼んでも、アレのように「ほぼ確実であることの保証への好み」と呼んでも、どちらでも構わないが、人々の行動は期待効用の理論の公理によれば非合理的なのである。アレのパラドックスは主観的効用の欠点を示し、エルズバーグのパラドックスは主観的確率の不十分性を示している。この欠点は両者ともに、無関係な選択肢からの独立性という公理に違反することが原因である。

第11章

最低限のよさ

従来の経済理論では、「経済学的」であると同時に「合理的」であるとされる「経済人」が想定されていた。この経済人は、その環境において自分に関連のある側面についての知識をもっていると仮定される。（また、）その人の好みは体系的によくまとまっていて、安定しており、行動の選択肢があるときにはそれらを比較できる計算能力があると仮定される。これらの特徴により、その人は自分の基準尺度で到達可能な最高点に到達することが可能となる。

1955年、カーネギーメロン大学のハーバート・サイモン教授（図11・1）が『*Quarterly Journal of Economics*（経済学季刊誌）』に発表した『A Behavioral Model of Rational Choice（合理的選択の行動モデル）』という論文の冒頭にはこのように書かれているが、彼は正確には何の分野の教授だったのだろうか。経済学者、コンピュータサイエンティスト、心理学者、社会学者、政治学者など、さまざまな肩書きをもっていた彼の興味は、行政機関、経営科学、経済学、人工知能、情報処理、科学哲学など、幅広い分野にわたっていたが、そのすべてが意思決定理論に関連していることが共通して

図 11.1　講義をするハーバート・サイモン（1916～2001）。（カーネギーメロン大学提供）

いた。

１９１６年、ミルウォーキーに生まれたサイモンは、高校で初めて科学に惹かれたものの、どの種類の科学なのかははっきりしなかった。数学も、物理学も、化学も、生物学も、あまり彼の好みではなかった。彼の注意を引いたのは人間の行動だったが、それは科学で求められる精度で研究されていないと彼は思っていた。「社会科学には、自然科学の輝かしい成功の元となったのと同じような厳密さと、数学的な裏づけが必要だと思いました。私は、数学的な社会科学者になるための準備をしようと思ったのです」と、彼は1978年にノーベル経済学賞を受賞したときの自伝的記事に書いている。彼はシカゴ大学では、最初は経済学を学ぶつもりでいたが、そのためには会計学の講義を受けなければならないことを知り、政治学に転向した。

やがて、彼は行政の研究に惹かれていった。組織がどのように意思決定を行うかについての学部の期末レポートがきっかけで、市政分野の研究において助手を務め、その後、カリフォルニア大学バークレー校で研究グループの指揮をとることになった。バークレー校在任中に、シカゴ大学で行政の意思決定に関する博士論文を完成させ、郵送で博士試験を受けた。

1942年当時、仕事はほとんどなかったが、彼はシカゴに戻り、イリノイ工科大学で政治科学の教職に漕ぎ着けることができた。その当時は、シカゴ大学にコウルズ経済研究委員会が置かれていたため、それは思いがけない幸運だった。この委員会は、「理論と測定」というモットーのもと、経済理論と数学・統計学を結びつけることを目的としていた。サイモンは、コウルズ委員会のセミナーに参加し、そこで、のちにノーベル賞を受賞することになる6人ものスタッフとともに、経済学、特に数理経済学について一流の手ほどきを受けたのである。

１９４９年、サイモンはピッツバーグのカーネギー工科大学（のちにカーネギーメロン大学と改名）に移った。彼は半世紀にわたり、科学者として、教師として、また大学の理事として、同校をさまざまな分野で卓越した存在にするために貢献した。また、彼は工業経営大学院、コンピュータサイエンス学校、ロボット工学研究所、心理学部の認知科学グループの共同設立者でもある。学者として、そして今日において最も重要ないくつかの科学分野の創設者として、彼は多くの学問分野で栄誉に輝いた。コンピュータサイエンスにおけるチューリング賞、アメリカ心理学会の生涯功労賞、アメリカ政治科学会のジェームズ・マディソン賞、オペレーションズリサーチにおけるフォン・ノイマン理論賞、アメリカ行政学会のドワイト・ウォルドー賞、アメリカ国家科学賞、そしてもちろん、ノーベル経済学賞などである。サイモンは２００１年に死去した。

サイモンの最も有名な、ノーベル賞を受賞した概念は、**限定合理性**と**満足化**である。サイモンは、企業や個人の意思決定を理解しようとするなかで、「経済人」をめぐる理論を検証し、彼らは著しく不十分であることを発見した。「経済学、特に企業の理論における最近の発展は、この経済人の簡略化モデルが、理論（それが企業がどのように『行動する』か、あるいはどのように合理的に『行動すべきか』の理論であるかにかかわらず）を構築するのに適した土台となるかどうかについて大きな疑念をもたらした」と、彼は1955年の論文で述べている。サイモンは新しいパラダイムを求め、こう続けている。「経済人の包括的な合理性を、人間を含む生物が存在する環境において、情報へのアクセスや生物が実際にもっている計算能力に適合する種類の合理的な行動に置き換えることが課題である」。

これはまさにパラダイムシフト[*1]であった。当初、アリスティッポスやエピクロス以降の意思決定のモデルはすべて、意思決定者が快楽、富、効用など、何かを最大化することを前提としていた。そして、ダニエル・ベルヌーイ以降、人々は合理的であり、富の効用を最大化するときに合理的な選択をすると仮定された。次に、ジョン・フォン・ノイマンとオスカー・モルゲンシュテルン以降、意思決定者はある公理に従うと仮定された。長い間、期待効用理論が支配し、数学が唯一のゲームであった。そして今度は、新しいものが確立されようとしていた。

メリアム・ウェブスター辞書によれば、何千年とはいわないまでも何世紀もの間、経済学とは「生産、流通、および商品とサービスの消費に関する記述と分析」であり、物語、類似、逸話をもってのみ研究されてきた。19世紀後半に**限界効用理論**という概念が導入され、数学が初めて経済学の領域に取り入れられた。そのため（第4章で見たように）、レオン・ワルラスは、経済学の研究に貢献したことでノーベル平和賞に自らが値すると考えたほどだった。

しかし、残念ながら、彼は時代を先取りしすぎていた。20世紀半ばになってようやく機が熟し、1968年、スウェーデン国立銀行がノーベル経済学賞を創設した。その頃、数学は科学に不可欠なものになっており、最初の10年ほどは、経済学賞は数学者以外は受賞できないと思われていた。

結局のところ、数学的モデルが科学研究の方法として認められている唯一の方法であり、経済学者は物理学者、化学者、生物学者と競い合いたかったのだ。彼らが実験をす

＊1　社会の規範や価値観などが劇的に変化すること。

ることなくこれを行うのであれば、少なくとも厳密な数学を用いなければならなかった。[2] そして、そのモデルがある種の仮定（すなわち、市場と競争は完全で、製品は均質で、情報は完全で、取引コストはゼロで、人間は豊富で合理的である）に基づいているならば、これらの仮定（たとえ全く非現実的であっても）が明示されている限り、すべてOKであった。

しかし、それは長くは続かない。やがて、現状に対する異議が出現してきた。モーリス・アレやダニエル・エルズバーグのような懐疑論者は、IIA公理（無関係な選択肢からの独立性）を、普通の人は常にそれを破っていることを示すことで反論した。これによって、現代の意思決定理論が築かれた土台のなかの必要不可欠な板が一つ取り除かれたのである。こうして、潮流が変わり始めた。従来の数学モデルは、「経済人」（極めて合理的で、計算能力に優れ、知識豊富である）が利益や富を最大化するためにどのように行動すべきかを規定していたが、現実の人間が実際にどのように意思決定しているかを記述することはできなかった。

ベルヌーイはサンクトペテルブルクのパラドックスを富の限界効用逓減を用いて説明

した。ミルトン・フリードマンとレナード・サベージは保険とギャンブルのパラドックスを、くねくねした効用曲線を用いて解決し、ハリー・マーコウィッツはさらにその曲線にくねりを加えた。しかし、さらなるパラドックス、不一致、不規則性、誤謬《ごびゅう》、矛盾と思われるものが多く残っていた。ある著者は、人が一見不合理に見える選択をする状況を以下のように数十個列挙している。

（彼らは）非推移性を示す、統計的独立性を誤解する、ランダムなデータをパターン化されたデータと誤解するまたはその逆、大数の法則の効果を理解しない、統計的優位性を認識しない、新しい情報に基づいて確率を更新する際に誤りを犯す、与えられたサンプルサイズの重要性を過小評価する、最も単純な2×2分割表でさえ共分散を理解しない、因果関係について誤った推論をする、関連情報を無視する、（サンクコストの誤謬[*2]のように）無関係な情報を使う、パッとしない証拠よりも鮮

＊2　402ページ参照。

やかな証拠の重要性を誇張する、誤りやすい予測因子を誇張する、すでに起こったランダムイベントの事前確率を誇張する、証拠に関連した判断を過信する、最初の信念に関連した不確かな証拠より確かな証拠を誇張する、論理的に無関係な質問の変更に非常に敏感な答えをする、仮説を確かめるために誤りを示すことができる決定的なテストはしないのに、余分で曖昧なテストは行う、三段論法などの演繹《えんえき》的推論の課題で頻繁に間違いを起こす、実験者がその状況を「現状」であると不正操作した場合にその状況に高い価値を置く、将来の一貫性を差し引かない、繰り返し行う選択を時点間の結びつきに応じて調整できないなど多数。

それまで主導してきた数学者や経済学者が、新しい才能を受け入れるべきときが来たのだ。まだ大規模な実験を行うほど環境は熟していなかったが(フリードマン、サベージ、マーコウィッツ、アレ、エルズバーグの貢献は、自己観察と友人間での小規模な調査に基づいていた)、それでも純粋な理論的推測から離れ、数学モデルではなく人間そのものを物差しとする時期が来ていたのだ。

合理性というのは、結局のところ、定義の問題なのだ。では、パラドックスと非合理性（サンクトペテルブルクのパラドックス、アレのパラドックス、エルズバーグのパラドックス、保険とギャンブルのパラドックスなど）はどうだろうか？　これらは、公理を仮定したうえで、それを守らない者はすべて非合理的であると強引に決めつける場合にのみ、パラドックスとなる。サイモンは、このアプローチに最初に異を唱えた人物だった。もしや、公理に原因があるのではないだろうか？

経済学者は、利益、効用、コストなど、何かを最適化する限り、その人は合理的であると定義している。数学者は、人間は一連の公理に従う限り、合理的であると考える。一方、心理学者は、まず人間に善意の解釈をすることから始める。明らかに異常な人を除いて、人間がすることはすべて、厳密に合理的ではないにしても、少なくとも本質的に「正常」なのだ。

経済学者たちは、二つの新しい概念を創り出してこの二項対立を受け入れた。規範的経済学は、目的達成の可能性を最大化または最小化するために、「経済人」がどのように行動すべきかを、やや上から目線で規定する。一方、記述的経済学は、あらゆる欠点や弱点をもつ普通の人間が、実際にどのように行動するかをより慎重に記述する。ハーバート・サイモンは後者の道を選んだ。彼は、現実の人間が実際にどのように意思決定しているかを理解し、記述しようとしたのである。

よく知られている合理的な「経済人」、より気取った専門用語で言えば**ホモ・エコノミクス**（第7章の注釈1参照）は、明確な好み、膨大な知識、完全な情報、無限の計算能力をもっていると仮定されている。のちにノーベル賞を受賞したラインハルト・ゼルテンが言うように、「完全に合理的な人間とは、すべての数学の問題の解を知り、どんなに難しい計算でもすぐに実行できる神話上の英雄である」。しかし、好みはしばしば曖昧であり（すなわち、効用関数が多価であることもありうる）、情報へのアクセスは不完全であり、計算能力も限られている。サイモンは、やがて、人間は「経済人」に期待されているようなことはできない、という深い認識に至った。そのため、パラドックスのように思えるものに頭を悩まされるのだ。

たとえば、コールオプション（あらかじめ決めた行使価格で商品を買う権利）の価格を例に取ろう。商人は何世紀にもわたり、あらゆる商品のオプション取引を行ってきた。歴史を通して、買い手と売り手は直感を頼りにオプションの価格を決定してきた。そして、１９７３年、フィッシャー・ブラック、マイロン・ショールズ、ロバート・マートンは、コールオプションの正しい価格、つまり合理的なトレーダーが支払うべき価格は、次の方程式で求められることを示した。[3]

$$C(S,t) = N(d_1)S - N(d_2)Ke^{-r(T-t)}$$

ここで

$$d_1 = \frac{Ln(\frac{S}{K}) + (r - \frac{\sigma^2}{2})(T-1)}{\sigma\sqrt{T-t}}$$

$$d_2 = d_1 - \sigma\sqrt{T-t}$$

記号や変数の説明は省くが、σ（シグマ）は原株価格のボラティリティ（価格変動率）

を表し、これは過去のデータに基づくかなり高度なツールを用いなければ推定できないことは明記しておく。経済学者は、合理的なトレーダーがこのような複雑な方程式に対応する価格でオプションを売買していると本当に信じているのだろうか？　確かにオプションの価格設定は極端な例かもしれないが、たとえば外出時に傘を持っていくかどうかといった単純な選択でさえ、データの収集と蓄積、確率の評価、コストと利益の計算、それらの結果の処理、そして最終的には（多くの場合、電光石火の速さの）決断を必要とする。

すべての人がこのようなプロセスを経ると考えるのは、明らかに不条理であるように思われる。したがって、サイモンは、「実際の人間の合理的になろうとする努力は、せいぜい、たとえばゲーム理論的モデルが暗示するような包括的な合理性の、きわめて大ざっぱな単純化された近似値にしかなりえない」と結論づけている。そのため、残念なことに、人間の意思決定者の行動は、フォン・ノイマンやモルゲンシュテルンのような人物が開発し、その数学的な美しさに魅了された経済学者が受け入れたモデルには適合しないのである。サイモンにとって、このモデルは、価値、富、効用を最大化する方法についての指針としては受け入れられたが、人間がどのように意思決定を行うかについての記述としては、却下しなければならなかった。

しかし、アレやエルズバーグとは対照的に、サイモンは、公理に対する反論を動機として否定したわけではなかった。彼は、人間の能力の限界と意思決定者にかかる負担を理由に、合理的とされる数学モデルを否定した。彼が数理モデルを捨てたのは、人間の非合理性とされるものが原因ではなく、データを集め、複雑な計算を行う必要性が人間の能力を超えていることを理解していたためである。人間の意思決定者は非合理的なのではなく、認知の限界によって、限定的に合理的になっていると彼は主張した。その範囲内であれば、人は合理的だった。

代わりにサイモンが提案したのは何だったのだろうか？　人間の意思決定をより現実的に記述するためには、理想化された経済人の形式を捨てて、人間の心そのものを調べなければならないと彼は言った。そのためには、数学ではなく、心理学に答えを求める必要があるとしたのである。[4] したがって、「経済人」の合理性は、「人間を含む生物が存在するような環境において、生物が実際に保有している情報へのアクセスや計算能力に適合するような一種の合理的行動」に置き換えられるべきだと、サイモンは1955年の画期的な論文で述べたのである。

多くの選択肢が利用できること、それを分析することの難しさ、そしてすべてを処理する時間の不足が、人々が最良の選択肢を探さない原因であるとサイモンは提議した。そのかわり、捉えどころのない最適な選択肢を見つけるというタスクに直面したとき、人間は近道をする。つまり、自分の能力と時間を効率的に使って、許容できる選択肢を見つけ、それに従うのだ。自分のニーズを満たすのに十分なレベルを決め、それを満たすか上回る最初の選択肢を選ぶのである。つまり、人は最適化するのではなく、満足のいく、自分の望みを満たす解決策を求める。つまり、人は最低限度の条件を満たす(satisfice)のである。

しかし、それだけではない。意思決定者は、わざわざ真の最適条件を探すのを避けるだけでなく、最適でない可能性はあるものの最低限満足する選択肢を見つけ識別するために、しばしば**ヒューリスティックス**(「経験則」のしゃれた言い方)を採用する。たとえば、二つの小さなパーセンテージを用いて成長を測定する場合、それらを足すことで十分な場合がある。例を挙げると、10％成長した後、40％成長した場合、50％の成長と近似することがあるが、正しい成長は1.1×1.4＝1.54（すなわち54％）である。多くの人は掛け算より足し算の方が簡単だと思うので、結果のわずかな誤差は、わざわざあまり考えなくてよいということによって相殺される。限定合理的な人々にとって、このような近道をとることで、どうせできないかもしれない手間と時間のかかる計算をする負担を負うことなく、満足のいく解答がしばしば得られる。

そこでサイモンは、期待効用理論やゲーム理論を批判したうえで、限定合理性理論を提案した。最適化に基づく分析は、最低条件を満たすこととヒューリスティックスに基づくモデルに置き換えられるべきであるとした。

ただし、限定合理性と非合理性は全く違うことに注意が必要である。すべてのコストを考慮すると、ヒューリスティックスを用いることは非常に合理的である。なぜなら、経験則により、精神を働かせる（これはわずらわしく、しばしば不可能でもある）必要なく、満足のいく解決策の特定が可能になるからである。したがって、データ収集、情報処理、すべての事実の熟考のコストを探索の総コストに含めることにより、費用対効果の高い方法で最低条件を満足させるためにヒューリスティックスを使用することは、非常に合理的（従来の意味において）である。それは単に、最適条件の探索と妥当な熟慮のコストとのトレードオフにすぎない。

　人は、学習、経験、環境との相互作用、フィードバックを通じてヒューリスティックスを発達させる。多くの場合、ヒューリスティックスは**常識や経験に基づいた推測**という体裁をとる。残念ながら、経験則は精神的労力を軽減する一方で、誤りやゆがみをもたらすことは避けられない。第12章では、二つの正の数の積を和（結果を**いつも**過小評価する経験則）に置き換えたときに生じることととてもよく似ているように、一般に**バイアス**（思考や認知の偏り）と呼ばれるこのような間違いが、通常は体系的に、ほとんどの人に見られることを説明する。

　人間はどのようなヒューリスティックスを利用しているのだろうか？　人が選択をする際に用いる一見非合理的な手順を見てみればわかるだろう。そのいくつかを挙げると、それが重要であろうとなかろうと手元にある情報を利用する、低い確率はゼロに切り下げ、高い確率は１００％に切り上げる、自分の先入観を裏づける場合にその証拠を信じる、当たり障りのない証拠よりも鮮やかな証拠の重要性を誇張する、新しい情報を無視する、ランダムな出来事でも記憶に新しいものは高い確率で起こると思う、自分の判断を過信する、ランダムなデータから一見するとパターンのようなものを見出す、そして、無関係な選択肢を無視できない、などである。

第12章

サンクコストの誤謬《ごびゅう》やギャンブラーの誤謬などの誤り

第11章で見たように、人は日常的に経験則を使って状況を判断し、意思決定をしている。それはヒューリスティックスとして知られており、特に不確実な状況で意思決定をしなければならないときに、手っ取り早い方法として機能する。ハーバート・サイモンが最初にヒューリスティックスを提唱したのは1950年代半ばで、その頃、期待効用の最大化に代わるものとして、限定合理性と最低条件の満足化を提案した。モーリス・アレ以降、期待効用理論（期待効用仮説といった方がよいかもしれない）に異議を唱える者もいた。しかし、最も大きな影響を与えたのは、その20年後にイスラエルの心理学者ダニエル・カーネマン（図12・1）とエイモス・トベルスキー（389ページ図12・2）によって書かれた論文であった。1974年に米国トップの学術雑誌『*Science*（サイエンス）』に発表されたこの論文は、経済学の専門家だけでなく、科学の世界一般に衝撃を与えた。合理的な経済人という一般通念に異を唱え、あの期待効用理論という考え方に一石を投じたのである。

「人々は、確率の評価や数値の予測という複雑なタスクを、より単純な判断作業に変える、限られた数のヒューリスティックな原則に頼っている」と彼らは述べ、残念ながら、

図12.1　ダニエル・カーネマン（1934〜）（出典：ウィキメディア・コモンズ、© Renzo Fedri）

ヒューリスティックスがもたらす利便性と時間と労力の節約は代償を伴うとつけ加えている。それは、結果が不正確であることだ。「一般的に、これらのヒューリスティックスは非常に有用だが、時には深刻で系統的な誤りにつながることがある」。しかし、かすかな望みはあった。「系統的」という言葉が前出の引用におけるキーである。著者たちが発見したのは、エラーや「バイアス（思考や認知の偏り）」はランダムではなく、通常は同じ方向に進み、厳密に追跡・研究することができるということだった。

エイモス・トベルスキーとダニエル・カーネマンは、当時の科学者たちの間でスター的存在と見られていた。彼らの人生、共同作業、友情、そして最終的な仲たがいを描いた最近のベストセラーは、彼らの仕事の重要性を証明している。

1934年にパレスチナで生まれたカーネマンは、幼少期をパリで過ごした。彼の父は、化粧品会社ロレアルの化学者だった。ユダヤ人が検挙されてあの悪名高きドランシー刑務所に連行され、そこから強制収容所に移送されたとき、カーネマンの父親もそのなかにいた。しかし、彼は幸運だった。彼の雇い主は、のちにナチスの支持者であることが明らかになったが、カーネマンの父親の仕事はロレアルにとって必要不可欠であるとみなし、彼を釈放させた。その後まもなく、一家はパリを逃れ、南仏に向かった。ナチスやヴィシー政府[*1]の協力者、あるいはユダヤ人を狙う賞金稼ぎに見つからないか、常におびえながら転々とした。結局、リモージュ郊外の村の鶏小屋に避難したが、そこ

図 12.2　エイモス・トベルスキー（1937～1996）（© Ed Souza ／スタンフォード・ニュース・サービス）

で父親は糖尿病で死んだ。ダニエルと残りの家族は戦争を生き延び、イスラエルが建国される数ヵ月前にパレスチナに移住した。

高校卒業後、カーネマンはエルサレムのヘブライ大学に入学し、心理学を学んだ。卒業後、イスラエル空軍で兵役に就き、心理学者として、彼は士官コース候補生を評価す

＊1　第二次世界大戦中、フランス中部の町ヴィシーに置かれた政府。事実上、ナチスの傀儡《かいらい》政権であった。

る試験の考案を依頼された。兵役後、カリフォルニア大学バークレー校に入学し、博士論文を執筆し、1961年に学位を取得した。

カーネマンの3歳後輩のエイモス・トベルスキーは、1937年にパレスチナの一部であるハイファで生まれた。獣医である父と、政治活動を行うソーシャルワーカーであった母は、ユダヤ国家の建国の世代に属していた。母親はイスラエル労働者党の代表として、イスラエルの国会であるクネセトの議員になった。

徴兵されたトベルスキーは、厳しいことで知られていた落下傘部隊に志願し、その勇敢さで知られるようになった。あるとき、訓練で一人の兵士が爆破装置の引き金を引いてしまったが、逃げ出す前にショックで固まってしまった。自分の身の安全を顧みず、トベルスキーは彼に駆け寄り、爆破物から遠ざけた。その功績により、トベルスキーには勇敢さ(榴散弾《りゅうさんだん》の破片が一生体のなかに残ることになったのは言うまでもない)を称え、勲章が贈られた。彼は兵役を大尉で終え、ヘブライ大学で心理学と数学を学んだ。1964年、ミシガン大学で心理学の博士号を取得した。しかし、その後もイスラエル国防軍の予備役将校であり続けた彼は、研究・教育から離れ、1967年の六日戦争

（第三次中東戦争）、1973年のヨム・キプール戦争（第四次中東戦争）に参加しなければならなかった。

この二人の心理学教授は、ヘブライ大学でカーネマンが、自分の大学院のセミナーで講演をしてもらうために後輩の同僚を招いたのがきっかけで知り合った。二人の共同研究は、講演内容についての意見の相違から始まった。精力的で優秀なトベルスキーと、寡黙で自己不信の塊のようなカーネマンという性格の異なる二人が、これほどまでに多くの仕事を（ほとんどの場合）仲良く協働できたのは、驚き以外のなにものでもなかった。この二人のパートナーシップは、ある種の伝説となる。何年もの間、二人は切っても切れない関係で、毎日何時間も戸を閉め切って時間をともに過ごし、人間の心のあり方について研究していたようだ。彼らは画期的な研究を行い、それをしているときが最高の時間であるかのように見えた。二人のオフィスの外に聞こえてくるのは笑い声だけだった。

しかし、長年の共同作業ののちに、雲行きが怪しくなった。トベルスキーはスタンフォード大学の教授になった一方、カーネマンは、有名ではあるがかなり格下であるブリティッシュコロンビア大学の教授になった。たいていの場合、多弁なトベルスキーの方が、控えめなカーネマンよりも輝かしい舞台にいた。マッカーサーフェローシップ、米国科学アカデミーのフェロー、米国科学アカデミー会員と、トベルスキーはほとんどの栄誉を手に入れたが、このことが一時期、あつれきの種になった。しかし、1996年にトベルスキーが59歳の若さでがんで亡くなるまでには、二人は仲直りをしていた。6年後の2002年、当時プリンストン大学にいたカーネマンは、トベルスキーと共同で行った「心理学研究の洞察、特に不確実性のもとでの人間の判断と意思決定を経済科学に統合した研究」で、ノーベル経済学賞を受賞した。[1] しかし、彼は自分の勝利に対して高潔だった。ノーベル賞受賞記念講演の冒頭の一文は以下のようなものであった。「ノーベル委員会が引用した研究は、故エイモス・トベルスキーとの長く、特別に緊密な共同作業により行われたものである」。

科学分野のノーベル賞が与えられたが、カーネマンとトベルスキーの理論は、そのなかでも素人にも理解しやすいものの一つ、いや、もしかしたら唯一の理論かもしれない。化学、物理学、経済学の分野の受賞を受けた業績というものは、一般に数式がぎっしりと詰まっている。それに対して、カーネマンとトベルスキーは、ちょっとした確率論と統計学の域を出ていない。

１９７４年に発表した画期的な論文『Judgment Under Uncertainty：Heuristics and Biases（不確実性のもとでの判断：ヒューリスティックスとバイアス）』において、彼らは、私たちが意思決定を行う際に、一般的には意識することなく使っている三つのヒューリスティックスを提案し、分析した。それは、**代表性ヒューリスティックス、利用可能性ヒューリスティックス、アンカリング**[*2]**・ヒューリスティックス**である。

代表性ヒューリスティックスの最も有名な例は、「銀行の窓口係のリンダ」のケースであり、これはどのようにそれが人を迷わせるかを示している。これは、被験者にある情報を与え、その後ある評価をさせるという実験に基づいている。

リンダは31歳で、独身、率直で、とても聡明である。彼女は哲学を専攻していた。学

＊2　先に与える情報（アンカー）が後の判断をゆがめ、その判断がアンカーに近づく現象のこと。

生時代、彼女は差別や社会正義の問題に深く関心をもち、反核デモにも参加していた。
さて、どちらの可能性が高いか？

1. リンダは銀行の窓口係だ
2. リンダは銀行の窓口係で、フェミニスト運動を精力的に行っている

トベルスキーがこの実験を提案したとき、カーネマンは懐疑的だった。明らかに、正解は「リンダは銀行の窓口係だ」だった。これは意見ではなく、数学的事実だった。何しろ、「銀行の窓口係」はフェミニストも含む広いカテゴリーなのだから。したがって、リンダが銀行の窓口係である確率がいくらであれ、リンダが窓口係でありかつフェミニストである確率は、必然的に小さくなる。

カーネマンは、自分の判断に反して、その実験を実行した。大変驚いたことに、ほとんどの被験者が2番を選んだのだ。彼らの意見では、リンダは単なる銀行の窓口係ではなく、窓口係かつフェミニストである可能性の方が高かったのだ。

カーネマンとトベルスキーは、人々は与えられた情報に従ってリンダを心のなかにイメージすると結論づけた。平均的な銀行の窓口係は、その大部分が男性であるという理由からしても(少なくとも、この実験の時点ではそうだった)リンダとは全く異なる。しかし、フェミニストである女性窓口係のなかでは、リンダはかなりよい代表例である。

二人の心理学者は、深い真理を突いていたのである。人は論理ではなく、説明の代表性に従う傾向がある。ある人物の描写が、たとえば、アメリカ軍の四つ星将官を非常によく表しているとしたら(身体的に健康で、厳粛で、教養がある、規律正しいなど)、人々はこの人物は高校の体育教師ではなく、将官であると思うかもしれない。そのような現役将官はアメリカ軍には常時20数人しかいないため、そのような確率は非常に低いのだけれども。

カーネマンはノーベル賞受賞記念講演で、さらなる例を挙げた。ある物体の集合を評価するとき、その基本的な表現には平均値や典型値が含まれるが、総和のような複雑な統計値は含まれない[2]。したがって、代表性ヒューリスティックスは集合の和をその平均に置き換える。ある工夫を凝らした実験において、被験者は8枚の皿のセットを提示され、そのセットの価値を判断するように言われた。[3] 次に、同じ8枚の皿に加えて、4枚の皿が入った別のセットが提示されたが、そのうちの2枚は割れていた。[4] 驚くべきことに、大部分の人は割れた皿を含むセットの方が価値が低いと判断するだろう。

これもまた数学的にかなり間違っている。2番目のセットには割れた(つまり価値のない)皿が2枚入ってはいるが、10枚の完全な状態の皿が入っているので、最初の例の8枚よりも価値があるはずだ。ところが、何が起こるかというと、人は無意識に平均化をしてしまうのだ。たとえば、8枚セットの皿を8ドル(つまり、1枚1ドル)の価値があると判断するとしよう。そうすると、2番目のセットに含まれる10枚のよい皿は10ドルの価値がある一方で、2枚の割れた何の価値もない皿は単に無視されるべきである。しかし、2番目のセットの12枚の各皿の平均的な価値は83セント(10ドル÷12枚)しかない。つまり、より複雑な特性である合計ではなく、平均をセットの価値の代表として考えることで、2番目のセットは1番目のセットよりも価値が低いと誤って判断されてしまうのだ。

リンダも割れた皿も、「無関係な選択肢からの独立性」というわずらわしい公理を全くもって破っているのである。もし、「リンダは女性である。彼女は銀行の窓口係である可能性が高いか、それともフェミニストの銀行の窓口係である可能性が高いか?」という質問であれば、ほとんどの人は、修飾語のついていない、銀行の窓口係の方を選ぶだろう。しかし、何の変哲もない無関係な情報、つまり、率直で、聡明で、反核主義者である、などをつけ加えると、多くの人が考えを変える。割れた皿の話でも同じことがいえる。被験者は、割れた皿を単に無視するのではなく、割れた皿がセットに加わったことで全体の価値が下がったと考えたのだ。

次に、利用可能性ヒューリスティックスに目を向けよう。これはその名の通り、利用可能な情報を利用するもので、その重要性は問われない。いや、そうでもないのだが、人は状況を判断するとき、普通は単に何が手近にあるかを考える。頻度や確率は、はっきりしているから、よく知られているから、最近のものであるからなど適切な例が簡単に思い浮かぶかどうかで判断する。これは、人類の歴史を通じて進化してきた対処法かもしれないが、カーネマンとトベルスキーは、もっと短い期間を考えている。「一般に、大きな分類の例はより珍しい分類の例よりもうまく、速く思い出されること、起こりそうな出来事は起こりそうにない出来事よりも想像しやすいこと、そして、その出来事が頻繁に同時に起こるときにその出来事同士を連想して結びつけやすくなる、ということを生涯にわたる経験が教えてくれた」と彼らは推察した。したがって、利用可能性ヒューリスティックスは、「分類の多さ、出来事の起こる可能性、または同時に起こる頻度を、検索、構築、または連想という関連する精神的操作によって容易に実行できるかどうかにより」推定する手順を提供する。

残念ながら、このような近道はエラーにつながる。それは光のあるところを探すようなものだ。[5] たとえば、「kで始まる英単語は、kが3番目にある英単語よりも多いか」という質問に対して、人は前者の可能性の方が高いと判断する。なぜなら、acknowledgeやlikeといった単語よりも、kneeやkeyといった単語の方が容易に思い浮かぶからである。しかし、実際には、kが3番目にある英単語の方が3倍も多い。

もう一つの、もっと深刻な、いや、詐欺的な誤判断は、イギリスのアンドリュー・ウェイクフィールドというやぶ医者によるデマであり、その後彼の医師免許は剥奪された。彼は、子どもへのワクチン接種が自閉症を引き起こすと主張した。一方で、子どもたちが、ちょうど自閉症の症状が出始める年齢である2歳頃にワクチンを接種するとそのようになることはままある。これは偶然の一致であり、のちに徹底的に証明されたように、この相関は幻想である。不幸なことに、だまされやすい世間知らずの親たちは偶然を証拠と混同し、十分に納得して自分の子どもにワクチンを打たないままにしている。

次に、利用可能性ヒューリスティックスの例として、多くの人がもっている、飛行機に乗ることへの恐怖を挙げてみよう。航空事故の犠牲者は交通事故の犠牲者よりもはるかに少ない。しかし、前者に対する注目の方がはるかに大きいので、飛行機恐怖症が蔓《まん》延《えん》している。また、交通事故といえば、ある調査で「自動車事故と肺がんではどちらが死亡者数が多いか」という質問をしたところ、57％が前者を選んだ。肺がんによる死が3倍の頻度であるにもかかわらず、である。しかし、交通事故は、航空事故ほど強調されはしないものの、よく報道され、肺がんによる死亡はほとんど報道されない。二人の心理学者の言葉を借りれば、「大惨事を想像できる容易さは、実際の可能性を必ずしも反映していない」。

カーネマンとトベルスキーが論文のなかで議論した三つ目の経験則は、アンカリング・ヒューリスティックスである。多くの高級レストランでは、誰も注文しようと思わないような高価なワインがワインリストに載っているのに気づいたことはないだろうか。まあ、ソムリエも誰かが注文するとは思っていない。そのワインのボトルは別の理由でリストに載っているのだ。リストの一番上にある5000ドルのシャトー・ラフィット1865を見れば、ずっと下の250ドルの2008ドメーヌ・ルフレーヴ・ピュリニィ・モンラッシェ・レ・フォラティエール・プルミエ・クリュはお買い得に見えるだろう。これが、アンカリング・ヒューリスティックスの一例である。難解な質問に直面したとき、意思決定者は、それがどんなに無関係であっても、ある数字にひっかかり、それが新しい常識となるのである。

カーネマンとトベルスキーは、このヒューリスティックスの根拠を固めた。彼らは別の実験で、被験者に国連に加盟している国のうち、アフリカ諸国の占めるパーセンテージを尋ねた。セッションの始めに、実験者は10か65のいずれかに止まるルーレット盤を回し、その後で被験者に質問をした。驚くなかれ。質問の前にルーレットで10が出た被験者は、国連加盟国のうちアフリカの国々は25％を占めると答えた一方で、質問の前にルーレットで65が出た被験者は45％だと答えた（正解は、今日においては194加盟国中54カ国で28％である）。明らかに、被験者は最初の予想を「ルーレット盤」の数字を元にして、答えを上下に調整したのだ。

また、別のテストで、高校生に1×2×3×4×5×6×7×8と8×7×6×5×4×3×2×1の積を5秒以内に推定するよう求めたところ、答えは著しく異なった。中央値の概算は昇順のもので512、降順のもので2250であった（もちろん、正解は、可換性により両者ともに40320である）。どうやら、生徒たちは最初の数回だけ掛け算を行い、その値をもとに、結果を調整したようだ。昇順の場合、最初の数回の掛け算は、降順の場合よりもずっと小さい数字になるため、最初のグループはずっと低い概算値を出した。

代表性ヒューリスティックスは、ある物や出来事がある分類に属する確率を判断するよう求められたときによく採用され、利用可能性ヒューリスティックスは、ある分類の頻度や展開のもっともらしさを評価するときによく使われ、アンカリング・ヒューリスティックスは、数値予測をするときによく使われる。残念ながら、これらの経験則は、**バイアス**と呼ばれる系統的かつ予測可能なエラーを引き起こし、人々を迷わせることがある。

非常によくあるバイアスに、いわゆる**サンクコストの誤謬**[*3]がある。ある努力に時間、お金、労力を費やしてきた人は、たとえそれがもう利益を生まないことがわかったり、もっとよい選択肢が選べるようになったりしても、それを放棄することを嫌うかもしれない。そのような人は、すでに費やしたコストのために、元の選択にとどまる傾向がある。しかし、この判断は間違っている。なぜなら、すでに費やしたものは何であってても、それは**サンクコスト**であり、プロジェクトを放棄しても戻ってこないからだ。したがって、サンクコストは、決して人の意思決定に影響を及ぼすべきではない。人は後ろではなく、前だけを見なければならない。

平均への回帰を認識できないというのも、エラーを起こすもう一つの原因である。

カーネマンは、イスラエルにある戦闘機パイロット学校の指揮官との出会いを例に説明した。その指揮官は、あるパイロットが特に優れた操縦をしたときに、褒められると次は必ず悪い操縦をするし、その逆もまた然りだと不平を言った。カーネマンは普遍的な事実を彼に教えてあげた。つまり、何かが特別に優れていたり、大きかったり、重かったり、速かったりすると、次回は悪くなったり、小さくなったり、軽くなったり、遅くなったりする傾向があるということだ。つまり、平均から極端に外れた値の後には、それよりも極端ではない値が続く傾向があるというのが、まさに平均の定義なのだ。

平均への回帰は、ある変数が偶然に左右されるが、明確に定義された平均をもつ場合に観察される。たとえば、ＩＱが異常に低い父親の子どもは、父親よりもＩＱが高くなる傾向がある。これを示すには、ＩＱが１００に等しい人を中心にベルカーブ（正規分布曲線）を描けばよい。ここで、父親のＩＱが85のところに縦線を引く。明らかに、ベルカーブの下の面積は、85より右の方が85より左よりもずっと大きい。これは、その子

＊3　事業や行為に投下した資金・労力のうち、事業や行為の撤退・縮小・中止をしても戻ってこない資金や労力のこと。

どもは非常に高い確率で父親よりも高いIQをもつことを意味する。彼らのIQは平均値である100に向かって回帰していく。[6]

一つ、解決される必要のある問いがある。「人が見るべき変数とは何か?」というものである。18世紀初頭、ダニエル・ベルヌーイがサンクトペテルブルクのパラドックスと格闘していた頃から、人の効用は富で表されていた。効用曲線は、富がゼロの状態から始まり、増加率を減少させながらも上昇し続ける。それが、これまでの本書の全章の主題であった。カーネマンとトベルスキーは、富を関連する変数とすることに意義を唱えた。結局のところ、昨日400万ドル持っていて100万ドルを失った男と、昨日100万ドル持っていて10万ドルを得た女とでは、どちらが幸せなのだろうか? お金に対する効用を決めるのは、絶対的な富ではなく、利得と損失であると彼らは主張した。基準点は現在の富に設定されるべきであり、金銭問題に関する決定は、その通常の点からの変化という観点で分析されるべきである。[7]

また、決断におけるバイアスとしてよく知られているもう一つの理由がフレーミング(同じものでも表現方法を変えることで受け取り手の印象を変えること)だ。質問の組み立て方は、矛盾する答えを引き出すことがある。カーネマンとトベルスキーが1981年に『サイエンス』に報告した次のような実験を考えてみよう。

アメリカが、600人の死者が出ると予想されるアジアの珍しい病気の発生に備えていると想像してほしい。この病気と戦うために、二つの政策が提案された。この政策がもたらす結果を科学的に正確に推定したものは、次のようになると仮定する。

政策Aを採用した場合、200人が救われる。

政策Bを採用した場合、3分の1の確率で600人が救われ、3分の2の確率で誰も救われない。

どちらの政策がよいかという質問をしたところ、被験者の4分の3が政策Aを選んだ。次に、別のグループにも同じ質問をしたが、質問の仕方が次のように異なっていた。

政策Cを採用した場合、４００人が死亡する。
政策Dを採用した場合、3分の1の確率で誰も死なず、3分の1の確率で６００人が死ぬ。

今回は、4分の3の人が政策Dを選んだ。当然ながら、政策AとCは全く同じであり、政策BとDも同様である。しかし、「２００人が助かる」というのはポジティブな響きがあり、「４００人が死ぬ」というのは非常に好ましくないように聞こえる。

この実験と多くの同様の実験から、カーネマンとトベルスキーは二つの結論を導いた。第一に、質問を巧妙に作ることで、被験者が望ましい答えを出すように仕向けることができる。たとえば、クレジットカード会社は、顧客に現金払いをさせたい小売店に対して、総額と正味価格の差額をクレジットカード手数料としてではなく、現金割引として表現するように言っている。追加手数料は支出と見なされ、割引は機会費用[*4]と見なされるのだ。

次に、最初の政策AとBの比較の例のように選択肢を利益の観点から作った場合、大多数の被験者は確実な結果を選ぶ（すなわち、リスク回避をする）。第二の政策CとDを比較する例のように、選択肢が損失として表現されている場合、被験者は不確実な選択肢を選ぶ（すなわち、彼らはリスクを冒す）。このことは、「確実に1万ドルの利益を得るのと、50％の確率で2万ドルを得るのと、どちらを選ぶか？」、および「確実に1万ドルを失うのと、50％の確率で2万ドルを失うのと、どちらを選ぶか？」と被験者に尋ねたときにさらに顕著になる。最初のケースでは、ほとんどの人がリスクを回避して確実に利益を得る方を選び、2番目のケースでは、ほとんどの人がリスクを冒して50％の確率で損をすることを選択する。つまり、人は利益を確保するためよりも、損失を避けるためにリスクを冒しても構わないと思うのである。

次に、**ギャンブラーの誤謬**とは、ルーレットを回したり、コインを投げたりするようなランダムな事象において、「次に何が起こるか」について誤認してしまうことである。コイントスの場合、サンクトペテルブルクのパラドックスにさかのぼる。多くのギャン

＊4　複数ある選択肢のなかである選択肢を選んだ場合に、その選択肢を選ばなかった場合に得られたであろう便益のこと。

ブラーは、たとえば5回連続でコインの表が出た場合、コインの表裏の合計回数を均等化するように次は裏が出るはずだと誤認している。実は、これは全くの誤りである。コイントスは完全に独立しており、コインはその履歴を「記憶」していない。したがって、次にコインを投げて表が出る確率は常に50%のままである。では、平均への回帰はどうだろうか？　一連のランダムなコイントスを均等にするために、コインは裏を出さなくてもよいのだろうか？　いや、その議論は次のコイントスやルーレットを回すことには全く関係がない。確かに、多くのコイントスの平均は、表が50%で裏が50%だが、これは、一群のコイントスとスピンについての場合の話である。平均への回帰は、何度も繰り返された場合にのみ当てはまるが、ギャンブラーの誤謬は、次の単一事象に関する誤った考えである。[8]

コイントスの話は、もう一つの種類のバイアスを説明することができる。裏裏裏裏裏と裏表表裏表裏という二つの一連のランダムなコイントスのうち、どちらの可能性がより高いかと尋ねられると、ほとんどの人は後者の方がよりランダムに見えるので、後者を選ぶ。しかし、基本的な確率論によれば、どちらの場合も同じ確率である。それにもかかわらず、多くの人は、小さな標本が、はるかに大きな標本でないと成り立たない特徴を反映していることを期待する。彼らにとっては、裏表表裏表裏の方がランダムな列を代表しているように見えるだけなのだ。

これらのバイアスや他の多くのバイアスは、1979年にカーネマンとトベルスキーが意思決定の全く新しいモデルを定式化するきっかけとなった。伝統的な意思決定理論（ベルヌーイの富の効用からフォン・ノイマンとモルゲンシュテルンの公理まで）を置き換える必要があると提案することは、少なからず大胆なことであった。さらに多くの伝統主義者を当惑させたのは、この二人の著者は確率、統計、数学的モデリングには精通していたものの、経済学者ですらなかったという事実だった。したがって、イスラエル人心理学者である二人が、何世紀にもわたって受け入れられてきた常識に疑問を投げかけ、経済学の第一人者たちを相手にするのは、厚かましさの極みとしか思えなかったに違いない。それにもかかわらず、経済学のトップ専門誌の一つである『*Econometrica*（エコノメトリカ）』に掲載された、『Prospect Theory : An Analysis of Decision Under

Risk（プロスペクト理論：リスク下における決断の分析）』は大きな影響力をもつに至った。不確実性のもとで人はどのように決断するべきかではなく、人はどのように決断するのか、ということに関する新しい理論となったのだ。Google Scholarによると、この論文は5万回近く引用されている。

その論調は論文の要旨に示されている。「この論文は、リスク下における意思決定の記述モデルとしての期待効用理論に対する批判を提示する」と著者らはそこで発表した。その驚がくの宣言の後も、彼らは手をゆるめなかった。「効用理論は、一般的に解釈され適用されているが、十分な記述モデルではない。我々は、リスク下における選択に関して代わりとなる説明を提案する」。彼らはこの代替モデルを**プロスペクト理論**と名づけた。プロスペクトという言葉は、投資提案、宝くじ、保険契約のような不確実な状況を指す[9]。

プロスペクト理論によれば、リスク下の意思決定は二段階で行われる。第一段階は、**編集プロセス**と呼ばれるもので、意思決定者は、目の前の問題を人間の頭で理解しやすいものに変換する。その際、あらゆる道具やバイアスとともにヒューリスティックスが使われる。第二段階の**評価プロセス**では、選択肢を評価し、最も好ましいものを選ぶ。そうするために、意思決定者は効用曲線と確率に大体基づいた重み関数を用いる。

編集プロセスはいくつかの作業から構成されている。（1）符号化、（2）結合、（3）分離、（4）キャンセル、（5）簡略化、（6）優位性の検出、である。これらはすべて、多かれ少なかれ無意識のうちに行われている。

（1）ベルヌーイの世界観との最初の相違は、符号化の作業にある。このスイスの数学者、そして彼の後に続いた人々は、最終的な富の観点からモデルを作成していた。しかし、昨日400万ドル持っていて100万ドル失った人と、昨日100万ドル持っていて10万ドル得た人のどちらが幸せか、ということを思い出してほしい。カーネマンとトベルスキーの数ある実験から引き出されたこの問いに対する答えは、最終的な富の位置は関係ない、というものだった。むしろ、意思決定者は、ある中立的な点に関連する利益と損失を適切な変数として考えるのである。

（2）意思決定者は、同じ結果をもたらす事象の確率を組み合わせて、見込みを単純化する。たとえば、「30％の確率で100ドル当選する」と「20％の確率で100ドル当選する」は、「50％の確率で100ドル当選する」というように結合される。

（3）見込みのリスクのない部分とリスクのある部分は分離される。たとえば、180ドルか300ドルのどちらかが得られる確率が半々のギャンブルは、「180ドルの確実な利益と、さらに120ドルか何も得られない確率が半々」に分離されるだろう。同様に、60ドルか280ドルのどちらかを失う確率が半々であれば、「60ドルの確実な損失と、それ以上何も失わないか、さらに220ドルを失う確率が半々」と変換される。

（4）以下のような共通の要素をもつ二つの見込みがある場合、

（a）＋230が20％、＋260が30％、－70が50％

（b）＋230が20％、＋360が30％、－135が50％

意思決定者は、共通要素である「＋230が20％」を分離し、以下の二つの選択肢が残る。

（a'）＋260が30％、－70が50％
（b'）＋360が30％、－135が50％

（5）**簡略化**とは、確率や結果を概算することを意味する。49％の確率で101ドルを支払う事象は、多くの場合、50％の確率で100ドルを得ることに概算される。また、極端に低い確率や極端に高い確率は、それぞれ0や100％に概算される。言い換えると、そのような事象は無視されるか、確実に起こる事象として扱われる。

最後に、（6）他より劣る選択肢（すなわち、他の選択肢よりも成果が小さくかつ確率が低い）は、手放しで否定される。

編集プロセスが、その（1）から（6）の段階に従って（各段階で起こるとされている誤り、バイアス、欠点も含めて）完了すると、意思決定者は、第二段階である評価プロセスに進む[10]。数学的には、これは期待効用モデルに非常によく似ている。経済学的には期待効用モデルとは全く異なる、という点を除いて。

元々の経済学によれば、選択肢のなかから一つを選ぶ方法とは、期待される富を最大化する方法のことである。ドルの最終的な富の位置は、その発生確率で検討され、最も高い富の期待値をもつ選択肢が選ばれる。経済的な富を最大化するためのやり方としては、これは今でも正しい方法である。しかし、人は人である以上、異なる行動をとる。人間の本質を見抜いたベルヌーイは、「ダカット金貨の富」を「ダカット金貨の富の効用」に置き換えた。そのモデルによれば、「期待効用」が最も高い選択肢が選ばれる。そしてもちろん、効用を表す曲線は、増加率を減少させつつも、常に上昇すると想定された。これが、フリードマン、サベージ、マーコウィッツが効用曲線に多少のうねりを加えるまで、その後の2世紀にわたって受け入れられたモデルだった。

その後、カーネマンとトベルスキーが登場し、いくつかの方法で一般的な効用に手を加えた。彼らは、従来の効用関数の代わりに、三つの非常に重要な特徴をもつ「価値関数」を定義した。第一に、人間は意思決定をする際に、富の変化を考慮する。したがって、価値関数は最終的な富ではなく、利益と損失という観点から定義される。この主張を補強するため、著者らは世界中の学生を対象とした自らの実験を引用するだけでなく、エルンスト・ハインリヒ・ヴェーバーとグスタフ・テオドール・フェヒナー（第3章参照）が重量、音量、温度、明るさの実験を行い、一般的に刺激が基準点との関係で知覚されることを示したことに再び言及している。[11] したがって、カーネマンとトベルスキーの価値関数は、現在の富からの逸脱を主観的価値（商品の価値は人々が主観的に判断する効用によって決まるとする説）において反映する。

第二に、本書の初めの方の章で限界効用逓減を論じたときに詳細に見たように、人は100の利益と200の利益の価値の差を、1100の利益と1200の利益の差よりも大きく感じるのである。同様に、100の損失と200の損失の差は、1100の損失と1200の損失の差よりも意思決定者にとっては大きく思える。一般な結論としては、価値曲線は、その前身である効用曲線と同様に、利益に対しては凹（すなわち、リスクを回避する）であり、損失に対しては凸（すなわち、リスクを冒す）である。

第三に、富の変化に対する態度の重要な特徴は、「損失の方が利益よりも重大に思える」ことである。「金額を失ったときに経験するいら立ちは、同じ金額を得ることに関連する喜びよりも大きいようである」。一般的には、確率的な利益よりも確実な利益が好まれ、確実な損失よりも確率的な損失が好まれる。たとえば、カーネマンとトベルスキーは、50ドルの利益を得るのと損失を被る確率が同じ賭けは、ほとんどの人が拒否すると主張している。このことは、価値関数が一般に利益よりも損失に対して傾きが大きいことを暗示している(図12・3)。

ここまでは、ごく平凡な話だ。カーネマンとトベルスキーが先達と道を異にしたのは、どのようにして確率を扱わなくてはいけないのか、という点である。人々が確率を推定するために使用する経験則は気まぐれなために、決められた確率はバイアスや誤差が起こりやすいことを私たちは知っている。しかし、二人の心理学者は、それ以上のものを発見した。彼らの実験により、人は決められた確率を、彼らが言うところの決定の重みづけと呼ばれるものに変換していることがわかった。「決定の重みづけは、単に事象の可能性を認識するのではなく、事象が見通しの望ましさに与える影響を測定する」。

この変換は、一定のルールに従って行われる。決定の重みづけは期待効用の枠組みにおいて確率と同じように作用するが、カーネマンとトベルスキーはこの二つの尺度の間

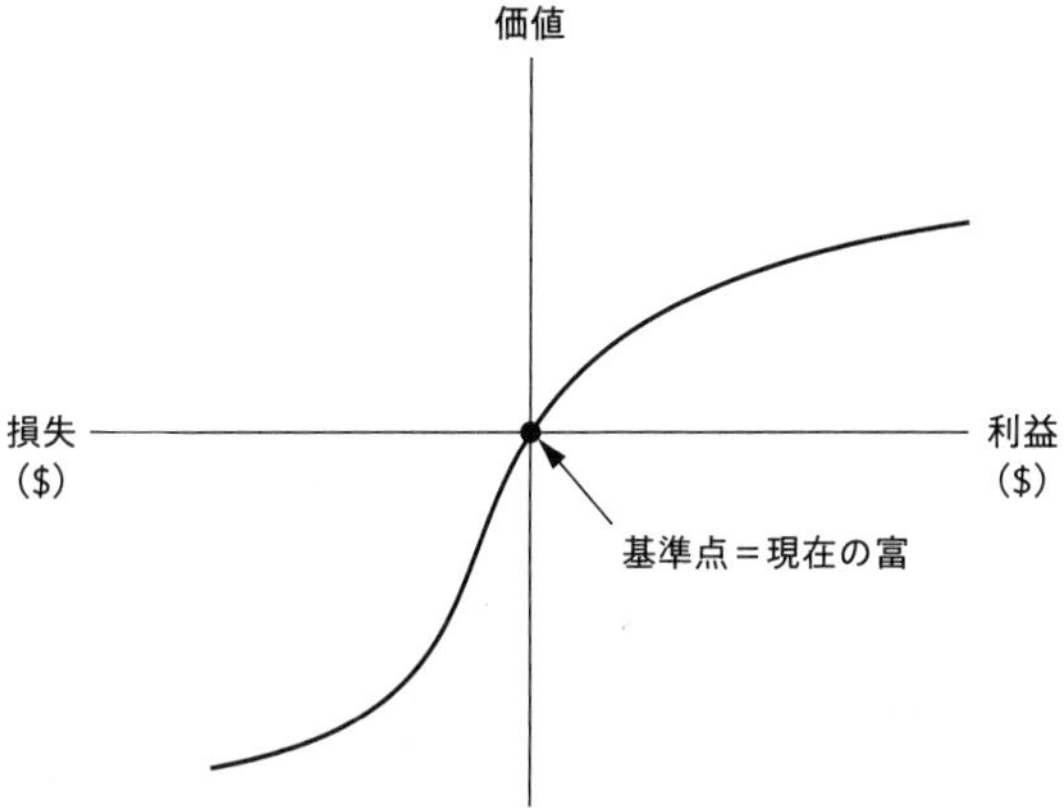

図 12.3　カーネマンとトベルスキーの価値関数

にいくつかの重大な違いを特定した。

彼らは実験に基づき、人々が決定の重みづけを（1）劣確実性、（2）劣加法性、（3）劣比率性として扱うことを認識した（これらの考えについては次に説明する）。また、（4）極端に低い確率を除き、低い確率を重視しすぎる。最後に、（5）発生確率が極めて高い、あるいは極めて低い事象は、編集段階で処理されてしまうため、評価段階に入ることはない。

（1）**劣確実性**とは、人々が相補的な事象に与える決定の重みづけの総和が100%にならないことを指す。たとえば、確率が89%と11%のアレのパラドックスを考えてみよう。確率をp、決定の重みづけをπ（p）とする。89%と11%の確率は足すと1・0になるが、アレのパラドックスの枠組みでは、決定の重みづけπ（89%）とπ（11%）はそうならない。カーネマンとトベルスキーの劣確実性は、アレのパラドックスがどのようにして起こりうるのかを説明する。[12]

（2）被験者に、たとえば、0・1%の確率で6000ドルを受け取るのと、0・2%の確率で3000ドルを受け取るのとでは、どちらがよいかを質問するという実験で**劣加法性**は発見された。支払額の期待値は全く同じであるのに、ほとんどの人は前者を好んで選んだ。これは、事実に反するが、人は0・2%の確率を0・1%の2倍よりも低く評価していることを暗示している（すなわち、決定の重みづけは劣加法的である）。[13]

（3）**劣比率性**はより捉えにくいものである。[14] ここでは、劣比率性は、決定の重みづけπ（p）の形状にかなりの制約を課しているといえば十分だろう。つまり、その対数は、確率の対数の凸関数でなければならない。

（4）一般に、低い確率は過大評価される。[15] これは、たとえば、ほとんどの人が5ドルを確実に受け取るよりも、０・１%の確率で５０００ドルを手に入れる方を好むという事実により裏づけられる。[16] したがって、pの値が小さい場合、$\pi(p) > p$となる。
（５）終点付近の確率、つまり０あるいは１００%に近い確率では、決定の重みづけがうまく定義できない。このような極端な確率の事象は、最初の編集段階ですでに処理されている。つまり、たとえば、確率が０・０１%の事象は「絶対に起こらない」と判断され、無視されるために、事実上、その決定の重みづけは０に等しいとする。同様に、たとえば確率が99・９９%の事象は「確実なもの」とみなされるために、事実上、その決定の重みづけは１００%に設定される。

これらの知見から、決定の重みづけを表す曲線は図12・４（４２１ページ）のようなものになる。

この章では、現代の判断・意思決定の理論について議論した。古典経済学では、数理モデルの仮定上のプレイヤーであるホモ・エコノミクス（第７章の注釈１参照）は合理的であり、期待効用を最大化し、感情をもたず、情報を収集・処理する際にミスをしないと仮定した。しかし、今日の環境における現実のプレイヤーであるホモ・サピエンスは、全くそれとは異なる。ハーバート・サイモン（第11章参照）は、古典的な仮定と現実世界の出来事の矛盾をいち早く認識した人物である。彼は、限られた能力と不完全なスキルによって、数学的モデルは（規範的経済学において役立つのと同じくらい有用であっても）人々が実際に行うことの記述には全く役に立たなくなったと主張した。**限定合理性と最低限度の条件を満たすこと**が新しいキャッチフレーズだった。

しかし、限定合理性以上の制限がある。それは、人が認知バイアスに左右されるという事実だ。そこで登場したのが、ダニエル・カーネマンとエイモス・トベルスキーである。判断とは、重大さや確率を推定することだ。この二人の心理学者は、人間はヒューリスティックス（すなわち、経験則）を使ってデータを得たり、引き出したり、推測したりしていることを発見した。プロスペクト理論とは、このようにして得られた情報をどのように活用して意思決定を行うかについての理論である。カーネマンとトベルスキーは、実験に基づいて、人がリスク下で意思決定を行う際に用いる価値関数と決定の

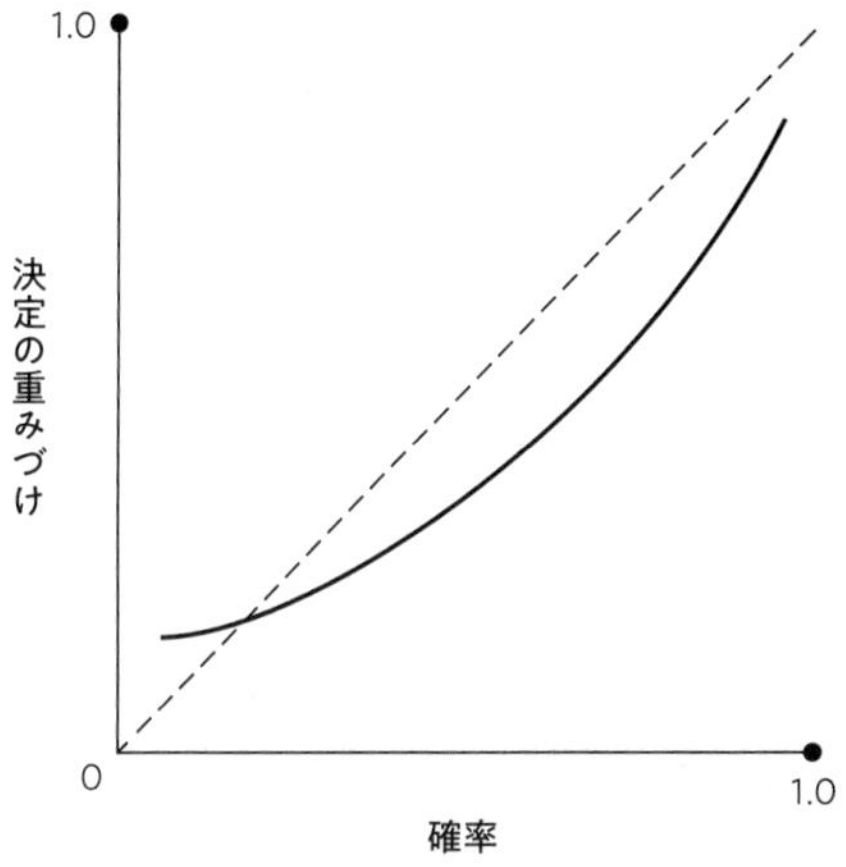

図 12.4　カーネマンとトベルスキーの決定の重みづけ

重みづけの特異的な性質を特定した。[17]

つまり、以前の考え方は、モデルは完璧であり、たとえ人がたまに間違いを起こしても、その間違いは市場で平均して排除される、というものだった。カーネマンとトベルスキーは、そうではないことを示した。人は系統的な間違いを起こすのだ。同じ方向に。それゆえ、その間違いは排除されない。市場は規則的に「間違っている」のである。

それはまさにパラダイム・チェンジ（パラダイムシフト）であった。

第13章

間違っているのか、不合理なのか、あるいは単に愚かなのか？

18世紀初頭、ダニエル・ベルヌーイがサンクトペテルブルクのパラドックスを研究したとき、彼はその研究に数学を使った。もちろん、人間の心に対する驚くべき洞察を行いもしたのだが。18世紀後半、アダム・スミスは1776年に出版した『国富論』のなかで、数学に対して明らかに慎重な見方を示している。「私は政治的な算術をあまり信用していない」と彼は強調し、代わりに例や物語、逸話、文献の引用によって自説を裏打ちした。実際、『道徳感情論』では、個人の行動を心理学的に説明し、公平や公正についての懸念を表明した。

功利主義者のジェレミー・ベンサムは、効用の心理的裏づけについて幅広く執筆した。19世紀後半から1970年代頃まで続いたのは、「デジャブのやり直し」だった（メジャーリーグの名選手ヨギ・ベラの言葉を借りれば）。つまり、もう一度、科学の女王である数学が支配したのである。まず、限界効用論者が数学を好んで使い始め、その後、近代経済理論家たちが続いた。彼らは、数学的モデルが美しく正確な論理だからということに加え、数学を絶対条件としている自然科学の研究者に対抗するためにそうしたのである。「支配した」というのはその状況の描写としては甘すぎるかもしれない。

むしろ、その職業の人たちの首を絞めていた。実際、あまりにもそうだったので、しばしば高度に様式化されたモデル（実行不可能な公理を完備している）は、現実の生活とほとんど結びつきがないほどだった。

ハーバート・サイモンは一般的な再考をもたらした。彼は、理論家が完璧な世界で起こると想定したことではなく、現実の世界で実際に起こっていることを記述するという最初のステップを踏み出した。真の宇宙モデルでは、単に宗教的な教えによって地球が銀河の中心にある、とみなすことはない。観測によって明らかになったため太陽が実際の中心であると表している。それと同じように、サイモンは、ホモ・エコノミクス（第7章の注釈1参照）が従うはずだと考えられる公理を仮定する代わりに、ホモ・サピエンスを中心に置き、それを中心としたモデルを開発したのである。サイモンは、人間の有限な能力を考慮し、人間の意思決定の記述理論として最低限度の条件を満たすこと（satisficing）を発展させた（第11章で詳述した）。

ダニエル・カーネマンとエイモス・トベルスキーは、数学か心理学かという議論に加わった。彼らは、バイアス（思考や認知の偏り）やヒューリスティックスに関する数えきれないほどの実験を行った後、リスク下における意思決定を記述するプロスペクト理論を提案し、心理学を、新しい女王とまではいかなくても、間違いなく経済理論の王女とした。これは、彼らのモデルに数学がなかったということではない。その基礎となるモデルが、厳密で柔軟性に欠ける公理のみに基づくものではなかったということである。

20世紀後半から21世紀初頭にかけては、心理学から経済学に回帰したが、ひとひねり加えたものだった。カーネマンとトベルスキーの著作に深い影響を受けた金融経済学者、リチャード・セイラー（図13・1）は、のちに行動経済学として知られるようになるものを生み出した。この比較的新しい経済学分野は、厳格な公理に基づく数学的モデルによって方向づけられるのではなく、バイアスや意志の欠如といった人間の弱点を考慮しながら、人間の意思決定プロセスを決定する。セイラーは心理学と経済学の間の溝を橋渡しした。

セイラーが将来、教授、しかも有名な教授になると予想した人はほとんどいなかっただろう。実は、高校時代、彼は成績がオールBの生徒だった。1945年、ニュー

図 13.1　リチャード・セイラー（1945 ～）（©Nobel Media AB Alexander Mahmoud）

ジャージー州北部に生まれた彼は、3人兄弟の長男として育った。父親は保険数理士、母親は元教師でその後専業主婦になった。学校は退屈で、成績も悪かったようだが、それにもかかわらず、彼はケースウエスタンリザーブ大学を受験し、合格した。心理学と経済学の間で迷ったが、就職に有利な経済学の方を選択した。やがて求職をする時期になったものの、ビジネスの世界でのキャリアを避けるために、彼は大学院へ進むことを決意した。大学における彼の最初の職は、ロチェスター大学の助教授だった。

セイラーは、1年間、学部生に費用便益分析を教えた後、ロチェスター大学経営大学院でテニュア（終身在職権）なしの常勤の職に就いた。そこで、暇つぶしかのように「人々の行う愚かなこと」、つまり、経済学者の同僚が逸脱した行為とか不合理な行動と呼ぶような、行動の決定パターンを集め始めた。たとえば、被験者に対し、ある病気を治すが死ぬ確率が0・1％あるワクチンに対していくら払うか聞き、別の被験者には死ぬ確率が0・1％ある治験に参加するためにいくら要求するかを尋ねた。すると、最初のグループは治療に対して約1万ドル払う用意があるのに対し、2番目のグループは実験に参加するために100万ドルを要求することがわかった。なぜ人はあるリスクを負うのに、全く同じリスクを回避するために支払う金額の100倍もの金額を要求するのだろうか？

あるいは、次のようなシナリオを考えてみよう。女性のSさんとその配偶者は、あるコンサートの無料チケットを受け取った。しかし、当日はあいにく大雨が降っており、二人はコンサートを見送ることにした。どのみち、チケットは無料だった。もし、そのチケットが無料でなかったら、彼らの決断は違っていただろうか？　多くの人にとって、答えはイエスだ。もしチケット代を自分で払っていたら、チケット代はその時点で「サンクコスト」になっていたとしても、悪い天気のなか出かけたことだろう（第12章参照。過去の支出は現在の判断に無関係なはずである）。

あるいは、こんなシナリオもある。数年前、男性のRさんはよいワインを1本約5ドルで1ケース購入した。今、ワイン商がそのワインを1本100ドルで買い戻したいと申し出ている。Rさんはこれを拒否する。彼は1本のワインに35ドル以上支払うことはないにもかかわらず。セイラーにより特定された**授かり効果**（endowment effect）によれば、人は、ある品物をすでに所有している場合、今それを購入する場合よりも高く評価する。

あるいはこんな例もある。男性のHさんは自分の家の芝生を刈る。隣人の息子は8ドルで芝を刈ってくれる。しかし、Hさんは隣の家の同じ広さの芝生をたとえ20ドルもらっても刈ることはないだろう。その息子の申し出を断ることにより、彼は明らかに自分の労働の「機会費用」（すなわち、自分の時間でできたはずのもっと有益なこと）を無視した。

あるいはこうだ。女性のTさんはカジノに入り、ギャンブルをして200ドル勝つ。その後も彼女はギャンブルを続け、勝ち分をすべて失う。200ドルを失ったにもかかわらず、彼女はあまり痛みを感じないかもしれない。なぜなら、セイラーが**メンタル・アカウンティング**と名づけたように、彼女は失った200ドルを、どのみちカジノのものだったと考えているからだ。

古典経済学者にとっては、これらのシナリオはすべて、そしてさらに多くのシナリオも、誤りを含み、不合理であり、明らかに馬鹿げているように見えた。彼らの洗練された数学的モデルによれば、このような行動は起こるはずはないし、もし起こったとしても、それは単に無知な者が何をしたらよいかわからないからである。経済学者たちは、この不合理な行動はランダムなノイズにすぎず、平均すると無視できるはずだと主張した。しかし、この考え方は間違っている。ほとんどの人がそのように行動していることが証明され、この現象はもはや無視できないものとなった。では、何が起こっていたのだろうか？

どうやら人は、同じ品物でも自分が持っているものを他人のものよりも高く評価するようだ。そして、サンクコストは無視されるのではなく、考慮され、機会費用は自費のように扱われるのではなく、無視される。セイラーが特定した逸脱した行為の根本的な原因は、全く同じ商品やサービスの購入価格と販売価格の間の著しい差にあるようだ。サンクコストの誤謬《ごびゅう》、機会費用、授かり効果、メンタル・アカウンティングなどの逸脱した行為を、何の役に立つのかよくわからないまま熟考していたところで、セイラーはカーネマンとトベルスキーの著作に出会った。これは、まさに目からウロコだった。この心理学者たちは、彼の問いかけに対するすべての答えをもっているように思われた。

１９７７年、偶然にも二人のイスラエル人はスタンフォード大学行動科学高等研究センターのフェローだった。セイラーはその年、全米経済研究所（ＮＢＥＲ）のスタンフォード支部での職を確保することができ、すぐにカーネマンと友人になった。この年、セイラーがカーネマンから学んだことと彼との議論の結果は、１９８０年に『*Journal of Economic Behavior and Organization*（経済行動と組織誌）』に発表した論文『Towards a Positive Theory of Consumer Choice（消費者選択の記述的理論に向けて）』にまとめられた。この論文は、行動経済学という新興分野の基礎となるテキストとみなされることになる。

しかし、残念ながら、同僚たちはあまり感銘を受けなかった。実際、誰も少しも興味を示していないようで、善意ある指導者たちは、「実際の経済学」に戻るように彼に勧めた。当然ながら、セイラーは彼らの助言には耳を貸さず、これも予想されたことだが、ロチェスター大学は彼に終身在職権を与えなかった。幸いにも、彼はコーネル大学で職を得て、その後17年間、自分の洞察を本格的な理論に発展させることができた。

1995年、一部の教授陣の猛反対にもかかわらず、彼は合理経済学の本場であるシカゴ大学に移った。シカゴは超合理主義者のミルトン・フリードマンの本拠地だったことを思い出してほしい。しかし、そのころまでには、セイラーは同僚たちの嘲笑を気にする必要はなくなっていた。行動経済学は正当に認められていたのである。

2015年、個人の意思決定に関する経済学的分析と心理学的分析の橋渡しをし、伝統的な考えを打破してきたセイラーは、アメリカ経済学会の会長に選出された。その2年後、彼は「行動経済学への貢献により」ノーベル経済学賞を受賞した。このことは、続くプレスリリースで淡々と発表された。その発表の全文は以下のようなものだった。このノーベル賞受賞者は「経済的意思決定の分析に心理学的に現実的な仮定を取り入れ、こうした人間の特性が、個人の意思決定や市場の結果に体系的に影響を与えることを示した[1]」。人は不合理であると予想可能なことを示すことで、セイラーは経済学を人間の行動のより現実的な理解へと向かわせることができた。その結果得られた洞察は、公共政策にも影響を及ぼしている。

セイラーは、有名な論文『消費者選択の記述的理論に向けて』を、伝統的なモデルを肯定することから始めた。「消費者の経済理論は、記述的理論と規範的理論の組み合わせである。その理論は合理的最大化モデルに基づいているため、消費者がどのように選択すべきかを記述しているが、消費者が実際にどのような選択をするかも記述しているといわれている」。そして、それが問題だと彼は主張した。なぜなら、「ある、よく定義された状況では、多くの消費者が経済理論と矛盾するような行動をとる。このような状況では、経済理論は行動を予測するうえで体系的な誤りを犯す」からである。記述的理論として用いるべきは、カーネマンとトベルスキーのプロスペクト理論である。

続いてセイラーは、従来の経済学者からは逸脱した行為と分類されるが、彼が「経済における精神の錯覚」と呼ぶいくつかの行動様式について論じている。彼によると、これらは規範的モデルの予測から特に逸脱しやすい消費者の問題を分類したものである。つまり、機会費用の過小評価、サンクコストを無視できないこと、最適でない探索行動、選択をしないという選択、自制心の欠如などである。

それは常識の完全否定であった。「私は、記述的理論はその行動を予測する能力をもとに評価されるべきだという点で、フリードマンとサベージと同意見である。私の判定では、この論文で議論される部類の問題においては、経済理論はこのテストを通過できない」。そのよい例として、セイラーはフリードマンとサベージのビリヤードをする人の例(第8章参照)に反論している。ビリヤードをする人は、頭のなかで非圧縮性球体の物理学に関する数式を処理していないにもかかわらず、あたかもそうしているかのように振る舞う、という彼らの主張を思い出してほしい。その通りだ。超一流プレイヤーに関してはそうかもしれないとセイラーは言う。フリードマンとサベージの数学モデルは、ビリヤードの一流プレイヤーの行動はうまく予測するかもしれない。しかし、ビリヤードをする人の大部分は一流ではないので、「二人の素人のモデルをどのように構築するか考えることは有益である」。ビリヤードの初心者や中級者は、一流プレイヤーとは全く異なるショットを計画し実行するだろう。彼らはビリヤードをプレイするだろう、そう、経験則とヒューリスティックスを使って。そしてまた、彼らの限られた能力を考えると、彼らがそうすることは完全に合理的なのだ。

同様に、経済理論における素人（そして大多数の消費者はデータ収集、確率論、および計算の素人である）は専門家のように行動することはない。しかし、素人の限定合理性の範囲内では、彼らは非常に合理的なのだ。

「私が主張したのは、消費者行動に関するオーソドックスな経済モデルは、要するにロボットのような専門家に関するモデルだということだ。そのため、そのモデルで平均的な消費者の行動を予測するとうまくいかない。これは、平均的な消費者が愚かだからではなく、意思決定を行う方法について四六時中考えているわけではないからだ」と、セイラーは彼の論文で結論づけている。

消費者には精神的な近道、バイアス、およびヒューリスティックスに甘えやすい傾向が、悪意ある目的のために利用される可能性があると注意することが極めて重要である。カジノはスロットマシンで勝つ確率が実際よりも高いと人々に信じ込ませることで有名であり、詐欺師は被害者の信じやすさを悪用し、気候変動否定論者は一回きりの事象を統計的証拠と混同する。

一方、まさに同じ甘えやすい傾向を利用して、人に自分自身のために行動をするように促すこともできる。セイラーは、ハーバード大学の法学教授キャス・サンスティーンと共同で、『実践 行動経済学 健康、富、幸福への聡明な選択』(2009年、日経BP社)というタイトルの本を書いた。副題が示すように、この本は「健康、富、および幸福に関する意思決定を改善する」ことをテーマにしている。選択肢の言い方を変えたり、デフォルトの選択肢を変えたりすることで、人をよりよい決断へゆるやかに誘導することができるのだ。たとえば、学校のカフェテリアでは、最も健康的な食品を一番手前に置く(そこに置くと選ばれる確率が高くなる)ことで、子どもたちによい食事をするよう促すことができるかもしれない。雇用主は、従業員に会社のスポーツプログラムへの参加を募る代わりに、参加をデフォルトにして不参加を選べるようにすることで、参加率を上げることができるかもしれない。

セイラーとサンスティーンは自分たちの考えに自信満々だったため、引き下がらなかった。政府を含む機関は、「人々の生活を向上させる方向に人々の選択を導くため」に、選択の科学に協力すべきであると彼らは力説した。その結果としては、老後の貯蓄が増え、投資がうまくいき、肥満が減り、慈善団体への寄付が増え、地球がきれいになり、教育制度が改善される、など枚挙にいとまがないだろう。「人間が常に論理的に行動していると考えるのは狂気の沙汰だ」と、セイラーは2015年にポップスターのセレーナ・ゴメスとともに友情出演したコメディ映画『マネー・ショート　華麗なる大逆転』（2015年）で主張している。その二人はカジノのシーンに登場し、そこでホットハンドの誤謬[*1]について説明した。

「ゆるやかに」という修飾語があるとはいうものの、誰もが彼らの主張に納得したわ

＊1　ランダムな事象において成功が連続した人は、その後の試行においてさらに成功する可能性が高いと信じてしまうこと。

けではなかった。明らかに、彼らのスタンスは「お父さんは一番物知り（なので言うことを聞きなさい）」的なもので、大きな政府（政府が積極的に経済活動に介入して社会を安定させようとする考え方）を批判する人々は、政府が市民の自由意志に干渉するように著者らが提唱していることに憤慨した。セイラーとサンスティーンは、一種の「リバタリアン・パターナリズム」[*2]を推奨しているだけだと反論し、イギリスの日刊紙ガーディアン紙は、ナッジング[*3]を「左翼と右翼を超え、進歩的な目的を達成するために右翼の手段を用いている」と表現した。[2]

ガーディアン紙が議論に加わったのには理由があった。イギリスのデイビッド・キャメロン首相の政権は、政策を立案するために、2010年に「ナッジユニット」と名づけられた行動インサイトチームを立ち上げたが、セイラーはそのチームの正式なアドバイザーだった。そしてアメリカでは、サンスティーンがバラク・オバマ大統領から、行動経済学の考え方を取り入れ、政策に反映させる仕事を任されていたのだ。

金融経済学者であるセイラーにとって、自分の研究成果を使って収益を上げるという考えは、それほど途方もない話ではなかった。そして、投資マネージャーであり、ワシントン州立大学金融学部の元学部長であるラッセル・フラーと共同で、「投資家は間違いを犯すものですが、我々が対処致します」をモットーに、フラー・アンド・セイラーという資産管理会社を共同で設立した。間違いには2種類あると、同社の社是には書かれている。投資家は悪いニュースに過剰反応してパニックになる場合と、よいニュースに十分な注意を払わず過小反応する場合がある。どちらの間違いも、複雑な行動経済学に足を踏み入れた投資家にとっては、買うよい機会となる。

行動ファイナンスの原理を用いて、フラー・アンド・セイラーは約90億ドルをその管理下に置いている。前述したように、同社の戦略は、市場がネガティブな情報には過剰反応し、ポジティブな情報には過小反応することを利用している。したがって、同社は将来の見通しについて否定的なニュースに左右されやすい株や、業績不振が続いた後に

＊2　個人の行動・選択の自由を権力が阻害せず、かつ「よりよい結果」に誘導する思想のこと。
＊3　人の選択に影響を与えて望ましい行動に導くこと。

回復の兆しを見せている企業に投資する。

一市民として、セイラーは自らの役目を果たし、行動経済学を社会のために使用した。彼はイギリスの行動インサイトチームでの役割とは別に、オバマ政権の非公式なアドバイザーを務め、2012年の再選キャンペーンの成功に一役買った。

ハーバート・サイモンは、人間は限定的に合理的であると提唱し、効用最大化を最低条件の満足化(satisficing)に置き換えた。ダニエル・カーネマンとエイモス・トベルスキーは、その限定とは何であるかを「人々がもつ信念と彼らが行う選択を、合理的エージェント(提示された前提と情報に基づいて常に最適な行動をしようとする個人または組織のこと)モデルで想定される最適な信念と選択から分離する体系的バイアスを調査することによって」示した。リチャード・セイラーは、現在のところ、最後の一歩を踏み出した。彼はカーネマンとトベルスキーの実験結果を合理的選択理論から逸脱した行為に適用し、意思決定の心理学を経済学的行動モデルに取り入れた。

次に待ち受けているのは何だろうか？　人工知能だろうか？　ロボットのような合理

性だろうか？　それは時間が解決してくれることだろう。

注　釈

第1章　すべてはパラドックスから始まる

1. ベルヌーイ（Bernoulli）はここでは Bernoully と署名していることに注意。
2. オランダの天文学者クリスティアーン・ホイヘンス（1629～1695）は、公正な価格は数学的期待値に等しいと主張した。
3. クラメールは無限の幾何級数の和を与える公式を用いた。
4. 一度だけ、数学の達人も誤りを犯した。ニコラウスは簡略化された級数の和が2.5ではなく、2になると書いた。
5. ニコラウスは、お金の半分を失う確率を無視した。後述するように、ダニエルはそれよりももっとうまく行う。
6. 効用から貨幣価値に戻すためには、対数関数の逆関数である指数関数を使わなければならない。つまり、exp（7.8）＝2,440である。

第2章　多ければ多いほどよいのだが……

1. この情婦の伝えられている美しさへの賞賛は止むことを知らなかった。カール・マルクスは1841年の博士論文で、エピクロスの哲学をカトリック教会の教義に沿わせようとする試みの馬鹿馬鹿しさの例えを探し、このように表現した。「それはまるで、ライースの華やかな体に修道女のマントをまとわせようとするようなものだ」。
2. 法律では、有罪判決には二人の証人が必要だった。有罪の告発をしたのがエスクリックのハワード卿という人ただ一人だったため、ジョージ・ジェフリーズ（悪名高い「絞首刑判事」）は、シドニーの原稿（原稿の段階でしかなく、死後に出版されることになるだけだった）が第二証人の代わりとなりうると決定した。「Scribere est agere（書くことは行動することと同じである）」と彼は判断したのだ。

3. 「(ベンサムが)『道徳および立法の諸原理』を出版する一世代以上前から、功利主義ははっきりと存在していたのだから、彼がその事実から非常に大きな恩恵を得られなかったはずはない」
4. スタンフォード哲学百科事典によれば、ベンサムは、1763年から1764年にかけてウィリアム・ブラックストーンの講義を聴きながらこの中傷の言葉を作った。
5. これは、ジョン・リンドの『アメリカ議会の宣言に対する回答』(1776年)へのベンサムの寄稿文の一つである可能性が非常に高い。
6. 強制的な兵役についての問題が生じることがある。国民の生命に対する絶対的な権利が、命を落とす危険性のある戦争に送り込む政府の権限とどのように調和するのだろうか？　国家のより大きな利益、あるいは傭兵や志願兵のためという観点から、議論を行うことができる。
7. 結局のところ、これが、たとえばhomogenial(均質な個体)などではなく、individual(特有の個体)と呼ばれる理由である。
8. そして、よいこともある。デュポンの息子エリュテール・イレネ・デュポン・ド・ヌムールは、産業界の大企業E. I. デュポンを設立した。
9. 世界人権宣言(1948)、第25条。
10. 経済的、社会的および文化的権利に関する国際規約(1966年)、第7条。

第3章　……そのよさはだんだん減っていく

1. 結局のところ、それが品物が悪いもの(bads)ではなく、よいもの(goods)と呼ばれる理由である。
2. これはしばしば「品物のクラス」と訳されるが、私は「満足の源」の方が、アリストテレスの言いたいことをよりうまく伝えると考えている。
3. アリストテレスは、身体的な幸福については言及していないが、人がどれほど健康でありたいと思うかについて、彼は制限を設けなかったと想定される。

4. そして、第1章で見たように、保険は公理3および4のもう一つの結果である。
5. しかし、ラプラスの研究は、その後の数世紀の理論家たちを満足させるに十分なものではなかった。ロシアの数学者アンドレイ・コルモゴロフが公理的な土台に基づくようにして初めて、確率論は十分に厳密であるとみなされるようになった。
6. 金利がプラスである限り、正確な金利は関係なく、同様に生存確率も、年齢が上がるにつれて減少する限り無関係であることが判明した。興味深いことに、ラプラスは対数効用を用いたが、その後、1が総資産、cが総資産のごく一部とする$log(1+c)$をcで近似している。これは実際には富に対して効用は線形であることを意味している。このように、彼はベルヌーイの主原則と、効用は逓減的に増加するという彼自身の主となる信条を(少なくともこの議論をしている部分については)事実上否定したのである。
7. ヴェーバーの時代、1オンス(Unze)は31グラムであった。
8. これは、ある日本の刀匠にまつわる伝説を思い起こさせる。彼の刀の強さの秘密は、延ばしている刀を焼き固める水の正確な温度にあった。あるとき、来訪した同業者に工房を見せたところ、その人は床で滑るふりをして温度を確かめようと水に手を浸した。そのとき、刀匠は刀の鋭い一撃で、(温度感覚が脳に伝わる前に)その人の手を切り落としたという逸話がある。
9. 実はヴェーバーは温度をレアムール度で表現しており、凝固点を0度、沸点を80度としていた。
10. ロットは中世からヨーロッパで使われている重さの単位で、1ポンドの30分の1に相当する。
11. 1719年にライプツィヒで創業したブライトコプフ・ウント・ヘルテルは、現在も営業を続けており、今日では世界最古の音楽出版社とみなされている。ルートヴィヒ・ヴァン・ベートーヴェン、フランツ・リスト、リヒャルト・ワーグナー、フレデリック・ショパン、ヨハネス・ブラームスなどの楽譜出版も彼らが現役のときに行っている。
12. 神経科学者のスタニスラス・デハーネとそのグループが、現代数学にほとんど触れていないブラジルの先住民を対象に行った研究によると、人間の生来の数の概念は線状ではなく、対数であることが示唆されている。

第4章　3人の限界効用論者

1. ロスコーは、有名な作家でもあり、学問的な歴史論文だけでなく、子どもたちを楽しませるために『蝶の舞踏会とバッタの宴』（1808）という児童向けの名作も書いた。出版初年度に4万部以上の売り上げを記録し、その何十年にわたり人気を博した。
2. カール（Carl）の息子のカール（Karl、原文ママ）は、有名な数学者になることでその埋め合わせをした。彼は、いわゆるスーパーペテルブルクのパラドックスに関する重要な論文を発表している。そこではi番目のトスによる利益は2のi乗よりも十分速く増加し、期待効用は無限になる。カール（Karl）は、1902年に、すでに62歳になっていた父メンガーと彼の長年の伴侶であったヘルミオーネ・アンデルマンとの間に生まれた。そのカップルは結婚することはなかった。おそらく、アンデルマンが離婚していたか、ユダヤ人であったため、メンガー（もちろんルドルフ皇太子も）のようなカトリック教徒は、宗教上の儀式で結婚しなければならなかったからであろう。メンガーは、皇帝フランツ＝ヨーゼフに息子カール（Karl）が嫡出子であることを求め、最終的に認められた。
3. 統計から経済行動に関する法則を推論することは、計量経済学と呼ばれる下位区分領域である。

第5章　忘れられた先駆者たち

1. 第4章で述べたため、ここでは、すでにワルラス父子を感化していたオーギュスタン・クールノーについては触れないことにする。
2. 消費には時間がかかるので、1日に消費する品物の量には限りがある。もう一人のあまり知られていない先駆者であるカール・ハインリッヒ・ラウ（1792～1870）によると、このように、飽和状態（と限界効用逓減）は、単に時間的制約の結果である可能性がある。

3. ジェヴォンズは、ゴッセンの「効用曲線は一般に直線とみなされる」と書いている。今日の言い方では、これは誤解を招くだろう。ジェヴォンズが言いたいのは、限界効用は直線である（すなわち、直線的に減少する）ということである。そうすると、総効用は、凹曲線になる。
4. オイラーはドイツ人ではなくスイス人であったが、この考えは揺らがない。
5. このほか、ニコラ・フランソワ・カナール（1750〜1833）、クラウス・クロンケ（1771〜1843）、フランチェスコ・フオコ（1774〜1841）、グラーフ・ゲオルグ・ヴォン・ブッコイ（1781〜1851）、ヨハン・ハインリッヒ・フォン・チューネン（1783〜1850）、ハンス・フォン・マンゴールド（1824〜1868）などが忘れられた先駆者としてあげられる。

第6章　自分の信念に賭ける

1. 実際、1929年には、ラムゼイの父親が学長を務めていたマグダレン大学の研究員が、ベッドの脇で「フレンチレター」（コンドームの婉曲表現）が発見されたため、退学処分を受けた。
2. しかし、アメリカの野球選手だったヨギ・ベラの助言の方がどんなに単純なことか。「分かれ道に出くわしたら、そこを選んで進め」。
3. 私はここでは、事象という言葉を少し大雑把に使っている。より正確には、ラムゼイは、神が存在するという信念やリーマン予想が真であるというような命題の真偽を考察している。
4. より正式に表現すると（〜は「ない」を表す）、法則は以下のようになる。

（1）pの信念の度合い＋〜pの信念の度合い＝1

（2）qが与えられたときのpの信念の度合い＋qが与えられたときの〜pの信念の度合い＝1

（3）（pかつq）の信念の度合い＝pの信念の度合い×pが起きると仮定したときのqの信念の度合い

（4）（pかつq）の信念の度合い＋（pかつ〜q）の信念の度合い

$= p$の信念の度合い

5. グラスホッパーズとバタフライズの勝利のオッズはここでは関係ないことに注意。この賭けは「フェア」である必要はない。重要なのは、第4法則に違反していることであり、賭けのオッズがどうであれ、賭けを行った者には損失が発生する。
6. 正式には、コルモゴロフによる確率論の定義と公理は次の通りである。
   Ωを空でない集合（ここでは「普遍集合」と呼ぶ）とする。Ω上の場（または代数）とは、Ωを要素としてもつΩの部分集合の集合Fで、（Ωに関して）補集合と和集合の下で閉じている。PをFから実数への関数とし、以下に従うものとする。

   非負であること：すべての$A \in F$に対して、$P(A) \geqq 0$
   正規化：$P(\Omega) = 1$
   有限加法性：すべてのA、$B \in F$に対し、$P(A \cup B) = P(A) + P(B)$、したがって、$A \cap B = \varnothing$

   Pは確率関数、（Ω、F、P）は確率空間と呼ばれる。

第7章　経済学者が行うゲーム

1. ラテン語とギリシャ語を組み合わせたホモ・エコノミクスというごた混ぜの言葉が、学問の言葉として定着してしまっているのは残念なことである。より正確には、（単純にホモ・サピエンスと区別するため）純粋なラテン語のホモ・パルカス（homo parcus）、あるいは純粋なギリシャ語のアンスロポス・オイコノミコス（anthropos oikonomikos）であるべきだ。
2. ロックフェラー財団は、1920年代から1930年代にかけて、景気循環をその主要な研究領域として宣言していた。
3. この記述は直感的に間違っているように思えるが、華氏を摂氏に変換すると明らかになる。この例では、20° Fは約−7℃に相当するが、40° Fは約4℃に相当する。もちろん、後者は前者の2倍ではない。
4. これ以降、フォン・ノイマンとモルゲンシュテルンが提示したものよりもいくらか簡略化した公理をあげる。これにより、より理解しやすくなると思う。

5. 本章の前半で紹介したじゃんけんを思い出してほしい。このゲームの果てしない退屈さは、ジャンケンもサイクルを形成しているという事実に基づいている。
6. これは、コロンビア大学の哲学者シドニー・モーゲンベッサーによる逸話である。
7. 2000年のアメリカ大統領選挙で、ジョージ・W・ブッシュがアル・ゴアに勝ったのは、多数がゴアを好んだかもしれないのにもかかわらず、全く勝つ見込みのないラルフ・ネーダーが第3候補として名乗りを上げたからだということができる。
8. フォン・ノイマンとモルゲンシュテルンの理論によると、これは$f(x)$と$g(x)$が同じ人物に対する二つの効用関数である場合、すべてのaおよびすべての正のbに関して$g(x)=a+bf(x)$であるということである。また、$f(x)$をある人の効用関数とすると、$h(x)=c+df(x)$と表現できる他の関数$h(x)$も、その人の効用関数となりうるということである。
9. 実は、係数と定数は自由に選べるので、誰でも無限にある効用関数から一つの選択肢を選ぶことができる。

第8章　波打つカーブ

1. ベレグザシュは現在のウクライナのベレホヴェである。著者の母もベレグザシュの出身で、そこではフリードマン一家の何人かが隣人だった。
2. 彼は博士論文のなかで、医療の専門職がもつ独占力により、医師の所得が歯科医師の所得に比べて大幅に上昇したことを示した。
3. 実は、この賞の正式名称は、「アルフレッド・ノーベル記念スウェーデン中央銀行経済科学賞」である。
4. 結局のところ、第2章で、少ないよりも多い方がよいということを示した。
5. これは、第12章と第13章で述べる行動経済学の理論より、数十年も前のことである。

6. 現在では、「(中所得層の知人の)これらの質問に対する典型的な答え……」という風変わりな表現に基づいてデータ分析を行った論文を受け入れる科学雑誌はほとんどないだろう。学術論文を出版するためには、特に、大きなサンプルサイズ、T統計量、対照群などの要素が要求される。

第9章　比較できないものを比較する

1. 1960年に、メートルはクリプトン原子の放射線の波長に規格が変更された。2019年5月20日付でキログラムの規格が変更され、量子力学の概念であるプランク定数で定義されるようになった。
2. 摂氏を求めるには、華氏から32を引き、その余りを1.8で割ればよい。
3. 多数決は、いわゆるコンドルセ・サイクルをもたらすことがある。
4. 数学では、複数の曲率の定義が存在する。簡略化のため、ここでは 効用関数を2回微分したものであるU''(富)をグラフの曲率の代用とする。U'(富)が正であるということは、人々は少ないよりも多いことを好むということを表すが、U''(富)が負であるということは、分散(すなわち、リスク)を嫌うということであることに注意。
5. 数学好きな読者は、効用関数は線形変換までしか定義されないにもかかわらず、リスク回避は線形変換のもとで不変であることに気づくかもしれない。
6. 本章のあとがきとして、関数のシュワルツ導関数($S(W)=U'''(W)/U'(W)-3/2[U''(W)/U'(W)]2$)と呼ばれる数式に触れておこう。これは、プラットとアローのリスク回避度だけでなく、富の分布の非対称性に対する好みや嫌悪と解釈できる$U'''(W)$という値も含む。何年も前だが、エルサレムのシンポジウムで、ケネス・アローをつかまえて、そのことについて質問する機会があった。彼は、シュワルツ導関数については知っていたが、経済学においてはそれが重要だと思ったことはないと言った。

第10章　さらなるパラドックス

1. ポアンカレはフランス人であったため、アレはこの論争において、国家主義的とまではいわないまでも、愛国的な感情に陥ったのかもしれない。いずれにせよ、盗作疑惑は否定された。また、ここでもちょっとした問題がある。アレはアインシュタインが相対性理論を盗用したと主張する一方で、彼の実験は相対性理論が誤りであると示すものだった。
2. 1988年6月、ブダペストで開催された効用、リスク、および意思決定理論の基礎と応用に関する第4回国際カンファレンスにおいてアレと出会った。このカンファレンスで彼は私の講演を聴きに来てくれた。そして後日、1対1で彼の人生と業績についてたっぷりと話をしてくれて、私はとても嬉しかった。カンファレンスから数日後、私の家に彼の論文の複製が何部も届いた。私は義務感から、私が記者を務めている新聞であるスイスの日刊紙『*Neue Zürcher Zeitung*（新チューリッヒ新聞）』にこのカンファレンスについて書いた。もちろん、アレの経済理論の重要性についても触れた。そして、彼が私を探し出した理由は、私自身の（非常にささやかな）科学研究の質のためでも、私の魅力的な性格のためでもなく、むしろ私がジャーナリストであるという事実のためであったと後になって初めてわかった。これは彼にノーベル賞が授与されるわずか4ヵ月前のことだった。
3. アレはフランス・フランを使った。
4. エルズバーグの質問の言い回しはやや違っていた。ここで私が紹介する方法は、より単純に理解しやすくするために「無関係な選択肢からの独立性」の公理を取り出している。また、「青」と答えた人にもパラドックスを設定することができる。
5. アメリカの経済学者フランク・ナイトは、確率がわかっている場合（たとえば、90個の玉のうち60個）のリスクと、わかっていない場合（90個の玉のうち30から60個）の不確実性を区別した。

第11章　最低限のよさ

1. シカゴ大学経済学部と対立後、イェール大学に移り、コウルズ経済研究委員会と改称された。
2. 実は、数学を専攻していた筆者が初めて経済学に出会ったのは、ジェラール・ドブルーの『価値の理論』という、数学的モデリングの例として経済学を提示した専門書であった。
3. マートンとショールズは1997年にノーベル経済学賞を受賞した。
4. ただし、実はベルヌーイがすでに、富の限界効用逓減を仮定することで人間の心（すなわち心理学）を経済的意思決定の研究に取り込んでいたことに注意。

第12章　サンクコストの誤謬やギャンブラーの誤謬などの誤り

1. カーネマンはバーノン・スミスと受賞を分け合った（ノーベル賞は死後に授与されないため、トベルスキーは受賞できなかった）。
2. 人間の頭では、和よりも平均を考える方が簡単のようである。
3. 理解しやすいように実験設定を簡略化している。
4. この違反は、広告でよく見かける。たとえば、広告でスポーツカーのボンネットの上にセクシーなスーパーモデルが乗っていても、その車の品質とは何の関係もないので無視すべきである。しかし、明らかに、あるいは少なくとも広告主が期待するところでは、モデルがいることで、男性はそのモデル（車のモデルの方ですよ、もちろん！）を買う気になる。
5. ある晩、ピーターは暗い通りで、街灯のそばで何かを探しているポールに出会う。「駐車場で車の鍵をなくしてしまったんだ」とポールは言う。「それならなぜ、あそこではなく、ここを探してるんだい？」とピーターは尋ねる。「ここは光があるところだからね」という答えが返ってきた。
6. 次のことをしてはならない。繰り返す。絶対にコイントスやルーレットの回転に平均への回帰を適用してはいけない。これをやると、この章の後半で説明するギャンブラーの誤謬に陥ってしまう。

7. ハリー・マーコウィッツもすでに同じような指摘をしていた(第8章参照)。
8. 1943年にアメリカのカジノで、32回連続で赤が出たのがルーレットで1色が連続して出た最長記録である。このように連続して起こる確率は0.000000023%である。サンクトペテルブルクのパラドックスにおいては、これで43億円近い配当が得られただろう。ただし、30回目のスピンで、ギャンブラーは21億ドル以上を賭ける必要があったことに注意。
9. この言葉は、配偶者の選択、住宅の購入、教育の可能性、あるいはより広範な一般福祉など、他の種類の意志決定問題も指しうる。
10. なお、フォン・ノイマンやモルゲンシュテルンをはじめとするゲーム理論家は、編集プロセスの操作2、3、4、6に関して異論はないだろう。それらは合理的意思決定のすべての公理に適合する簡略化の手順である。
11. フリードマンとサベージは、効用を金銭的収入の関数として捉え、収入ゼロは効用ゼロを意味するとしていた。しかし、マーコウィッツは、実はすでに現在の富を基準として考えていた。
12. 配当の主観的価値をv(ドルの金額)とすると、アレのパラドックスを構成する二つの意思決定問題は次のように書ける(続ける前に第9章を参照するとよい)。

(A) $v(1{,}000) > \pi(0.10)\cdot v(500万) + \pi(0.89)\cdot v(100万) + \pi(0.01)\cdot v(0)$

および

(B) $\pi(0.10)\cdot v(500万) + \pi(0.90)\cdot v(0) > \pi(0.11)\cdot v(100万) + \pi(0.89)\cdot v(0)$。

$v(0)=0$なので、(A)と(B)は次のように書き換えることができる。

(A') $[1-\pi(0.89)]\cdot v(100万) > \pi(0.10)\cdot v(500万)$

(B') $\pi(0.10)\cdot v(500万) > \pi(0.11)\cdot v(100万)$

したがって、$[1-\pi(0.89)]\cdot v(100万) > \pi(0.11)\cdot v(100万)$、あるいは、別の書き方をすれば、

$\pi(0.89)+\pi(0.11) < 1$。

13. 実験の結果、$\pi(0.001) \cdot v(6{,}000) > \pi(0.002) \cdot v(3{,}000)$となる。
したがって、$\pi(0.002)/\pi(0.001) < v(6{,}000)/v(3{,}000)$となる。限界効用のように貨幣の限界価値は減少するので、$v(6{,}000)/v(3{,}000) < 2$となる。よって
$\pi(0.002)/\pi(0.001) < 2$または$\pi(0.002) < 2 \cdot \pi(0.001)$であり、これが劣加法性の定義である。
14. 次の二つの意思決定問題を考えてみよう。
（A）80％の確率で4,000ドルを受け取るか、確実に3,000ドルを受け取る。
（B）20％の確率で4,000ドルを受け取るか、25％の確率で3,000ドルを受け取る。
（A）のギャンブルでは、ほとんどの人が確実な方を選び、（B）のギャンブルでは、ほとんどの人が二つの選択肢のうち、最初の方を選ぶ。しかし、問題（B）は問題（A）と同じで、単に4分の3に縮小されただけであることに注意。つまり、次のようになる。
（A′）$\pi(1) \cdot v(3{,}000) > \pi(0.80) \cdot v(4{,}000)$、従って$\pi(0.80)/\pi(1) < v(3{,}000)/v(4{,}000)$
そして
（B′）$\pi(0.20) \cdot v(4{,}000) > \pi(0.25) \cdot v(3{,}000)$、従って$v(3{,}000)/v(4{,}000) < \pi(0.20)/\pi(0.25)$となる。
つまり、$\pi(0.80)/\pi(1.00) < \pi(0.20)/\pi(0.25)$、または一般化すると、$\pi(p)/\pi(q) < \pi(\alpha p)/\pi(\alpha q)$、（$\alpha$は定数）となる。
$Ln(\pi(p))$（Lnは対数関数）が$Ln(p)$の凸関数であれば、これを満たす。
15. 決定の重みの性質を指す過剰な重みづけは、まれな事象の確率の評価でよく見られる過大評価と区別する必要がある。過大評価はいくつかのヒューリスティックスの結果である。
16. $\pi(0.001) \cdot v(5{,}000) > v(5)$。したがって、$\pi(0.001 > v(5)/v(5{,}000)$となり、限界価値は減少するので、$v(5{,}000) < 100 \cdot v(5)$である。よって、$\pi(0.001) > 0.001$となる。

17. しかし、意思決定にはもう一つのモデルがあり、それは生態学的合理性（生物が互いに、あるいは環境とどのように相互作用するかについての科学である生態学から）と呼ばれるものである。これはヴァーノン・スミス（2002年のノーベル経済学賞をダニエル・カーネマンと共同受賞）とドイツのゲルト・ギゲレンツァーが提唱したもので、ヒューリスティックスがその環境中の情報構造を利用する場合、生態学的に合理的であるとしている。
たとえば、ヨーロッパ人に北米で最も人口の多い都市はどこかと聞くと、単純にメディアでよく見聞きするという理由でニューヨークと答えるかもしれないが、それは誤りである。メキシコシティの方が都市人口は多いのだ。しかし、メキシコシティがメディアで取り上げられる回数とその人口規模は相関しないので、このヒューリスティックスは決して不合理なものではない。なにしろ、ニューヨークは2位なのだから。

第13章　間違っているのか、不合理なのか、あるいは単に愚かなのか？

1. 驚くべきことに、マイケル・ルイスはベストセラー『*The Undoing Project*（邦題：かくて行動経済学は生まれり）』のなかで、セイラーがノーベル賞を受賞することを予見していた、というより、推測していた。278ページで、セイラーは「誰もが思う未来のノーベル賞受賞者ではなかった」と彼は書いている。この本が出版されたのは2017年の秋で、ノーベル賞が発表される数週間前だった。
2. この記事は、同じ手段がいかがわしい目的のためにも使われうるという事実については何も述べていない。

著者　ジョージ・G・スピーロ（George G. Szpiro）

1950年ウィーン生まれ。スタンフォード大学でMBA、ヘブライ大学で数理経済学および財政学のPh.D.を取得。マネジメントコンサルタントや大学での教職を経てジャーナリストとなる。数学、財政学、統計学に関連する論文や書籍を多数発表している。著書に『ケプラー予想：四百年の難問が解けるまで』（新潮社）などがある。

監訳者　奥井 亮（おくい・りょう）

東京大学大学院経済学研究科教授。研究分野は、計量経済学と実験経済学である。京都大学で学士（経済学）ならびに修士（経済学）を取得の後、米国ペンシルベニア大学からPh.D.（経済学）を取得した。現職に就く前には、香港科技大学、京都大学、ニューヨーク大学上海校、ソウル大学で教員を務めた。日本統計学会から小川研究奨励賞、日本経済学会から中原賞を受賞した。主な著書に『計量経済学』（有斐閣、共著）がある。

訳者　西村健太郎（にしむら・けんたろう）

九州大学理学部生物学科卒業後、九州大学大学院システム生命科学科博士前期課程修了。専攻は細胞生物学、発生生物学。製薬会社で知財業務に従事後、大学での研究を経て、専業翻訳者となる。産業翻訳を中心に幅広い分野の翻訳を行っている。得意分野は、生物学、医学。「直訳ではない自然な訳語」をモットーとする。

リスク&チョイス
人の意思はいかにして決まるのか

二〇二三年六月十五日発行

著者　ジョージ・G・スピーロ
監訳者　奥井 亮
訳者　西村健太郎
編集、翻訳協力　編集プロダクション 雨輝
編集　道地恵介
表紙デザイン　株式会社 ライラック
発行者　高森康雄
発行所　株式会社 ニュートンプレス
〒一一二-〇〇一二
東京都文京区大塚 三-十一-六
https://www.newtonpress.co.jp

ISBN 978-4-315-52704-9
カバー、表紙画像：Vadym/stock.adobe.com